许昌三国名胜稽考

马宝记　杜永青　著

吉林文史出版社

图书在版编目（CIP）数据

许昌三国名胜稽考 / 马宝记，杜永青著 . — 长春：
吉林文史出版社，2023.7
ISBN 978-7-5472-9528-1

Ⅰ . ①许… Ⅱ . ①马… ②杜… Ⅲ . ①名胜古迹—介
绍—许昌—三国时代 Ⅳ . ① K928.706.13

中国国家版本馆 CIP 数据核字 (2023) 第 126339 号

许昌三国名胜稽考
XUCHANG SANGUO MINGSHENG JIKAO

著　　者	马宝记　杜永青	
责任编辑	陈春燕　张　微	
封面设计	徐　博	
出版发行	吉林文史出版社	
地　　址	长春市净月区福祉大路 5788 号	
印　　刷	武汉鑫佳捷印务有限公司	
开　　本	787mm×1092mm　1/16	
印　　张	22.75	
字　　数	400 千	
版　　次	2023 年 7 月第 1 版	
印　　次	2023 年 7 月第 1 次印刷	
书　　号	ISBN 978-7-5472-9528-1	
定　　价	98.00 元	

前　言

作为三国时期曹魏的重要都城，许昌的文明史、文化史辉煌灿烂，2007 年在许昌市建安区灵井镇考古发现的"许昌人"，"填补了古老型人类向早期现代人过渡阶段东亚地区古人类演化上的空白，是中国学者在古人类学研究领域取得的一项重大突破，中国人正在改写人类起源的历史。"①并被评为 2007 年度全国十大考古新发现。

许昌的历史可以追溯到上古时期，许氏为上古四岳伯夷之后，周代大封诸侯，始祖许文叔被分封为姜姓诸侯国，封地为许（在今河南许昌东），爵位为男爵，这是迄今为止唯一可以确定为男爵的周代诸侯国。秦汉时期设置许县，建安元年（196），曹操"奉天子以令不臣"，将汉献帝迁都于许，许昌成为全国政治、军事中心，曹丕禅位后以"魏基昌于许"而改许县为许昌县，为曹魏五都之一。

一、曹魏时期许昌政治地位的变迁

从献帝建安元年开始，到晋武帝灭吴统一全国（280）八十余年的历史，许昌迎来了历史发展的重要转机，它大致可分为以下三个阶段。

（一）鼎盛期：汉末许昌政治地位的迅速提升

1. 许昌被确定为都城

许昌在动荡的汉末被选定为都城，有各方面的原因，但主要有以下两

---

① 王晓文《许昌人遗址研究成果对探索现代人类起源问题的意义何在》，《文物鉴定与鉴赏》2018 年 9 期（上）。

个方面。

首先，西都长安、东都洛阳的破败、混乱使朝廷无处立足、君臣惶惶无终，曹操认准形势、抓住良机，将相对安定的许昌作为都城，并迅速控制了局面。

从汉灵帝中平年间（184—189）开始，国家纷扰，军阀混战，东汉政权风雨飘摇。京城长安遭到了人为和自然造成的双重灾难。从中平二年（185）董卓奉召进京开始，到献帝初平三年（192）五月董卓被杀，长安极为混乱。"吏民死者万余人"。① 兴平二年（195）三月，李傕将献帝挟持到军营，然后烧毁了宫殿。七月，郭汜等又挟献帝东归，途中，因兵荒马乱，各种力量互相争斗，险象环生，直到建安元年（196）七月献帝才到洛阳。短短一段路程，竟然走了一年。

兴平元年（194）四月至七月，三辅大旱。"是时谷一斛五十万，豆麦一斛二十万，人相食啖，白骨委积。帝使侍御史侯汶出太仓米豆，为饥人做糜粥，经日而死者无降。"② 据不完全统计，从献帝初平元年（190）到兴平二年（195）短短六年之间，共发生地震、冰雹、大雨、干旱等自然灾害20次，其中仅地震就有6次之多。初平三年（192）春，连续大雨六十余日，四年（193）夏，连续大雨二十余日；兴平元年（194），从四月到七月，旱灾持续四个月。这些灾难导致长安周围地区人口急剧下降，环境极其恶劣。

《后汉书·董卓列传》谓："初，帝入关，三辅户口尚数十万，自傕、汜相攻，天子东归后，长安城空四十余日，强者四散，羸者相食，二三年间，关中无复人迹。"③

洛阳的遭遇也同样惨痛。初平元年（190）三月，献帝走后，董卓将洛阳宫庙烧毁。因此，献帝回到洛阳时，竟然没有落脚的地方。只好"幸故

---

① 清·王先谦《后汉书集解》卷九《献帝纪》，中华书局1984年版，第143页。
② 南朝·宋·范晔《后汉书》卷九《献帝纪》，中华书局1965年版，第376页。
③ 南朝·宋·范晔《后汉书》卷七十二《董卓列传》，中华书局1965年版，第2341页。

中常侍赵忠宅"。①

"是时，宫室烧尽，百官披荆棘，依墙壁间。州郡各拥强兵，而委输不至，群僚饥乏，尚书郎以下自出采稆，或饥死墙壁间，或为兵士所杀。"②《后汉书·董卓列传》亦谓："建安元年春，诸将争权，韩暹遂攻董承，承奔张杨，杨乃使承先缮修洛宫。七月，帝还至洛阳，幸杨安殿。张杨以为己功，故因以'杨'名殿。"③带兵的将领竟然将自己的名字作为宫殿名，可见朝政混乱到何种地步。

西都长安和东都洛阳破败不堪。而此时曹操的力量逐渐壮大，于是，献帝便不得不依靠曹操，迁都许昌。《三国志·魏书·武帝纪》云："洛阳残破，董昭等劝太祖都许。九月，车驾出轘辕而东。"④正如献帝死时明帝曹叡的《赠册》所说："呜呼，昔皇天降戾于汉，俾逆臣董卓，播厥凶虐，焚灭京都，劫迁大驾。于时六合云扰，奸雄熛起。帝自西京，徂唯求定，臻兹洛邑。畴咨圣贤，聿改乘辕，又迁许昌，武皇帝是依。"⑤

曹操迎献帝迁都许昌之后，局势才终于相对安定了下来。

其次，许昌在自然条件方面具有非常优越的地位。

在地理位置上，许昌西部和西北部为低山丘陵地形，属伏牛山余脉。中部和东部为平原，属黄淮平原的一部分。许昌与西安、洛阳自西向东连为一体，又与南阳互为掎角，形成鼎足之势，并成为宛、洛东进通道。河流方面，境内主要有颍河、双洎河、清潩河等。《史记·韩信卢绾列传》在谈到韩信被封为韩王时所云："颍川北近巩、洛，南迫宛、叶，东有淮阳，皆天下劲兵处。"⑥可见许昌在地理位置上的重要性。

历史上也经常将许、洛并举，《三国志·吴书·徐盛传》："及权为魏

① 清·王先谦《后汉书集解》卷九《献帝纪》，中华书局1984年版，第145页。
② 清·王先谦《后汉书集解》卷九《献帝纪》，中华书局1984年版，第145页。
③ 南朝·宋·范晔《后汉书》卷七十二《董卓列传》，中华书局1965年版，第2341页。
④ 晋·陈寿《三国志》卷一《魏书·武帝纪》，中华书局1959年版，第13页。
⑤ 晋·陈寿《三国志》卷三《魏书·明帝纪》，中华书局1959年版，第102页。
⑥ 汉·司马迁《史记》卷九十三《韩信卢绾列传》，中华书局1982年版，第2633页。

称藩，魏使邢贞拜权为吴王。权出都亭侯贞，贞有骄色，张昭既怒，而盛忿愤，顾谓同列曰：'盛等不能奋身出命，为国家并许洛，吞巴蜀，而令吾君与贞盟，不亦辱乎！'因涕泣横流。贞闻之，谓其旅曰：'江东将相如此，非久下人者也。'"①《晋书·庾亮传》亦谓："康帝即位，翼欲率众北伐，上疏曰：'……臣既临许洛，窃谓桓温可渡戍广陵，何充可移据淮洒褚圻，路永进屯合肥。'"②此外，《晋书》的《殷浩传》《王羲之传》《张轨传》《桓温传》《刘聪载记》等都反映了类似的认识。

在气候条件上，许昌属于暖温带季风区，气候温和，光照充足，雨量充沛，无霜期长，四季分明。这种情况在以农业为主的古代中国显得非常重要。

2. 许昌作为全国政治、经济中心对全国政治稳定、经济发展、文化建设的作用

许昌被作为都城后，曹操便以许昌为中心，采取了各种政策，迅速改变了全国各地军阀混战、群龙无首的形势。接着，曹操又在军事、经济方面采取积极措施，使北方广大地区得到安定，经济得以恢复和发展。曹丕在黄初二年（221）"郊祀天地、明堂""复颍川郡一年田租"时所颁诏书云："颍川，先帝所由起兵征伐也。官渡之役，四方瓦解，远近顾望，而此郡守义，丁壮荷戈，老弱负粮。昔汉祖以秦中为国本，光武特河内为王基，今朕复于此登坛受禅，天以此郡翼成大魏。"③

（1）许都的政治地位

建安元年，曹操将献帝迎接到许昌，许昌成为全国的政治中心，同时到许昌的，还有文武大臣、谋臣策士、富商巨贾，一时间，许昌的人口剧增，政治地位迅速提高。直到建安二十五年（220）正月曹操去世这段时间，曹操充分利用许昌作为自己施展政治才能的基地，迅速统一了北方，许昌的政治价值也体现得淋漓尽致。

---

① 晋·陈寿《三国志》卷五十五《吴书·徐盛传》，中华书局1959年版，第1298页。
② 唐·房玄龄《晋书》卷七十三《庾亮传》，中华书局1974年版，第1933页。
③ 晋·陈寿《三国志》卷二《魏书·文帝纪》，中华书局1959年版，第77页。

曹丕称帝后，依然非常重视许昌。

其一，仍然把许昌作为政治中心，在许昌发布政令。黄初三年（222）正月颁发了取士诏令、黄初五年十月颁布了轻刑诏等。《魏书·文帝纪》云："（黄初）三年春正月丙寅朔，日有蚀之。庚午，行幸许昌宫。诏曰……"

其二，列许昌为五都之一。曹丕于黄初元年十一月即位，次年正月便定长安、谯、许昌、邺、洛阳为五都，改许县为许昌县。

其三，赈济贫民，减免赋税。黄初六年（225）二月，曹丕遣使"循行许昌以东尽沛郡，问民所疾苦，贫者振贷之"，①"立石表，西界宜阳，北循太行，东北界阳平，南循鲁阳，东界郯，为中都之地。令天下听内徙，复五年，后又增其复"。②

其四，令尚书仆射西乡侯司马懿为抚军大将军镇守许昌。

其五，迁都洛阳之后，又先后多次行幸许昌。除前述外，《魏书·文帝纪》还记载道："四年……九月甲辰，行幸许昌宫。""五年春正月，初令谋反大逆乃得相告，其余皆勿听治；敢妄相告，以其罪罪之。三月，行自许昌还洛阳宫。""（五年）秋七月，行东巡，幸许昌宫。""（五年）冬十月乙卯，太白昼见。行还许昌宫。"③

明帝曹叡也分别于太和四年（230）八月至十月、六年四月、十二月、青龙二年八月、三年十一月、四年十二月行幸许昌宫。并在太和六年九月在许昌大兴土木，建造许昌宫，起景福殿、承光殿。④

（2）统一北方的军事意义

献帝都许后，曹操以许昌作为军事中心，对各地军阀实施打击。擒吕布、灭袁术、收袁绍、入塞北、平辽东，驰骋天下。《魏书·武帝纪》载："（建安二年）秋九月，术侵陈，公东征之。术闻公自来，弃军走，留其将

① 晋·陈寿《三国志》卷二《魏书·文帝纪》，中华书局 1959 年版，第 84 页。
② 晋·陈寿《三国志》卷二《魏书·文帝纪》，中华书局 1959 年版，第 77 页。
③ 晋·陈寿《三国志》卷二《魏书·文帝纪》，中华书局 1959 年版，第 84 页。
④ 晋·陈寿《三国志》卷三《魏书·明帝纪》，中华书局 1959 年版，第 97、99、104、106、108 页

桥蕤、李丰、梁纲、乐就；公到，击破蕤等，皆斩之。术走渡淮。公还许。冬十一月，公自南征，至宛。表将邓济据湖阳。攻拔之，生擒济，湖阳降。攻舞阴，下之。三年春正月，公还许。""（四年）九月，公还许，分兵守官渡。冬十一月，张绣率众降，封列侯。十二月，公军官渡。""（五年）八月，……时公粮少，与荀彧书，议欲还许。""（八年）五月还许，留贾信屯黎阳。"①

曹丕即位后，也同样把许昌作为军事基地。《魏书·文帝纪》曰："帝自许昌南征，诸军兵并进，权临江拒守。"

与此同时，许昌也遭到了各方诸侯的围攻："（建安）四年春二月，公还至昌邑……是时袁绍既并公孙瓒，兼四州之地，众十余万，将进军攻许。"②"孙策转斗千里，尽有江东，闻太祖与袁绍相持于官渡，将渡江北袭许。"③"汝南降贼刘辟等叛应绍，略许下。"④"二十三年春正月，汉太医令吉本与少府耿纪、司直韦晃等反，攻许，烧丞相长史王必营。"⑤

所以说，无论是主动出击、迎击来犯，或者是得胜归来，曹操都把许昌作为自己的军事基地，许昌在曹操肃清军阀、安定军心、平定北方、巩固胜利成果等方面，都起到了非常重要的军事作用。

（3）对经济发展的作用

在政治、军事取得节节胜利的同时，曹操以许昌为中心，采取了积极有效的经济发展措施，并取得了非常突出的成就。曹操所采取的发展经济的措施主要有：

其一，采取屯田制，发展粮食生产。

粮食是制约战争的最重要因素，曹操曾经经历过粮食极度短缺、军人饥饿无力迎敌的艰难时期。《武帝纪》裴注引《魏书》曰："自遭荒乱，率乏

---

① 晋·陈寿《三国志》卷一《魏书·武帝纪》，中华书局 1959 年版，第 15、17、20、23 页。
② 晋·陈寿《三国志》卷一《魏书·武帝纪》，中华书局 1959 年版，第 17 页。
③ 晋·陈寿《三国志》卷十四《魏书·郭嘉传》，中华书局 1959 年版，第 433 页。
④ 晋·陈寿《三国志》卷一《魏书·武帝纪》，中华书局 1959 年版，第 20 页。
⑤ 晋·陈寿《三国志》卷一《魏书·武帝纪》，中华书局 1959 年版，第 50 页。

粮谷。诸军并起，无终岁之计，饥则寇略，饱则弃余，瓦解流离，无敌自破者不可胜数。袁绍之在河北，军人仰食桑椹。袁术在江、淮，取给蒲蠃。民人相食，州里萧条。公曰：'夫定国之术，在于强兵足食，秦人以急农兼天下，孝武以屯田定西域，此先代之良式也。'"①

所以，迎献帝都许后，曹操便迅速开展了经济建设。

献帝于建安元年九月到达许昌，十月，在各地战事未息的情况下，曹操便下令屯田。"冬十月，公征奉，奉南奔袁术，遂攻其梁屯，拔之。……天子拜公司空，行车骑将军。是岁用枣祗、韩浩等议，始兴屯田。"②

屯田制指的是在土地属于国家所有的条件下，屯田百姓耕种国有土地，并按照用官牛四六分、不用官牛对分的形式，向国家缴纳租税，百姓的收入提高了，国家也能够源源不断地按照这种比例增加粮食收入。

其二，兴修水利。

随着屯田制的实行，曹操以许昌为中心大修农田水利，修建了因清溟河水灌溉农田的枣祗河，将枣祗河通向许昌南部重要粮库所在地的南屯。又在许昌周围开挖了多条运粮河，如襄城运粮河，修通后成了襄城通往许昌的主要航道。繁城至许昌的运粮河则经颍水直通淮河，使许昌的水上交通更为便利。几年间，曹操开挖的河塘陂堰近百处，灌溉良田上百万顷，大大增强了国家实力。

其三，减免租税。

屯田制外，曹操还不断减免租税，以减轻农民负担。如建安九年《蠲河北租赋令》《抑兼并令》等。

其四，城区建设。

同时，曹操还对许昌城区进行了大规模的开发与建设。民国二十二年《许昌县志》载，古城"在城东三十里，围九里一百二十九步"。该志所引

---

① 晋·陈寿《三国志》卷一《魏书·武帝纪》，中华书局1959年版，第14页。
② 晋·陈寿《三国志》卷一《魏书·武帝纪》，中华书局1959年版，第14页。

民国十二年《许昌县志·方舆志》古城堡图说明云：许昌古城"地势雄伟，分内外二城，周围十五里"。内城系皇城，在外城内东南部位，面积约为外城的四分之一，周围约三里。外城环抱内城，周围约十二里。皇城西南隅修建有汉献帝祭天的毓秀台，高三丈余。

曹操采取的积极、大力发展农业生产的措施，很快便收到了成效，《武帝纪》裴注引《魏书》云："是岁乃募民屯田许下，得谷百万斛。于是州郡例置田官，所在积谷。征伐四方，无运粮之劳，遂兼灭群贼，克平天下。""五年中，仓廪充实，百姓皆劝乐业。"[1] 不仅使北方百姓的生活有了重要保障，而且为战争用粮打下了坚实的基础。直到魏文帝时，邓艾屯田于"陈、项已东至寿春"[2]，还认为"昔破黄巾，因为屯田，积谷于许都以制四方。今三隅已定，事在淮南，每大军征举，运兵过半，功费巨亿，以为大役。陈、蔡之间，土下田良，可省许昌左右诸稻田，并水东下。令淮北屯二万人，淮南三万人，十二分休，常有四万人，且田且守。水丰常收三倍于西，计除众费，岁完五百万斛以为军资。六七年间，可积三千万斛于淮上，此则十万之众五年食也。以此乘吴，无往而不克矣"。[3] 可见当年曹操屯田及其制度所带来的巨大利益。

（4）群贤毕至、共创大业良好局面的形成

曹操"唯才是举"的思想，招徕了数量众多的士人，形成了人才汇聚、共创大业的鼎盛局面。这些人才要么是直接投奔曹操，要么是因为所遇非明主才转而投靠曹操。不管是哪种情况，曹操都是来者不拒。这样，许昌就成了众多有志之士心向往之的最终目标。

建安十五年至二十二年（210—217），曹操先后三次发布《求贤令》，招徕了大批优秀人才，有许昌的荀彧、荀攸、荀悦、陈群，禹州的郭嘉、枣祗、赵俨、戏志才，长葛的钟繇等。

---

① 晋·陈寿《三国志》卷一《魏书·武帝纪》，中华书局1959年版，第14页。
② 晋·陈寿《三国志》卷二十八《魏书·邓艾传》，中华书局1959年版，第775页。
③ 晋·陈寿《三国志》卷二十八《魏书·邓艾传》，中华书局1959年版，第775页。

全国各地士人也竞相来到许昌，皈依曹操，甚至当时年仅二十四岁的祢衡"自荆州北游许都"时，竟然无处安身："是时许都虽新建，尚饶人士。衡尝书一刺怀之，字漫灭而无所适。"① 可见人才之盛。

（二）转折期：平稳发展

从建安元年（196）曹操迎献帝都许到黄初元年（220），国家的政治、经济、军事重心都在许昌，洛阳则相对安定，得到了一段时间的喘息时机，各方面也得到了较好的恢复和发展。黄初元年（220）文帝即位之初，曹丕便将政治重心转移到洛阳。

文帝曹丕即位的七年（220—226）间，是许昌政治地位的转折时期。一方面，曹丕虽迁都洛阳，但许昌的政治作用并未完全改变，许昌的政治影响仍然存在。另一方面，洛阳也需要一段时间的恢复和建设。所以，"汉献帝都许。魏禅，徙都洛阳，许宫室武库存焉"。② 说明许昌仍然被视为国家重要都城。

另外，从《三国志·魏书·文帝纪》记载来看，曹丕将都城迁移到洛阳之后，在实施统治的七年之中，曾于黄初三年正月、三月，四年九月，五年三月、七月、十月，六年三月等时间近10次行幸许昌宫。直到七年正月，曹丕仍计划行幸许昌宫，但因许昌城南门无故自崩，心生厌恶，才取消了计划。

所以，从总的情况来看，凭借着建安二十年的巨大影响，黄初年间，随着国家政治中心的转移，许昌逐渐进入了更加稳定的发展时期，这为以后许昌的历史打下了坚实的基础，也为许昌赋予了厚重的历史文化底色。

（三）衰落期：许昌政治地位的衰竭

曹丕执政后期，随着洛阳宫殿的逐渐恢复，对许昌慢慢冷落，尤其在

---

① 晋·陈寿《三国志》卷十《魏书·荀彧传》，中华书局1959年版，第311页。
② 唐·房玄龄《晋书》卷十四《地理志》，中华书局1974年版，第421页。

许昌城南门无缘无故坍塌之后："(黄初)七年春正月，将幸许昌，许昌城南门无故自崩，帝心恶之，遂不入。"①

这是曹魏政权统治者将政治重心由许昌转移到洛阳的重要转折，许昌由此进入了政治地位的衰落期。

虽然明帝即位后，十三年间也先后七次行幸许昌宫，甚至还把许昌作为重要的抗敌后方基地。青龙二年（234）六月，明帝亲率大军东征孙权，七月进驻寿春，八月犒赏合肥、寿春将士之后，"行幸许昌宫"②，但是，自从青龙三年（235）明帝盛修洛阳宫殿之后，许昌的政治地位迅速归于沉寂。"是时，大治洛阳宫，起昭阳、太极殿，筑总章观。百姓失农时，直臣杨阜、高堂隆等各数切谏。"③

从曹丕黄初元年（220）到曹叡青龙三年（235），历经十五个春秋的建设，作为西汉东都的洛阳已经恢复了元气，其重要的战略位置已经越来越受到统治者的重视。再加上洛阳从东周开始，就作为都城存在，人们对其的依恋心理也日盛一日，同时西抗蜀汉政权的屡次骚扰，北方少数民族的不断侵袭，也使洛阳的地理位置显得尤为关键。所以，历史又一次钟情于战略位置极其重要的洛阳，许昌度过了其历史上最为辉煌的时期，煊赫一时的政治使命归为终结，转而走向更加成熟、稳健的发展之路。

二、许昌三国文化遗存的当代价值

许昌是汉末、三国时期的重要都城，有大量文化遗存，其中，有不少已经濒临湮没或已经消亡，但也有不少遗存经过历代修复保存完好或基本完好，如恢宏大气、庄严肃穆的春秋楼，突出忠义、宣扬仁爱的关帝庙，艺术珍品、价值连城的"三绝碑"等；有一些遗存虽然消失殆尽，仅存遗迹，但是，作为历史的见证，也具有非同凡响的文化价值，如集天地之精

① 晋·陈寿《三国志》卷二《魏书·文帝纪》，中华书局1959年版，第86页。
② 晋·陈寿《三国志》卷三《魏书·明帝纪》，中华书局1959年版，第104页。
③ 晋·陈寿《三国志》卷三《魏书·明帝纪》，中华书局1959年版，第104页。

华、融古今之灵气的毓秀台，具有神圣威严、代表皇家气派的受禅台等；还有一些虽然远离历史真实，却饱含民间情感的台坛遗址，如充满神奇传说、彰显忠奸斗争的射鹿台，荟萃人间精英、谋划军国大事的议事台等，还有一些片瓦寸土皆无，却魅力永存的美好故事，如象征美丽、善良的张潘二妃墓，代表智慧、远见的贾诩墓等。这些遗存无论是否完好，都是许昌三国文化的重要组成部分，是弘扬三国文化、突出传统文化价值的重要依据。

（一）真实历史的反映

许昌三国文化遗存是许昌三国历史的真实反映，为我们了解、认识三国时期的风云变幻，提供了重要依据。如许昌汉魏古城遗址，见证了许昌作为汉末都城的辉煌；受禅台、繁昌故城等，目睹了汉魏禅代的历史洪流；曹魏运粮河感受了时代赋予它们的重任；伏皇后墓、董贵妃墓体会了政治的残忍与无情；张辽城、邓艾城、马腾墓、夏侯渊夏侯惇墓、文丑墓等，则让我们看到了战场上的虎啸雷鸣、金戈铁马；颍阴故城、艾城河、运粮河等标志着曹操统一北方后来之不易的和平与宁静；华佗墓、"三绝碑"是时代科技、艺术的代表等。

（二）故事传说的载体

许昌三国文化遗存有不少属于"无中生有"，但是，这些"虚构"出来的故事却最能反映民意，代表普通百姓的喜怒哀乐。如灞陵桥辞曹的故事，虽然历史上也提到了关羽告别曹操而去，但是极其简略。而到了民间，则变得异常丰富多彩，把关羽的忠义仁勇与曹操的奸诈诡谲进行了鲜明的对比，以至于"误导"普通百姓这就是历史，这就是大家非常喜欢的故事。张公祠把"桃园结义"这个异姓三兄弟的故事发挥得淋漓尽致，一棵树三个树种、一座楼三种青砖，处处彰显着友情，时时闪耀着忠诚。射鹿台，一次普普通通的射猎，犹如一个小小的舞台，浓缩了一场严酷的政治斗争。钟繇洗砚池通过一个简单的池塘，再现了大书法家成功的途径，突出的是取得成就的坎坷曲折与非凡毅力。

（三）价值观念的凝聚

许昌三国文化凝聚了诸多方面的价值观，如通过丞相府、运粮河等展示出来的曹操远大的人生理想、自强不息的拼搏精神，以及作为帝王关心民瘼的仁政思想，不拘一格、任人唯才的人才观念等。通过春秋楼、灞陵桥、徐母墓、关庙、张公祠、歇马店等，弘扬了以关羽为主体的忠义观念。受禅台给后人留下的，是以和平手段改朝换代的可贵。马腾墓、曹彰墓、夏侯渊墓、徐晃墓、张辽墓等，是对时代英雄的歌颂。而毛玠墓高唱的是清正廉洁的官场风气。诸如此类，在这些看似平淡无奇的遗迹中，实则蕴涵着丰富无限的精神财富，值得我们反复咀嚼、回味。

（四）文化艺术的瑰宝

三国时期是一个动荡的时代，也可以理解为杀戮的时代，但是任何时代都有刀枪之外的和谐与宁静，也有突破藩篱、开拓进取的创造。"三绝碑"、楷书、许昌宫、景福殿这些汇聚艺术功力的创新，在书法史、建筑史都留下可贵印痕的作品，是这个时代赐予我们的瑰宝，能够贴近她、欣赏她，倾听她的呼吸，关注她未来的命运，是我们的福气。我们有理由相信，这些艺术瑰宝随着时代的发展将变得更加珍贵。

马宝记

2023.2.28.

CONTENTS 目录

第一章　城阙宫殿类

一、汉魏故城遗址

许昌汉魏故城在今许昌市建安区张潘故城一带。

故城
足迹｜秦统一后，实行郡县制，以原韩国地置颍川郡，郡治阳翟（今禹州市），在原许地置许县（治所即今张潘故城），隶属颍川郡。

汉魏许都故城遗址

汉代，高祖六年（前201）分许县西半部为颍阴县（治所即今许昌市老城区）和颍阳县（治所即今襄城县颍阳镇）。

东汉建安元年（196），曹操"奉天子以令不臣"，迎奉献帝于许县，称许都。魏文帝曹丕黄初二年（221），因"魏基昌于许"而改许县为许昌县，并"改长安、谯、许昌、邺、洛阳为五都"[①]。

西晋初，许昌为中原政治、军事重镇，颍川郡治由阳翟迁至许昌，与许昌县同城。

东晋、北方十六国时期，战乱频仍，许昌先后为后赵、前秦、前燕所占。

南北朝初，许昌县、颍阴县属南朝宋。南朝宋景平元年（423）十一月，

[①]《三国志·魏书·文帝纪》，中华书局1959年12月版，第77页。按，此说不确，魏文帝之前已有许昌之名，考辨见本书《许昌宫》"链接：许昌之名非始于曹丕考"。

许昌城被北魏大将周几攻陷，许昌城化为废墟，其地为北魏所据。之后，颍川郡治所迁至长社（今长葛市东老城镇），许昌县城迁至许田（今许昌市建安区陈曹乡许田村）。

北魏太平真君七年（446），颍阴县并入临颍县。东魏天平初，置颍州，治长社。分颍川郡置许昌郡。元象二年（539），恢复颍阴县。

东魏武定六年（548），长社县城在战乱中被大水淹毁，颍川郡治所与长社县治所同迁至颍阴县城，并将长社县属地归并至颍阴县和许昌县，即改颍阴县为长社县。后又于此设立颍州。武定七年（549），改颍州为郑州，治颍阴城，辖颍川、许昌、阳翟三郡。许昌县属许昌郡，颍阴县属颍川郡。北齐改颍阴县为长社县。

北周大定元年（581），改郑州为许州，治长社（今魏都区），许昌县、长社县并属之。

隋初，废州郡改县。开皇三年（583），改长社县为颍川县，开皇六年（586），以原长社县地置长葛县。炀帝时，恢复郡县制，大业三年（607），复改许州为颍川郡，许昌县、颍川县均属之。

唐初，改郡为道，许昌县、颍川县隶于河南道。唐武德四年（621），复改颍川郡为许州，颍川县复称长社县，许昌县、长社县均属许州。天宝元年（742），又改许州为颍川郡。乾元元年（758），复称许州。

五代时期，后唐庄宗讳其祖父李国昌之"昌"字，同光二年（924），将许昌县改为许田县。

北宋，许州属京西北路。熙宁四年（1071），许田县并入长社县。元丰三年（1080），升许州为颍昌府。

金代，改颍昌府为许州，领长社、长葛、襄城、郾城、临颍五县。

元代，许属汴梁路，仍为州。

明洪武元年（1368），废长社县，许州隶属于开封府。

清雍正二年（1724），升许州为直隶州。雍正十二年（1734）升州为府，增设石梁县为附郭。乾隆六年（1741）又改府为直隶州，废石梁县。

民国二年（1913）3月，废许州，重设许昌县，县衙称县公署，隶属河南省开封道（亦称豫东道）。民国十七年（1928），废道改区，许昌为中区第二区行政长驻地。民国十八年（1929），废县公署，改称许昌县政府。民国二十二年（1933），许昌为河南省第五区行政督察专员公署驻地。抗日战争全面爆发后，民国三十三年（1944）5月，许昌被日军侵占。民国三十四年（1945）8月，日军投降，许昌县仍属国民政府河南省第五区督察专员公署。1947年12月15日，许昌解放，原许昌县划为许昌县、市两部分，市辖城关，县辖农村。1948年3月，增设许西县，许昌县京汉铁路以西划归许西县。同年12月，撤销许西县，京汉铁路以西原属许昌县部分仍归许昌县，并将临颍县的繁城、杜曲两个区划属许昌县。1949年2月，成立许昌专区，许昌县属之。同年3月，繁城、杜曲两个区仍划归临颍县。

1960年7月，撤销许昌县，并入许昌市，蒋李集公社划归许昌专区农场。

1961年10月，恢复许昌县建置。12月，县属的碾上、五郎庙、塔湾、裴山庙、潘窑、董庄、赵湾、河湾、三里桥、李庄、孙庄、丁庄、七里店、洪山庙、菅庄、高桥营16个大队、54个自然村划属许昌市。

1970年，许昌专区改称许昌地区，许昌县属之。

1982年年初，县属邓庄公社的徐湾、大坑李，尚集公社的俎庄、王庄、郭楼、陈庄、金湾，河街公社的傅夏齐、罗庄、李庄、庞庄、崔戴张、老吴营，长村张公社的老户陈、徐庄、周庄、罗庄，将官池公社的马岗、申庄等19个大队、40个自然村划属许昌市。

1983年7月，县政府由市内衙前街迁往枪杆刘村北新址办公，次年8月，县委亦迁入。县委、县政府驻地称县直新区。

1986年2月，许昌地区撤销，许昌市升为省辖市，许昌县属之。

2016年11月24日，国务院印发了《国务院关于同意河南省调整许昌市部分行政区划的批复》，同意撤销许昌县，设立许昌市建安区，以原许昌县的行政区域为建安区的行政区域，建安区人民政府驻建安区尚集镇新元大道与老107国道交汇处。

2017年2月5日，许昌市建安区人民政府成立。

许昌古有"天下之中"之说，"西控汝、洛，东引淮、泗，舟车辐集，转输易通，原野宽平，耕屯有赖。曹操挟天子于此，北并幽、冀，南抗吴、蜀。说者曰：自天下而言河南为适中之地，自河南而言许州又适中之地也"①。可见其地理位置之重要。

关于许昌的城市变迁，历代典籍多有记载。清代《大清一统志》"许昌故城"载：

> 在州城西南，周封太岳之后于此，春秋隐公十有一年，公及齐侯、郑伯入许，成公十五年，许迁于叶，故地属郑。《汉志》：许故国姜姓，四岳后，太叔所封，二十四世为楚所灭。汉置县，属颍川郡。后汉建安元年，曹操迎献帝都此。《三国·魏志》：文帝黄初二年，改许县为许昌县。《括地志》：许县故城，在许昌县南三十里。《文献通考》：许州许田，魏许昌县，后唐改为许田，熙宁四年改为镇，入长社县。②

辉煌
记忆　许昌汉魏故城今仅存遗址，又称为张潘故城，位于许昌县张潘镇古城村、盆李村一带，在许昌市东18公里处，原为西周时期许国都城，是许昌最早的建城处。

东汉献帝建安元年（196），曹操迎献帝都许，在这里开始了长达二十五年的政治、军事活动，许昌成为当时全国的政治、军事中心。

明代嘉靖《许州志》载："许州古城（汉魏故城）在城东三十里，周围九

---

① 清·顾祖禹《读史方舆纪要》，中华书局2005年版，第2183页。
② 四部丛刊本《嘉庆重修一统志》卷218《许州直隶州一》，第10页。

里一百二十九步，相传为曹操所筑。"①民国二十二年《许昌县志》也记载道："许昌古城在城东三十里，围九里一百二十九步。相传曹操所筑，今存遗址。""周围十五里，世传汉献帝自洛迁许都于此。"②

当时的许昌城分为内城和外城。

内城为皇城，坐落在外城的东南隅，为周代许国都城原址，呈方形，总面积约1.44平方公里，高出地面约3米，轮廓分明。

四神柱础（三国·魏）

城内建筑除官署、民宅外，著名的建筑有许昌宫以及众多的殿宇，有景福殿、承光殿、永宁殿、安昌殿、清宴殿、临圃殿、百子殿等，另有丞相府和用以储存粮食的永始台等。旁边还有高昌观、建城观等。

这些宫殿除了献帝时期建造的之外，还有不少是曹魏时期修建的。《三国志·明帝纪》载："[太和六年（232）]九月，行幸摩陂（今河南郏县东），治许昌宫，起景福、承光殿。"③

外城为汉献帝迁都许县时所扩建，周长7.5公里，今仅存外城遗址。外城东南有汉献帝祭天的高台（今名毓秀台）等。原来还建有汉献帝庙，也已被毁。

石辟邪（东汉晚期）

柱础四周浮雕青龙、白虎、朱雀、玄武四神，1986年出土

许昌城是西晋时期的重镇，东晋时，后赵石勒多次进攻许昌城，南北朝时，许昌城被北魏大将周几毁于战火。

---

① 明嘉靖《许州志》卷八，上海古籍书店1961年12月据宁波天一阁藏本影印。
②《许昌县志》，1923年编。
③ 晋·陈寿《三国志》卷三《明帝纪》，中华书局1959年版，第99页。

《许昌县志》载，南朝宋景平元年（423）"十一月，魏周几寇许昌，许昌溃……夷许昌城"。①

20 世纪 70 年代开始，对汉魏故城遗址考古发掘时，探查出了较为清晰的古城轮廓，夯土层清晰可见。遗址呈四方形，有四个城门，占地五百余亩，东西大街长 1100 米，南北大街长 1080 米，两条大街的宽度均为 7 米。内城城墙周长 4500 米，城墙基础部分的宽度是 22 米，外城墙已找到 3500 米。②

上人马画像砖（汉代）

在古城遗址内，发现了存留的大量汉末三国时期的文物，汉砖、汉瓦、汉磨、石碾、犁铧等随处可见，还有多处汉井遗址。三国时期的文物有印玺、铜鼎、货币、箭镞、车饰、铜矛等，有云纹、鱼纹画像砖，有"千秋""万岁"瓦当，以及司马将印、部曲印、行军造饭锅等。1986 年还发掘出了一对深浮雕四神柱础和青石栌斗，柱础上雕刻有青龙、白虎、朱雀、玄武图像，经鉴定，这是当年许都宫殿建筑构件，属国家一级文物。③1987年在故城区盆李村发现了铜铸作坊遗址。这些文物的发掘、出土，反映了当年许都城的繁盛境况。

三骑射箭画像砖（汉代）

阳遂富贵砖（汉代）

① 《许昌县志》，1923 年编。
② 参赵西尧等著《三国文化概览》，河南大学出版社 1993 年版，第 337 页。
③ 参李逢春主编《许昌史话》，中州古籍出版社 1998 年版，第 55 页。

【链接】曹操为何选中许昌作为都城？①

许昌在动荡的汉末被选定为都城，有各方面的原因，但主要有以下三个方面。

首先，西都长安、东都洛阳的破败、混乱使朝廷无处立足、君臣惶惶无终，曹操认准形势、抓住良机，将相对安定的许昌作为都城，并迅速控制了局面。

从汉灵帝中平年间（184—189）开始，国家纷扰，军阀混战，东汉政权风雨飘摇。京城长安遭到了人为和自然造成的双重灾难。从中平二年（185）董卓奉召进京开始，到献帝初平三年（192）五月董卓被杀，长安极为混乱。"吏民死者万余人"。②兴平二年（195）三月，李催将献帝挟持到军营，然后烧毁了宫殿。七月，郭汜等又挟献帝东归，途中，因兵荒马乱，各种力量互相争斗，险象环生，直到建安元年（196）七月，献帝才到洛阳。短短一段路程，竟然走了一年。

兴平元年（194）四月至七月，三辅大旱，"是时谷一斛五十万，豆麦一斛二十万，人相食啖，白骨委积。帝使侍御史侯汶出太仓米豆，为饥人做糜粥，经日而死者无降"。③据不完全统计，从献帝初平元年（190）到兴平二年（195）短短六年之间，共发生地震、冰雹、大雨、干旱等自然灾害20次，其中仅地震就有6次之多。灾难导致长安周围地区人口急剧下降，环境极其恶劣。

西都长安和东都洛阳破败不堪。而此时曹操的力量逐渐壮大，于是，献帝便不得不依靠曹操，迁都许昌。《三国志·魏书·武帝纪》云："洛阳残破，董昭等劝太祖都许。九月，车驾出辕辕而东。"

曹操迎献帝迁都许昌之后，局势才终于相对安定了下来。

其次，许昌在自然条件方面具有非常优越的地位。

① 此文摘自马宝记《曹魏时期许昌政治地位的变迁》，《许昌学院学报》2009年第3期。
② 清·王先谦《后汉书集解》卷九《献帝纪》，中华书局1984年版，第143页。
③ 清·王先谦《后汉书集解》卷九《献帝纪》，中华书局1984年版，第144页。

在地理位置上，许昌西部和西北部为低山丘陵地形，属伏牛山余脉。中部和东部为平原，属黄淮平原的一部分。许昌与西安、洛阳自西向东连为一体，又与南阳互为犄角，形成鼎足之势，并成为宛、洛东进通道。河流方面，境内主要有颍河、双洎河、清潩河等。正如《史记·韩信列传》在谈到韩信被封为韩王时所云："颍川北近巩、洛，南迫宛、叶，东有淮阳，皆天下劲兵处。"① 可见许昌在地理位置上的重要性。

历史上也经常将许、洛并举，如《三国志·吴书·徐盛传》："及权为魏称籓，魏使邢贞拜权为吴王。权出都亭侯贞，贞有骄色，张昭既怒，而盛忿愤，顾谓同列曰：'盛等不能奋身出命，为国家并许洛，吞巴蜀，而令吾君与贞盟，不亦辱乎！'因涕泣横流。"②

《晋书·庾亮传》亦谓："康帝即位，翼欲率众北伐，上疏曰：'……臣既临许洛，窃谓桓温可渡戍广陵，何充可移据淮泗赭圻，路永进屯合肥。'"③

《晋书》的《殷浩传》《王羲之传》《张轨传》《桓温传》《刘聪载记》等都反映了类似的认识。

在气候条件上，许昌属于暖温带季风区，气候温和，光照充足，雨量充沛，无霜期长，四季分明。这种情况在以农业为主的古代中国显得非常重要。后来曹操能够在许昌采用屯田制，并大获丰收，与这种有利的自然条件密不可分。

最后，从当时的政治形势来看，洛阳更靠近实力强大的袁绍，曹操只有避其锋芒，才能够站稳脚跟。

所以，综合考虑，曹操及其谋士选定许昌作为都城，事实证明这样做是正确的。

① 汉·司马迁《史记》卷九十三《韩信卢绾列传》，中华书局1982年版，第2633页。
② 晋·陈寿《三国志》卷五十五《吴书·徐盛传》，中华书局1959年版，第1298页。
③ 唐·房玄龄等《晋书》卷七十三《庾亮传》，中华书局1974年版，第1933页。

二、许昌宫

依据杨修《许昌宫赋》绘制的许昌宫复原图

(图片来源：安阳曹操高陵博物馆)

许昌宫位于今许昌汉魏故城，是当时皇帝及其后妃居住的地方。唐代的《元和郡县图志》[①]、宋代的《太平寰宇记》都记载道："许昌宫，在许昌故城中，杨修作《许昌宫赋》，即此宫也。"[②]《大清一统志》载："许昌宫，在州城东北，魏太和中建，《三国·魏志》：'太和六年治许昌宫。'《水经注》：'许昌城内有景福殿基，魏明帝造，准价八百余万。'《元和志》：'宫殿基址今在许昌故城内西南隅。'《玉海》：'洛阳宫殿簿有魏太极、九龙、芙蓉、承光诸殿。'"[③]

一开始，许昌宫主要是献帝居住，后来曹魏各时期的皇帝也都曾居住。曹丕建立魏国迁都洛阳后，许昌作为曹魏"五都"之一，深受重视，宫室、武库仍保留在许昌。《太平寰宇记》记载："文帝虽云都洛，其宫室、武库多在许，即今许昌县也。"[④]文帝曹丕、明帝曹睿，都多次来到许昌宫

---

① 唐·李吉甫《元和郡县图志》卷八"河南道四"，中华书局1983年版，第209页。
② 宋·乐史撰《宋本太平寰宇记》卷七，中华书局1999年版，第38页。
③《大清一统志》卷二百一十八《许州直隶州》，第13页。
④ 宋·乐史撰《宋本太平寰宇记》卷七，中华书局1999年版，第34页。

居住。

《三国志》载，魏文帝曹丕称帝后，在位七年间，先后八次到许昌宫。

曹丕在黄初三年（222）正月"庚午，行幸许昌宫"，还在许昌宫颁布了《取士令》说："今之计、(考)，古之贡士也；十室之邑，必有忠信，若限年然后取士，是吕尚、周晋不显于前世也。其令郡国所选，勿拘老幼；儒通经术，吏达文法，到皆试用。有司纠故不以实者。"三月，曹丕去襄邑，四月，又"行还许昌宫"。十月，征讨孙权时，"帝自许昌南征，诸军兵并进"。四年（223）八月，"校猎于荥阳，遂东巡"。九月，"行幸许昌宫"。一直到次年（224）三月，"行自许昌还洛阳宫""七月，行东巡，幸许昌宫。八月，为水军，亲御龙舟，循蔡、颍，浮淮，幸寿春。……冬十月乙卯，太白昼见。行还许昌宫""六年（225）春二月，遣使者循行许昌以东尽沛郡，问民所疾苦，贫者振贷之。三月，行幸召陵，通讨虏渠。乙巳，还许昌宫。并州刺史梁习讨鲜卑轲比能，大破之。辛未，帝为舟师东征。五月戊申，幸谯""七年（226）春正月，将幸许昌，许昌城南门无故自崩，帝心恶之，遂不入"。① 由此可见，曹丕把许昌作为自己外出期间重要的行宫，每每外出巡行、打仗，都要在许昌停留。

明帝曹睿也先后四次到许昌宫。

太和四年（230）八月"幸许昌宫"，太和六年（232）"夏四月壬寅，行幸许昌宫。甲子，初进新果于庙。……九月，行幸摩陂，治许昌宫，起景福、承光殿。……十二月，行还许昌宫"。② 青龙二年（234）八月，征孙权回军途中"行还许昌宫"。

当时的许昌宫作为帝王宫殿，有非常壮观的楼阁、五彩缤纷的殿宇、奇异芬芳的花果和蜿蜒曲折的亭台水榭，室外室内，雕梁画栋，色彩斑斓，丹草灵木，芳华氤氲，奇花争艳，异果飘香，声声乐曲飘扬于九霄云

---

① 以上本段引文均见《三国志》卷二《文帝纪》，中华书局1959年版，第57页。
② 晋·陈寿《三国志》卷三《明帝纪》，中华书局1959年版，第99页。

外，阵阵舞影流连在一宫之中。

根据现存资料，许昌宫的北部是景福殿，南面是高昌观，从南往北遥望，蔚为壮观。尤其站在高昌观高处向北观望，可以看到许昌宫连绵起伏的全貌。"践高昌以北眺，临列队之京市。"① "入南端以北眺，望景福之嵯峨。飞栋列以山峙，长途邈以委蛇。"②

生活在东汉末年和曹魏时期的杨修、卞兰、缪袭都作有《许昌宫赋》来描写宫殿的雄伟华丽，根据他们的描写，许昌宫的特点可以归纳为：

其一，殿宇众多，鳞次栉比。

许昌宫内的殿宇非常多，布局整齐，排列有序。韦诞《景福殿赋》说："离殿别馆，粲如列星，安昌延休，清宴永宁。"可见殿宇一个连着一个。《文选》李善注引《洛阳宫殿簿》说："许昌宫永宁殿七间，安昌殿十间。""承光殿七间""景福殿七间。"③

何晏《景福殿赋》在描写到景福殿的位置时也说："阴堂承北，方轩九户。右个清宴，西东其宇。连以永宁，安昌临圃。遂及百子，后宫攸处。"④ 意思是说，朝北的殿堂有九个窗户，右边挨着清宴殿，东西两边都是厢房。又与永宁殿、安昌殿、临圃殿相连，再往里面，是百子殿，百子殿就是后宫了，后宫在皇宫的最里面，"重闱禁之窈窕，造华盖之幽深"。（杨修《许昌宫赋》）

其二，雄伟壮观，高耸入云。

作为帝王宫殿，许昌宫极为壮观，殿宇气势雄伟，连绵不断。景福殿在许昌宫的北部，所以，站在南面向北眺望，"结云阁之崔嵬"（杨修《许昌宫赋》），看到的是巍峨的景福殿如山峰般高耸，屹立在许昌宫的北部，

---

① 梁·萧统《文选》何晏《景福殿赋》李善注引韦诞《景福殿赋》。中华书局1977年版，第177页。
② 三国·魏·卞兰《许昌宫赋》。见清代严可均《全三国文》卷三十，商务印书馆，1999年版，第311页。
③ 南朝·梁·萧统《文选》，中华书局1977年版，第176页。
④ 清·严可均《全三国文》卷三十九，商务印书馆1999年版，第532页。

四面伸展的屋脊又像是飞鸟舞动的翅膀，凌空翱翔，生动活泼。“入南端以北眺，望景福之嵯峨，飞栋列以山峙，长途邈以委蛇。”(卞兰《许昌宫赋》)屋脊与屋脊相连，高低起伏，远远望去，绵延不断，“瞻大厦之穹崇，结层构而高骧。修栋迪以虹指，飞甍竦而凤翔。榱桷骈逼以星罗，轩槛曼延而悠长”(韦诞《景福殿赋》)“飞榈翼以轩翥，反宇轗以高骧”(何晏《景福殿赋》)“若乃高甍崔嵬，飞宇承霓。绵蛮黮霸，随云融泄；鸟企山峙，若翔若滞”(何晏《景福殿赋》)“于是碣以高昌崇观，表以建城峻庐。岧嶤岑立，崔嵬峦居。飞阁干云，浮阶乘虚。遥目九野，远览长图。俯眺三市，孰有谁无?”(何晏《景福殿赋》)

其三，空中廊道，回环往复。

因为宫殿高大，相互连接，所以殿与殿之间就修成了相互通达的廊道，“缀长廊之步栏”(杨修《许昌宫赋》)，尤其空中相连的廊道，远离地面，站在地面向上看，人犹如行走在空中；而走在空中向远处遥望，人就仿佛腾云驾雾，翱翔于蓝天白云之上，那种飘飘欲仙、如梦如幻的感觉令人心向神往，甚至是可以饮朝露、漱澧泉，俨然神仙。“于是乎飞阁连延，驰道四周。高楼承云，列观若浮。挹朝露之华精，漱醴泉之清流。”(夏侯惠《景福殿赋》)

其四，环环相扣，根牢本固。

如果从近处看，楼上的梁柱椽檩卯榫相扣、犬牙交错，既具有使楼房坚固稳定的实用价值，又具有美观精巧的艺术价值；既体现了匠人高超的手工技艺，更展示了宫殿绝美的建筑艺术，“丛楹负极，飞栌承栾”(韦诞《景福殿赋》)“曾栌外周，榱桷内附。或因势以连接，或邪诡以盘构”。(夏侯惠《景福殿赋》)卯榫工艺是中国传统建筑艺术的精华，工匠大师巧夺天工，建造出了最为完美的艺术品。在宫殿群落中，这些完美的艺术品连点成片，聚木成林，美不胜收，令人叹为观止。

其五，雕梁画栋，金碧辉煌。

许昌宫的装饰也极为华丽、优美。"木无小而不礲，材靡隐而不华。懿采色而发越，玮巧饰之繁多。双辕承枌，丹梁端直。明窗列布，绮井崱嶷。"（卞兰《许昌宫赋》）"皓皓旰旰，丹彩煌煌。"甚至在远处观望和从近处细瞻效果迥然不同："远而望之，若摛朱霞而耀天文；迫而察之，若仰崇山而戴垂云……尔其结构，则修梁彩制，下襄上奇。桁梧复叠，势合形离。赹如宛虹，赫如奔螭。"（何晏《景福殿赋》）"周步堂宇，东西眷昒。彩色光明，粲烂流延，素壁皓养，赫奕倩练。"（夏侯惠《景福殿赋》）

有些绘画五彩斑斓，令人眼花缭乱："尔乃文以朱绿，饰以碧丹。点以银黄，烁以琅玕。光明熠爚，文彩璘班。清风萃而成响，朝日曜而增鲜。虽昆仑之灵宫，将何以乎侈旐。"（何晏《景福殿赋》）朱绿、碧丹、银黄应有尽有，在阳光的照耀下，熠熠生辉，让人目不暇接。

其六，宫内流水潺潺，花木葱茏，异果纷呈，鱼鸟成群，悠然自得。

许昌宫的格局还很阔大，布局优美，除了高耸云天的殿宇之外，还有绿树成荫、花果飘香、曲水环绕的园囿。"丹草周隅，灵木成行。……珍果敷华，兰芷垂荣。"卞兰《许昌宫赋》）向上看是华丽高雅、图案精美、如诗如画的殿宇门窗，向下看是婀娜多姿、流光溢彩、亭亭玉立的碧水红荷；水中有自由自在、陶醉在清池绿水中的游鱼，地面是我行我素、穿行于芳草嘉木内的异鸟："若乃仰观绮窗，周览菱荷。流彩的皪，微秀发华。纤茎葳蕤，顺风扬波。含光内耀，婀袅纷葩。"（夏侯惠《景福殿赋》）"清露瀼瀼，渌水浩浩。树以嘉木，植以芳草。悠悠玄鱼，皠皠白鸟。沉浮翱翔，乐我皇道。若乃虬龙灌注，沟洫交流。"（何晏《景福殿赋》）上下相照，水陆相映，动静有致，奇妙无比。

甚至呈现出四季如春、冬夏同温的气候："其阴则有望舒凉室，羲和温房；隆冬御绤，盛夏重裳。同一宇之深邃，致寒暑于阴阳。"卞兰《许昌宫赋》）"芙蓉侧植，藻井悬川。则有望舒凉室，羲和温房。玄冬则暖，炎夏则凉。总寒暑于区宇，制天地之阴阳。……温房承其东序，凉室处其西偏。

开建阳则朱炎艳，启金光则清风臻。故冬不凄寒，夏无炎燀。钧调中适，可以永年。"(何晏《景福殿赋》)

其七，乐声悠扬，舞姿翩翩。

美丽悠扬的乐曲，优雅飞动的舞姿，是宫廷生活的重要组成部分，许昌宫也一样，乐舞必不可少。"百壁照曜，飞响应声。扣角则春风至，弹商则秋风征。……二六对而讲功，体便捷其若飞。进鼓舞之秘伎，绝世俗而入微。兴七盘之递奏，观轻捷之翩翩。振华足以却蹈，若将绝而复连。鼓震动而不乱，足相续而不并。婉转鼓侧，委蛇丹庭。或迟或速，乍止乍旋。似飞凫之迅疾，若翔龙之游天。赵女抚琴，楚媛清讴。奏筝慷慨，齐舞绝殊。众技并奏，拚巧骋奇。千变万化，不可胜知。"(卞兰《许昌宫赋》)。乐曲之美，足以呼唤春风秋雨，舞姿之妙，则似飞凫跃动、翔龙游天，赵女楚媛，抚琴清讴，千变万化，绮丽无比。有时钟鼓齐鸣，声震天外，余音不绝："钟鼓隐而雷鸣，警跸嘈而响起。晻蔼低回，天行地止。"(杨修《许昌宫赋》)。音乐甚至可以荡涤心志，感动万物，当新声旧曲齐发、宫商角徵羽五音齐备时，又可以让人超然世外，逸世独立："新诗变声，曲调殊别。吟清商之激哇，发角徵与白雪。音感灵以动物，起世俗以独绝。然后御龙舟兮翳翠盖。吴姬擢歌，越女鼓枻。咏采菱之清讴，奏渌水之繁会。"(韦诞《景福殿赋》)。

在这些描写许昌宫的赋作中，卞兰的《许昌宫赋》保存比较完整。作品首先描写了从南端向北眺望许昌宫景福殿高低起伏，绵延不绝的全貌，"南端以北眺，望景福之嵯峨，飞栋列以山崿，长途邈以委蛇"。远远望去，如山峰耸峙，条条屋脊，昂首展翅。然后，描写了建筑结构的精美、彩色绘饰的华丽，殿宇内冬夏同温的舒适，庭院中花木葱茏的雅致，流水扬波，绿树成荫。蜿蜒曲折的层层台阶，五彩缤纷的华丽门窗，室内雕梁画栋，无不显示出主人的尊贵高雅。在描写了悠扬的乐曲之后，作者不厌其烦地描摹了非凡的舞蹈效果，或快或慢，或动或静，时而飞速跳跃，翩翩起舞的佳丽疾快如飞凫，时而缓缓旋转，温婉如翔龙，千变万化，奇妙无比，争奇斗艳。再配以琴筝妙曲，靓女清歌，一幅标准的奢华宫廷生活画。最后，作者曲终奏雅，赞扬了明帝曹睿去伪存真、贵贤良贱珠玉的清明政风。

卞兰，曹操卞皇后弟弟卞秉的儿子，少有才学，袭父爵为开阳侯。曹丕做太子时，卞兰曾撰写《赞述太子赋》称颂曹丕美德。曹丕见到后回信说："赋者，言事类之所附也，颂者，美盛德之形容也，故作者不虚其辞，受者必当其实。兰此赋，岂吾实哉？昔吾丘寿王一陈宝鼎，何武等徒以歌颂，犹受金帛之赐，兰事虽不谅，义足嘉也。今赐牛一头。"① 可见，曹丕虽然知道是恭维之词，但是内心仍很喜欢。曹丕称帝后，任其为奉车都尉、游击将军，加散骑常侍。卞兰深得曹丕、曹睿父子信任。卞兰的作品传世的有《赞述太子赋》《许昌宫赋》《七牧》《座右铭》四篇。

卞兰的《许昌宫赋》虽然有文学语言特有的夸张、铺排手法，但从文中我们仍然可以看到许昌宫的盛大景象。卞兰的描写仿佛让我们置身其中，穿越到了一千八百年前的许昌宫中。

杨修的《许昌宫赋》今存残篇，描述许昌宫的高大雄伟"结云阁之崔嵬"，宫殿"筑旧章之两观，缀长廊之步栏。重闺禁之窈窕，造华盖之幽深"，宫内乐声阵阵，"钟鼓隐而雷鸣，警跸嘈而响起。晻蔼低回，天行地止，以入乎新宫"。②

缪袭的《许昌宫赋》今已不存，只留下了《序》，从中我们可以了解到作者面对许昌宫时，所感受到的祥和气氛：

> 太和六年春，上既躬耕帝籍，发趾乎千亩，以帅先万国，乃命群牧守相，述职班教，顺阳宣化，烝黎允示，训德歌功，观事乐业。是岁甘露降，黄龙见，海内有克捷之师，方内有农穰之庆，

---

① 晋·陈寿《三国志》，中华书局 1959 年版，第 158 页。
② 清·严可均《全后汉文》卷五十一，商务印书馆 1999 年版，第 527 页。

农有余粟，女有余布，遐狄来享，殊俗内附，穆乎有太平之风。[1]

该文作于魏明帝太和六年（232），也就是景福殿建成的时候，这时的曹魏政权刚建立十余年，正是蓬勃发展的时期，明帝亲耕籍田，率领百官教化百姓，对外，军队打仗取得了胜利，国内粮食丰收，百姓安居乐业，一片欣欣向荣的景象。

许昌"曹魏古城"南大街街景

这篇《许昌宫赋序》让我们看到了曹魏政权给百姓带来的安乐祥和生活。

景福殿 在奢华的许昌宫中，景福殿是最为壮观的一座宫殿。

景福殿位于许昌宫的北端，共有七间，[2] 建于魏明帝太和六年（232）。《元和郡县图志》载："景福殿，基址在今许昌故城内西南隅。"[3] 宋《太平寰宇记》载："景福殿在许昌故城内西南隅也。魏明帝所造，准费值八百余万。既成，命朝士为赋。"[4] 杨守敬《水经注疏》云："《西溪丛语》，许昌节度使小厅，是故魏景福殿。"[5]

《文选》李善注还记载了建造景福殿的缘由：

> 魏明帝将东巡，恐夏热，故许昌作殿，名曰景福。既成，命人赋之，平叔遂有此作。[6]

---

① 夏剑钦、王巽斋校点《太平御览》卷五百三十七，河北教育出版社1994年版，第五册第261页。
② 南朝·梁·萧统《文选》卷十一《景福殿赋》，唐·李善注："《洛阳宫殿簿》曰：许昌宫景福殿七间。"上海古籍出版社1986年版，第522页。
③ 唐·李吉甫《元和郡县图志》卷八，中华书局1983年版，第209页。
④ 宋·乐史撰《宋本太平寰宇记》卷七，中华书局1999年版，第38页。
⑤ 清·杨守敬《水经注疏》卷二十二，见《杨守敬文集》，湖北人民出版社1997年版，第1352页。
⑥ 南朝·梁·萧统《文选》，上海古籍出版社1986年版，第522页。

根据现有的资料，何晏、韦诞、夏侯惠都作有《景福殿赋》，从这些赋作中可见景福殿的非凡气象，其中，何晏的《景福殿赋》是最好也是最完整的一篇。

何晏（？—249），字平叔，南阳宛（今河南南阳）人，大将军何进的孙子，母亲尹氏，被曹操纳为夫人。何晏从小生活在宫中，受尽宠爱。少年时以才秀知名，又容貌俊美，"慧心天悟，形貌绝美"，深为曹操所喜爱。

何晏性格狂傲，妻子是金乡公主，与曹魏政权关系密切，文帝时拜驸马都尉。明帝时为冗官，齐王即位，曲意迎合曹爽，成为曹爽心腹。进散骑侍郎，迁侍中，不久又任职吏部尚书，封关内侯，司马懿掌权后，诛杀曹爽，何晏连坐被诛。

何晏是当时著名学者，喜好老庄之学，以清高为雅，有《论语集解》十卷，《老子道德论》二卷，集十一卷。

何晏的《景福殿赋》①因收入《文选》而广为流传。该赋全文两千多字，全面描写了景福殿的建造背景、面貌、特点，以及景福殿所代表的意义。虽然作为文学作品有其夸张的一面，但是从中我们还是可以较为完整地窥视出景福殿的真实面貌。

作品叙述景福殿的建造是顺天应人，"上则崇稽古之弘道，下则阐长世之善经"，是要"当时享其功利，后世赖其英声"，建成后的景福殿高大、雄壮、巍峨、华丽，"丰层覆之耽耽，建高基之堂堂""若日月之丽天""远而望之，若摘朱霞而耀天文；迫而察之，若仰崇山而戴垂云。羌瑰玮以壮丽，纷或或其难分""若乃高甍崔嵬，飞宇承霓。绵蛮黮霭，随云融泄。鸟企山峙，若翔若滞"，工艺精巧，殿宇上的一椽一檩，一柱一梁，无不精美绝伦，"虽离朱之至精，犹眩曜而不能昭晣也""修梁彩制，下褰上奇。桁梧复叠，势合形离。赮如宛虹，赫如奔螭""飞枊鸟踊，双辕是荷。赴险凌虚，猎捷相加。皎皎白间，离离列钱""繁饰累巧，不可胜书"。殿宇上的彩绘也含蕴深远，"图像古昔，以当箴规。椒房之列，是准是仪。观虞

---

① 南朝·梁·萧统《文选》卷十一《景福殿赋》，上海古籍出版社1986年版，第526页。

姬之容止，知治国之佞臣"。甚至宫殿的建造和帝王的统治也有密切的关系，"故将立德，必先近仁。欲此礼之不愆，是以尽乎行道之先民。朝观夕览，何与书绅""其祜伊何？宜尔子孙。克明克哲，克聪克敏。永锡难老，兆民赖止。"

该赋作为描写景福殿最好的作品，对于我们了解景福殿的结构、形制、效果等，具有重要价值。

与卞兰同时代的韦诞所写的《景福殿赋》也描写了景福殿的突出特点："瞻大厦之穿崇，结层构而高骧，修栋迪以虹指，飞甍竦而凤翔。榱桷骈逼以星罗，轩槛曼延而悠长。伏应龙于反宇，乘流苏以飘扬。……丛楹负极，飞栌承栾。枅梧绮错，窠栀鳞攒。芙蓉侧植，藻井悬川。则有望舒凉室，羲和温房。玄冬则暖，炎夏则凉。总寒暑于区宇，制天地之阴阳。""离殿别馆，粲如列星。"宫殿内的乐舞也极其优美，"新诗变声，曲调殊别。吟清商之激唯，发角徵与白雪。音感灵以动物，起世俗以独绝。然后御龙舟兮翳翠盖。吴姬擢歌，越女鼓枻。咏《采菱》之清讴，奏《渌水》之繁会"。①

韦诞（179—253）字仲将，京兆（今陕西西安）人，太仆韦端之子。曹魏时期的书法家、制墨家，擅长各种书体，官至侍中。《四体书势》称"魏氏宝器铭题，皆诞书"②。唐代张怀瓘《书断》记载了韦诞在书法方面的特殊成就：

> 青龙中，洛阳许邺三都，宫观始成。诏令仲将大为题署，以为永制。给御笔墨，皆不任用。因奏："蔡邕自矜能书，兼斯、喜之法，非流纨体素不妄下笔。夫工欲善其事，必先利其器。若用张芝笔、左伯纸，及臣墨，兼此三者，又得臣手，然后可以兼径丈之势，方寸千言。然真迹之妙，亚乎索靖也。"③

① 清·严可均《全三国文》卷三十二，商务印书馆1999年版，第334页。
② 唐·房玄龄《晋书》，中华书局1974年版，第1063页。
③ 唐·张怀瓘《书断》，《四库全书·子部八》812-59

从卞兰、韦诞、何晏等人有关景福殿的赋作中，我们可以想象当年许都的繁华与辉煌，窥视在汉末风雨飘摇的季节许都城巍然屹立的风采，尽管它留给后人的仅仅是梦幻般的记忆。

永始台 永始台是许昌皇城内储存粮物的地方，《文选》何晏《景福殿赋》李善注："永始，台名，仓廪所居也。"① 何晏《景福殿赋》谈到永始台时说："镇以崇台，寔曰永始。复道重阁，猖狂是俟。京庾之储，无物不有。不虞之戒，于是焉取。"② 可见是粮仓所在地。

当时的永始台规模很大，非常壮观。何晏所谓"复道重阁，猖狂是俟"，即指其上所建造的多层楼阁和其间互相连接的通道。

魏文帝曹丕郭皇后曾在永始台居住。明嘉靖《许州志》载："永始台，魏文德皇后尝居之。"③ 据传说，永始台是曹丕与郭皇后情投意合、恩恩爱爱的见证。一天，郭皇后担心自己出身寒微，年老色衰，会失去曹丕的宠爱，向曹丕说出了自己的心事。曹丕听后异常感动，便将台命名为永始台，意谓两人的感情永远如初。

《三国志·皇后纪》"文德郭皇后"记载：

> 黄初五年（224），文帝东征，（郭）后留许昌永始台，时霖雨百余日，城楼多坏，有司请移止。后曰："昔楚昭王出游，贞姜留渐台，江水至，使者迎而无符，不去，卒没。今帝在远，吾幸未有是患，而便移止，奈何？"群臣莫敢复言。④

郭皇后与曹丕甚是恩爱，面对多有损坏的城楼，毫不犹豫地拒绝了官员要她迁出的提议。郭皇后早年聪慧，因才能不凡，父亲为其取字"女王"。进入东宫之后，郭皇后的谋略常常被曹丕采纳，曹丕得以确定为继承人，郭皇后有不小的功劳。甄皇后失宠被废，也与郭皇后受宠有关。

① 南朝·梁·萧统《文选》，中华书局1977年版，第177页。
② 宋·乐史撰《宋本太平寰宇记》卷七，中华书局1999年版，第38页。
③《许州志》卷一，明嘉靖刻本，天一阁影印，上海古籍出版社1961年版。
④ 晋·陈寿《三国志》卷五《皇后纪》，中华书局1959年版，第166页。

郭皇后所提到的贞姜是楚昭王的夫人。《列女传》记载，贞姜是齐侯之女，楚昭王出游时，把贞姜留在渐台上就走了。不久，楚昭王听说渐台被江水淹没，就迅速派遣使者迎接夫人，但是，使者慌乱之中却忘记了带上信物。贞姜就说："国王与后宫有约，召见时一定要有信物。现在使者没有带信物，我不能跟你走。"使者回答说："江水正在汹涌而来，我如果回去拿信物，恐怕时间会来不及。"夫人说："一个贞女坚守的道义就是不违背约定，勇敢的人不害怕死亡，所坚守的不过是品节罢了。我知道跟着你走就能活下去，留下来一定会死亡，但是放弃约定、突破道义而求得生存，不如留下来被水淹死。"于是，使者就返回去拿信物，等到他回来的时候，江水奔涌而至，渐台已经被冲毁，夫人被大水淹没而死。楚昭王知道后，有感于她的诚信守约，封她为"贞姜"。

贞姜的故事是封建社会"列女"的典型，不可效法。但是郭皇后在这里表现出来的是对曹丕的一片深情。

郭皇后还是一个识大体、严律己的皇后，她做了皇后之后，亲族都跟着拜官封侯，她姐姐的儿子孟武要回老家娶妾，郭皇后予以严厉禁止，给家族下令说："今世妇女少，当配将士，不得因缘取以为妾也。宜各自慎，无为罚首。"①意思是说，现在世族家的女子稀少，应该婚配给出征的将士，不得娶她们为妾。各家要严格执行，不要做率先被惩罚的人！郭皇后这个要求，到了后来成了官方规定，"青龙中诸士女嫁非士者，一切录夺，以配战士"。②郭皇后还要求家族严戒骄奢，她给继承自己父亲爵位的从兄郭表、外甥孟武下令说："汉氏椒房之家，少能自全者，皆由骄奢，可不慎乎！"可见她是一个非常明智、审慎的人。曹丕的儿子曹睿称帝后，以当年母亲甄皇后之死与郭皇后有关为由，于青龙三年（235）正月，逼杀了移居许昌的郭皇后，三月，郭皇后被埋葬在洛阳首阳陵西。

---

① 晋·陈寿《三国志·后妃传》，中华书局1959年版，第165页。
② 卢弼《三国志集解》，中华书局1982年版，第298页。

【学术争鸣】"许昌"之名不始于曹丕考

根据《三国志·魏书·文帝纪》，许昌之名始于文帝建立魏国的黄初二年 (221)：

> 二年春正月……改许县为许昌县。①

大量的文献以此为许昌始名，顾祖禹《读史方舆纪要》谓：

> 许昌城：建安元年献帝都此。曹丕黄初二年改为许昌，为五都之一，岁尝临幸，每伐吴命司马懿镇守于此。②

《括地志》亦云：

> 许州许昌县：本汉许县……魏文帝即位，改许曰许昌也。③

当代有关许昌之名的说法，也大体如此。

但是，实际上，在曹丕称帝之前，许昌之名已经存在。理由如下：

其一，杨修《许昌宫赋》④，该赋名称直接称为"许昌"。

《许昌宫赋》系残篇，见于《艺文类聚》卷六十二⑤，残句见《文选·潘岳藉田赋注》⑥。

杨修 (175—219) 字德祖，弘农华阴 (今陕西华阴) 人，父祖世居高位，出身名门世家，早年为曹操主簿，因聪明多才，深受曹操赏识。后因故遭曹操猜忌，曹操借故将其诛杀。⑦

《三国志·陈思王植传》裴注引《典略》载：

> 二十四年秋，公以修前后漏泄言教，交关诸侯，乃收杀之。⑧

《后汉书》李贤注引《续汉书》曰：

> 人有白修与临淄侯曹植饮醉共载，从司马门出，谤讪鄢陵侯

---

① 晋·陈寿《三国志·文帝纪》，中华书局 1959 年版，第 77 页。
② 清·顾祖禹《读史方舆纪要》，中华书局 2005 年版，第 2184 页。
③ 贺次君《括地志辑校》，中华书局 1981 年版，第 157 页。
④ 见严可均《全后汉文》卷五十一，商务印书馆 1999 年版，第 528 页。
⑤ 唐·欧阳询《艺文类聚》，上海古籍出版社 1982 年版，第 1114 页。
⑥ 南朝·梁萧统《文选》，中华书局 1977 年版，第 116 页。
⑦ 杨修事见《后汉书》卷五十四《杨震传》。
⑧ 晋·陈寿《三国志》卷十九《陈思王传》，中华书局 1959 年版，第 560 页。

章。太祖闻之大怒，故遂收杀之，时年四十五矣。[1]

《资治通鉴》说得更为明白：

> 操亦以修袁术之甥，恶之，乃发修前后漏泄言教，交关诸
> 侯，收杀之。[2]

由此可见，杨修因与曹植过于亲密，又是袁绍的外甥，再加上善于揣摩心理，受到曹操疑忌，最终被杀。

杨修死于建安二十四年（219），早于曹丕"改许县为许昌县"。至于明帝扩建许昌宫、修建景福殿，并命众朝士作赋，是在太和六年（232）。

杨修早在献帝时期就创作了《许昌宫赋》，说明此时的许昌宫建造已经初成规模，赋中"天子乃具法服，戒群僚。钟鼓隐而雷鸣，警跸嘈而响起"中的"天子"显然是指汉献帝，也就是说，曹操奉献帝都许后，已经开始建造许昌宫的宫殿了。

其二，曹丕受禅过程中，屡屡提及"许昌"之名。

《三国志·文帝纪》裴注在记载曹丕受禅过程中，太史丞许芝条魏代汉见谶纬于魏王时，上书云："辛亥，太史丞许芝条魏代汉见谶纬于魏王曰：……《春秋佐助期》曰：'汉以许昌失天下。'故白马令李云上事曰：'许昌气见于当涂高，当涂高者当昌于许。'当涂高者，魏也；象魏者，两观阙是也；当道而高大者魏。魏当代汉。今魏基昌于许，汉征绝于许，乃今效见，如李云之言，许昌相应也。《易运期谶》曰：'言居东，西有午，两日并光日居下。其为主，反为辅。五八四十，黄气受，真人出。'言午，许字。两日，昌字。汉当以许亡，魏当以许昌。今际会之期在许，是其大效也。"[3]此处多次提及"许昌"，辛亥日为十月九日，说明曹丕代汉前已有"许昌"之名。

许芝提到的《春秋佐助期》是汉代无名氏创作的谶纬类典籍。宋以后

① 清·王先谦《后汉书集解》，中华书局1984年版，第624页。
② 宋·司马光《资治通鉴》卷六十八，中华书局1956年版，第2162页。
③ 晋·陈寿《三国志》卷十九《陈思王传》，中华书局1959年版，第64页。

散佚。关于书名之义，清赵在翰《七纬·春秋纬叙目》云："圣王代出，辅佐应期，麟征汉代，星精勋垂。"言帝王兴，奉天承运，自有神灵护佑，诸臣辅佐，上应列星，应期而至，故名《佐应期》。①

《春秋佐助期》虽然没有明确的编写时间，但应该是较早于曹丕受禅时间的。

综上所述，在曹丕代汉建立魏国之前，已经有"许昌"之名，曹丕黄初二年，是将"许昌"之名正式颁布。

---

① 赵传仁等主编《中国书名释义大辞典》，山东友谊出版社2007年版，第739页。

三、毓秀台

毓秀台位于许昌汉魏故城内城西南隅，现许昌市建安区张潘镇东南，西北距许昌市区 20 公里，始建于献帝建安时期，是汉献帝祭天之处。

祭祀是中国传统文化中重要的内容，无论官方还是民间，都十分重视对神灵、天地、祖先的祭祀。《左传》曾说："国之大事，在祀与戎。"① 意思是说，国家的大事有两件：一是祭祀，一是军队。在古人看来，祭祀是祈求神灵、祖先保佑的，能够得到保佑的人，事情就能一帆风顺。而军队是保证国家安全的，没有了军队，国家就会随时遭受掠夺，甚至是灭亡。

最早的祭祀主要是由于对大自然的畏惧而产生的，虽然随着人类社会文明程度的提高，人们对很多未知现象有了更多的了解，但是在古代泛神论思想主导下的传统文化中，仍然有诸多难以解释的现象。所以，祭祀就成了现实生活与神灵、祖先对话的主要方式，也就是说，祭祀既是官方祈求国泰民安的政治措施，也是民间希望平安幸福的基本愿望，整个封建社会无不如此。

古台风采 作为封建帝王，祭祀的规格更高，规模更大。汉献帝迁都许县之后，就在许都城内建造了规模宏大的毓秀台，每年都要率领文武百官前来祭祀。因为参祭人员众多，除了百官之外，还有大量侍从人员、勤杂人员等，所以当时的毓秀台除了高大巍峨之外，还有大量宫殿建筑，以供帝王、官员和其他人员祭祀、存放物品和临时休息、住宿使用。

毓秀台是许昌汉魏古城遗址内今存唯一的地面遗迹。

资料记载，毓秀台原来高约 15 米，面积大约 4000 平方米，有 99 级台阶。台的周围绿树成荫，花木葱茏。台前有大殿供献帝和大臣祭祀使用，另有数量众多的配殿。台上有供奉神灵的主殿，两边是东西厢房。可

---

① 杨伯峻《春秋左传注·成公十三年》，中华书局 1995 年版，第 861 页。

以想象，当年每当有重大祭祀的时候，毓秀台就会展示出恢宏壮观的盛大气势。

如今这些建筑早被焚毁，只剩下了历经风雨侵蚀的土台。为了延续毓秀台的神圣、祈求风调雨顺、国泰民安，数十年前，当地百姓新修了通往毓秀台的道路，在台上建造了天爷殿和配殿，重塑了主神、配神神像，重新修复了登台的台阶，开辟了台前小型广场，新立了数通石碑，在台的周围还栽种了大量树木，每年都有大量百姓前来焚香礼拜，毓秀台已经成了新时期缅怀先祖、祈福求祥的圣地。

毓秀台遗址

建安
岁月
"建安"是汉献帝的年号，也是他被曹操奉迎到许昌后的第一个年号。从建安元年（196）八月迁都，到建安二十五年（220）十月，汉献帝在许昌度过了二十五个岁月。建安二十五年正月曹操去世后，献帝又将年号改为延康，这年十月，曹丕称帝，献帝便以山阳公的身份离开许昌了。

在许昌的二十五年，是汉献帝一生极为重要的一段时光。在被曹操奉迎到许都之前，十六岁的献帝历经坎坷，极其狼狈。他九岁在洛阳继承帝位，十岁被董卓带往长安，董卓死后，被李催带到自己的军营，差点被郭汜的冷箭射中。十五岁又被带回到洛阳，其间历经坎坷，被军阀当作争夺的筹码。到达洛阳之后，他们君臣的苦难日子并未结束，由于宫殿全被烧毁，百官只好拨开杂乱的荆棘丛，倚靠在墙壁间栖息，十分狼狈。各地军阀拥兵自重，没有人给朝廷缴纳赋税，群臣只能忍饥挨饿，无奈之下，朝中尚书郎以下的官员都外出采集野菜充饥，出去的这些人有的饿死在断垣残壁间，有的被一些兵士杀死，令人痛心疾首。

好在没过多长时间，曹操就带着具有强大战斗力的军队来到了洛阳，直到这时，十六岁的献帝才开始有了较为安定的生活环境，他给曹操加官晋爵之后，也大封其他功臣，末代的东汉朝廷又有了一次喘息的机会，命苦的献帝终于不再惶惶不可终日。

曹操怀着毕恭毕敬的心情，冒着巨大的风险，把献帝奉迎到了许都。到了许都之后，献帝的生活得到了彻底的改变，不仅有了安定、祥和的生活环境，不再衣食无着，风餐露宿，战战兢兢，而且政治地位逐渐扭转，由原来身不由己、颠沛流离，变成了万民之主、一呼百应。为了迅速恢复献帝的尊严与地位，曹操采取了各种措施，如恢复汉朝的宗庙祭祀、健全朝廷各种制度、调整官员等。当然，在献帝这棵大树之下，最先"好乘凉"的是曹操。尽管随着曹操势力的不断扩大，献帝在感觉到压抑的同时，周围也聚集了不少拥汉官员，以至于双方不可避免地产生了不少或明或暗的矛盾与斗争，但总的来说，献帝在许都的二十五年，是和曹操相互依靠、相互支撑的，离开了曹操，献帝的威权无以实现，而离开了献帝，曹操就失去了遮蔽阴凉的大树。在汉末风雨飘摇的动荡岁月，在历史无情地淘汰东汉王朝的发展趋势中，献帝这样的生活、这样的结局，无疑是最好的。

如今的毓秀台虽然没有了昔日的繁华与盛景，但作为历经沧桑的神坛，她和周围同样古老的村落一样，仍然在默默地关注着身边发生的巨大变化。古城遗址东面和东北面的城后董、城后徐、老关赵、城角徐、盆李、盆北，西面和西北面的营王、张潘、古城，东南面的城后张、军张等，这些古老而充满活力的村落，如同一颗颗晶莹闪亮的珍珠，镶嵌在这片神奇而美丽的土地上，仿佛在拱卫着昔日帝王的尊严，永不放弃。

透过栉风沐雨的毓秀台，彰显出的是许昌厚重的文化底蕴，带给人们的是无限的留恋与畅想。1918年7月25日，毛泽东、罗章龙、陈绍宇（王明）等人来到许昌，有感于曹操在许昌所建立的文治武功，在毓秀台即兴赋诗《过魏都》：

毛泽东等人的题诗碑

横槊赋诗意飞扬（罗章龙），《自明本志》好文章（毛泽东）。

萧条异代西田墓（毛泽东），铜雀荒沦落夕阳（罗章龙）。

这首《过魏都》既赞扬了曹操的文韬武略，叹赏曹操内心具有的昂扬的意志力量，说他的《让县自明本志令》是一篇好文章，同时又由衷感慨历史的沧桑变化，一个历史人物，不论创建了多么大的丰功伟业，终究是要走出历史的，留下的只是杂草丛生的荒丘古墓和萧条冷落的残台夕阳。作品的主旨非常明显：历史人物一去不复返，改造社会、推动社会向前发展、主宰天下的，一定是当代英雄！也就是毛泽东所谓的"数风流人物，还看今朝！"

【学术争鸣】毓秀台名称有问题

毓秀台是许昌三国文化中的重要遗迹，本该有不少历史资料，可是，《三国志》《后汉书》《资治通鉴》《许昌县志》等各种史料，竟然没有只言片语提及该台，实属不正常之事。而大凡许昌三国文化事件、人物等，或文字记载与相关遗迹都有，如春秋楼、霸陵桥等；或有文字记载而无遗迹，如颍阴故城、繁昌故城、张潘二妃墓等，这种情况主要是因为后世遗迹逐渐消失，出现了文、实不符的情况。但是一般不会出现有遗迹而无文字记载的情况，因为遗迹的消失要比文字消失容易。文字记录在史册一般不会磨灭。因此，毓秀台"有实无文"的情况实属罕见。

经了解，毓秀台之名源自20世纪70年代建安区的一位文史工作者，当时并无毓秀台之名，为了给这个颇具规模的土台子起上一个好名字，该工作人员就用"钟灵毓秀"中"毓秀"命名了该台，之后便成为通行的名字。

既然该台原名并非"毓秀台"，那么原名是什么呢？

该台所在地为许昌"汉魏故城"之内，在"汉魏故城"的西南角。而"汉魏故城"即当年汉献帝都许之后所居之所，也就是当时的"都城"所在地。查《三国志》等史料，"汉魏故城"内确有一高台，名叫"永始台"，是都城内存放粮食的地方（详见本书《许昌宫》内容），因此该台极有可能是永始台遗址。

四、春秋楼

春秋楼又名大节亭，因相传关羽在此"夜读《春秋》"而得名。

春秋楼鸟瞰

| 关羽 | 其人 |

关羽，字云长，本字长生 ①，河东解良（今山西运城）人。早年在家乡因事逃亡涿郡（今河北涿州），遇到刘备招兵买马，他便与张飞一起追随刘备。终其一生，与刘备不离不弃。

刘备任职平原（今山东平原南）相，他与张飞都为别部司马。"别部司马"应当是临时委任以带兵打仗、无所谓职位高低的一个官职。后刘备任徐州牧，关羽带兵驻守在下邳（今江苏睢宁西北）。

建安五年（200），曹操东征刘备，刘备失败，投奔袁绍而去。关羽也被曹操打败，

春秋楼
（大门正中匾额为"关宅"）

---
① 晋·陈寿《三国志》卷三十六《关羽传》，中华书局 1959 年版，第 939 页。

跟随曹操回到许都。曹操想趁机将关羽收到麾下，便拜关羽为偏将军，对关羽十分友善。此时袁绍派遣大将颜良、文丑进攻曹军，曹操派张辽、关羽出战。关羽表现勇敢，力斩颜良，很快，文丑也被杀死，大大震慑了袁军。鉴于关羽取得了巨大功劳，曹操表封关羽为汉寿亭侯。

不久，关羽得知刘备在袁绍处，便将曹操赏赐的所有物品全部封存，还给曹操，留下一封书信，告别而去。曹操手下想把关羽追回，曹操说："都各为其主，别追了。"就这样，任由关羽投奔刘备去了。

建安六年（201），曹操亲征在汝南联合地方武装的刘备，跟随刘备的关羽等人被迫离开汝南，南依荆州刘表。从此时一直到建安十二年（207），关羽跟随刘备驻守在新野（今河南新野）。

建安十三年（208）七月，曹操南下征刘表。八月，刘表病卒，其子刘琮代立，屯兵襄阳。这时刘备屯兵樊城。九月，曹操大军到达新野。面对曹操的巨大压力，刘琮遣使请降。曹操平定荆州。刘备率众渡江南逃，派遣关羽另外率领数百艘舰船共赴江陵（今湖北江陵）。

曹操一路追击刘备，到达赤壁（今湖北赤壁），与孙权、刘备联军相遇，曹操大败。刘备、孙权得到江南各郡，至此，刘备终于有了立足之地。刘备拜关羽为襄阳太守、荡寇将军，驻守在江北。

建安十六年（211），刘备率步卒数万人西定益州，留下诸葛亮、关羽等据守荆州。建安十七年（212），刘备将诸葛亮、张飞、赵云等召往西川，留下关羽单独镇守荆州，刘备拜关羽董督荆州事。

建安二十四年（219），刘备称汉中王，拜关羽为前将军，假节钺。七月，关羽趁孙权进攻合肥、曹操将襄阳部分兵力调往合肥的机会，留下南郡太守糜芳驻守江陵、将军傅士仁驻守公安，自己亲率主力，展开了襄阳袭击战，包围了驻守在樊城（今属湖北襄阳）的曹仁，曹操派遣于禁救援曹仁。八月，大雨滂沱，穿城而过的汉水暴涨，平地积水数丈之高，面对如此巨大的暴雨，于禁措手不及，所率七军共三万人悉数被淹，全军覆没。于禁与诸将仓皇登上高处，躲避洪水，关羽见状，迅速乘坐大船对他们进行攻击，于禁走投无路，不得不投降了关羽。曹军另一大将庞德也被活捉，庞德不屈而死。袭击曹军取得了辉煌战绩，一时间，关羽英名远播，威震华夏。

但是，很快，曹操调集大军支援襄阳之战，又与孙权联手，孙权派遣部队成功占领荆州。关羽最终兵败当阳，身死麦城。①

关羽死后，留下了大量的故事和民间传说，后来在历代百姓的拥戴下，关羽成为民间供奉的神灵，被称为"关爷""关公""关王""关帝"等，民间还建立了大量的关庙来祭祀。

故事
源流 关羽在春秋楼"夜读《春秋》"的故事，源自《三国志》，经《三国志平话》《三国演义》、民间戏剧等渲染而定型。

《三国志·关羽传》说：

> 建安五年（200），曹公东征，先主奔袁绍，曹公禽（擒）羽以归，拜为偏将军，礼之甚厚。②

"归"，指回归许都，这是将关羽故事与许昌联系起来的最早历史记录。同篇裴松之注引《江表传》又说："羽好《左氏传》，讽诵略皆上口。"③

《三国志·吴书·吕蒙传》裴注引《江表传》也记载说：

> （关羽）长而好学，读《左传》略皆上口。④

产生于宋末元初的《三国志平话》，在叙述张辽劝关羽投降时叙述道：

> 美髯公曰："吾死不惧，尔来莫非说我乎？"辽曰："不然，虽皇叔、张飞为乱军所杀，公将家属不知何处，倘若曹兵至城下，岂不是有两难？"关公自小读书，看《春秋左氏传》，曾应贤良举，

① 以上关羽事迹见《三国志》卷三十六《关羽传》，中华书局1959年版，第939页。
② 晋·陈寿《三国志》卷三十六《关羽传》，中华书局1959年版，第939页。
③ 晋·陈寿《三国志》卷三十六《关羽传》，中华书局1959年版，第942页。
④ 晋·陈寿《三国志》，中华书局1959年版，第1275页。

岂不解其意？曹操深爱。①

卢弼评价此事说：

> 梁章钜曰：羽好《左氏》，史有明文，世俗即谓志在《春秋》而不知其非事实也。黄奭曰：羽祖石磐、父道远，并羽三世皆习《春秋》，张大本有墓铭言其事，然无征不可信也。②

很明显，卢弼认可梁章钜的说法，认为虽然史书明确记载关羽所读书为《左传》，但是世俗之人一心想把关羽的志向理解为志在《春秋》，所以对于不符合历史记载的问题视而不见。

所谓"志在《春秋》"，是说关羽的志向符合封建社会传统的礼仪教化、道德理想标准，《春秋》本来是一部史书，记载了春秋时期鲁国的历史，因为本书言简意赅，所载史实又符合儒家的思想标准，所以被儒家尊奉为治国圭臬，成为儒家重要的经典著作之一。关羽时时阅读《春秋》，说明他是以儒家基本的经典著述来要求自己的，这就符合了儒家传统的思想道德要求。

《春秋》即《春秋左氏传》，亦即《左氏传》，是汉代经学的重要内容之一，也是国家政治生活中统治者制定法律、制度、礼仪的重要依据，对后世经学思想影响极大。由于历朝统治者对经学都极为重视，积极倡导，东汉时期，学经之人亦即经生人数众多，导致整个社会形成了一种极为浓厚的学习经学、研究经学、应用经学的风气，清代经学家皮锡瑞说东汉是经学的极盛期，是有道理的。

从史书来看，汉代人们阅读经学包括《春秋》等的记载俯拾皆是，今从《三国志》的记载来看也有不少。如《魏书·李典传》裴注引《魏书》说：李典自幼好学，不喜欢兵事，"乃就师读《春秋左氏传》，博观群书。太祖善之，故试以制民之政"③。《钟会传》裴注引钟会为其母亲所写的传记说：

---

① 《古本小说集成·三国志平话》，上海古籍出版社1990年版，第46页。
② 晋·陈寿《三国志集解》，中华书局1982年版，第779页。
③ 晋·陈寿《三国志》卷十八《李典传》，中华书局1959年版，第533页。

钟会的母亲要求极严，钟会四岁就开始学习《孝经》，七岁诵《论语》，八岁诵《诗经》，十岁诵《尚书》，十一岁诵《易经》，十二岁诵《春秋左氏传》《国语》，十三岁诵《周礼》《礼记》，十四岁诵成侯《易记》，十五岁就让他进入太学学习四方奇文异训。①《蜀书·来敏传》载来敏广泛涉猎各种书籍，善《左氏春秋》。②《蜀书·孟光传》说孟光博物识古，无书不览，擅长汉家旧典。喜好《公羊春秋》而讥呵《左氏》，还经常与来敏争论经义。③《吴书·吴主传》裴注引《吴书》说：沈珩自幼综习经艺，尤善《春秋内、外传》。④《吴书·张昭传》载张昭"少好学，善隶书，从白侯子安受《左氏春秋》，博览众书"。⑤

　　这些记载说明汉代人们阅读经学的风气极其浓厚，阅读《春秋》等经典是普遍的事，关羽也正是在这种社会风气之下阅读《春秋》的。只不过，在《三国演义》等三国故事中，结合《春秋》更为深厚的文化内涵，赋予了关羽阅读《春秋》更多的道德价值，把关羽塑造成了完全符合以《春秋》内涵为标准的儒家忠孝节义的典范：桃园结义、千里走单骑体现了关羽的兄弟情义；对二位皇嫂的保护与礼敬，表现了关羽对刘备的忠和对传统礼仪的恪守；华容释曹展示了关羽知恩必报的君子之风；挂印封金体现了关羽不为名利所动的气节等。这些宝贵的忠义节操、高尚的道德品质，都和关羽所接受的《春秋》思想有关，关羽之所以被称为"武圣"，也是以这些德行为基础的。因此，《三国演义》用一首诗赞赏关羽说：

　　　汉末才无敌，云长独出群。神威能奋武，儒雅更知文。天日心如镜，《春秋》义薄云。昭然垂万古，不止冠三分。⑥

　　元代无名氏的杂剧《关云长千里独行》在写到正旦甘夫人听到关羽说

① 晋·陈寿《三国志》卷二十八《钟会传》，中华书局1959年版，第785页。
② 晋·陈寿《三国志》卷四十二《来敏传》，中华书局1959年版，第1025页。
③ 晋·陈寿《三国志》卷四十二《孟光传》，中华书局1959年版，第1023页。
④ 晋·陈寿《三国志》卷四十七《吴主传》，中华书局1959年版，第1124页。
⑤ 晋·陈寿《三国志》卷四十七《张昭传》，中华书局1959年版，第1219页。
⑥ 明·罗贯中《三国演义》第七十七回，人民文学出版社2005年版，第634页。

被封为"寿亭侯"时，批评关羽把刘备、张飞忘记了，唱道："今日个你建节来封侯，登时间忘旧。知书的小叔，你可便枉看了些《左传》《春秋》。"①

明代初年，罗贯中撰写《三国演义》的时候，改变了《三国志平话》的有关情节，在描写张辽劝降关羽时，并未提及读书之事。

有关关羽来到许昌之后的故事，《三国志平话》在描写张辽劝降时写道：

关公曰："若依我三件便降。"张辽曰："将军言。""我与夫人，一宅分两院。如知皇叔信，便往相访。降汉不降曹。后与丞相建立大功。此三件事依，即纳降；若不依，能死战。"张辽笑曰："此事小可。"张辽回见曹公，具说此事。②

两院英风 "一宅分两院"就是关羽所提来到许都的前提条件之一，曹操答应之后，关羽才投降。到了许昌之后，曹操带着关羽面见献帝，"帝见关公虬髯过腹，心中大喜，官封寿亭侯，月请四百贯、四百石，上马金、下马银，一宅分两院；三日一小宴，五日一大宴""又献美女十人，与关公为近侍。关公正不视之，与甘、糜二嫂，一宅分两院。关公每日于先主灵前，朝参暮礼"。

《三国演义》袭取了《三国志平话》的基本情节，有关关羽来到许昌前后的故事，《三国演义》写道："关公收拾车仗，请二嫂上车，亲自护车而行。于路安歇馆驿，操欲乱其君臣之礼，使关公与二嫂共处一室。关公乃秉烛立于户外，自夜达旦，毫无倦色。操见公如此，愈加敬服。既到许昌，操拨一府

---

① 胡世厚主编《三国戏曲集成》（第一卷"元代卷"），复旦大学出版社2018年版，第204页。
② 《古本小说集成·三国志平话》，上海古籍出版社1990年版，第46页。

与关公居住。关公分一宅为两院，内门拨老军十人把守，关公自居外宅。"①

　　这两部重要的文学作品，都提到了关羽到达许昌之后的住所，也就是后世春秋楼故事发生的地点，但是，关羽"夜读《春秋》"的故事，同样都没有明言。②

　　那么，关羽在春秋楼读《春秋》最早是由哪里记载的呢？从传播学的角度来看，《三国志》成书以后，三国故事广布民间，尤其戏剧这种艺术形式产生并被民众广泛接受以后，关羽夜读《春秋》的故事才逐渐流传开来。明嘉靖三十一年（1552）刊本《风月锦囊》所载《三国志大全》，出现了关羽"夜读《春秋》"的故事："明月

春秋楼关圣殿

---

①《三国演义》，人民文学出版社1973年版，第214页。
②按，"春秋"在《三国演义》中共出现七次。第一次：曹操马踏麦田，即掣所佩之剑欲自刎。众急救住。郭嘉曰："古者《春秋》之义：法不加于尊。丞相总统大军，岂可自戕？"操沉吟良久，乃曰："既《春秋》有法不加于尊之义，吾姑免死。"乃以剑割自己之发，掷于地曰："割发权代首。"（第七回）第二次：时云长在侧曰："某闻管仲、乐毅乃春秋、战国名人，功盖寰宇；孔明自比此二人，毋乃太过？"（第三十七回）第三次：操曰："五关斩将之时，还能记否？大丈夫以信义为重。将军深明《春秋》，岂不知庾公之斯追子濯孺子之事乎？"（第五十回）第四次：关公亡年五十八岁。后人有诗叹曰："汉末才无敌，云长独出群：神威能奋武，儒雅更知文。天日心如镜，《春秋》义薄云。昭然垂万古，不止冠三分。"……于是关公恍然大悟，稽首皈依而去。后往往于玉泉山显圣护民，乡人感其德，就于山顶上建庙，四时致祭。后人题一联于其庙云："赤面秉赤心、骑赤兔追风，驰驱时无忘赤帝；青灯观青史、仗青龙偃月，隐微处不愧青天。"（第七十七回）第五次：后主拆视之。表曰："臣本庸才，叨窃非据，亲秉旄钺，以励三军。不能训章明法，临事而惧，至有街亭违命之阙，箕谷不戒之失。咎皆在臣，授任无方。臣明不知人，恤事多暗。《春秋》责帅，臣职是当。请自贬三等，以督厥咎。臣不胜惭愧，俯伏待命！"（第九十六回）第六次：书曰："艾衔命西征，元恶既服，当权宜行事，以安初附。若待国命，则往复道途，延引日月。《春秋》之义：大夫出疆，有可以安社稷、利国家，专之可也。"（第一百一十八回）第七次：杜预为人，老成练达，好学不倦，最喜读左丘明《春秋传》，坐卧常自携，每出入必使人持《左传》于马前，时人谓之"《左传》癖"。（第一百二十回）

如渊，向晚灯前，饱看着《春秋左传》。"① 这才明确说明关羽是"夜读《春秋》"，也就是说，直到这时，关羽读书的地方才能叫作"春秋楼"。

因此，许昌春秋楼关羽"夜读《春秋》"的故事，经过了由历史到民间的过程，最后由民间定型。

春秋楼今夕 春秋楼位于许昌市中心城区文庙前街，历史上曾被称为关宅，又叫大节亭、汉寿亭侯祠、武安王庙、关王庙、关夫子祠、关帝庙等。明嘉靖《许州志·关公宅》载：

> 在州内东南，相传曹操拜羽为偏将军，作一院二宅以居之。今即其地作庙以祀羽。邵二泉题其壁间曰："本来报效非心服，死后英魂肯再游？白日在天书一纸，清风如水庙千秋。浮桥有志宁臣赵，左袒无期只为刘。半部丘明真得力，儿曹空解颂君侯。"束鹿王宗曾题共辞曹遗像曰："惟王忠义贯今古，书别曹公表此心。任是老瞒新礼厚，肯忘故主旧盟深。炎刘将息淹淹日，汉祚告终渐渐沉。如此英雄功不就，仰瞻遗像泪沾襟。"②

《明嘉靖重修武安庙碑》记载，春秋楼始建于元代至元年间（1264—1295），历经元、明、清三代多次修茸。现存春秋楼内的明嘉靖三十五年（1556）《关王庙碑记》载："许学东有关武安王庙，创建自元至元甲戌岁中。"又据清康熙二年（1663）许州知州胡良弼撰文的《重修关圣帝庙大节亭碑记》："州治东南隅相传为帝旧居址，有庙巍然，前、后寝宫门楹较他祠独盛，其正殿拜厦前有大节亭，颇壮丽。"

1995 年，在原址上又进行全面的修建、扩建，占地 2 万余平方米。并在其南面建成了春秋广场，供游人和当地民众休闲。

目前，春秋楼属国家级重点文物保护单位，国家 AAA 级旅游景区。

---

① 孙崇涛等《风月锦囊笺校·精选续编赛全家锦三国志大全二卷·夜读春秋》，中华书局 2000 年 8 月版，第 593 页。
②《许州志》卷八，上海古籍书店 1961 年 12 月据天一阁藏明嘉靖本影印。

修葺后的春秋楼格局是"一宅两院"，即分为内外两个院落。外院中轴线上依次为山门、春秋楼、关圣殿和刀、印楼。

春秋楼为砖木结构，上下两层，面阔5间，进深3间，重檐歇山庑殿式，四周环以回廊，各脊以雕兽、仙人、云龙、盘龙、莲花、卷草等为饰。门为朱漆双扇长方形格扇门，两侧置朱漆格扇槛窗。正门上有清康熙年间许州吏目滕之瑚书"春秋楼"三字，楼内精雕关羽夜读《春秋》像，东西两壁绘有"曹操赠马图""关羽辞曹图"。正门楹联写着："志在春秋功在汉，心同日月义同天。"

许昌春秋楼关羽夜读春秋像

春秋楼内的关公塑像头戴幞头，双眉紧蹙，右手抚髯，左手拿着一本打开的《春秋》，仿佛在烛光中聚精会神地阅读。

春秋楼前有通《关帝诗竹》碑，碑文据传是关羽的诗竹画。"不谢东君意，丹青独立名，莫嫌孤叶淡，终久不凋零。"东君指曹操，这首诗展示了关羽的高风亮节，表达了他虽身在曹营却对刘备忠贞不贰的信念。

春秋楼以北有刀楼、印楼，位于关圣殿前月台两侧。刀楼中竖立着"青龙偃月刀"，想当年，关羽勇冠三军、纵横沙场，就是用的这把得心应手的兵器。印楼中悬挂着的是关公当年接受封拜的"汉寿亭侯"印。

关圣殿原名义勇武安殿，是关羽的寝殿，也是庙内最高的建筑，大殿通高33.1米。始建于元世祖忽必烈至元（1264—1294）年间，1997年在旧址上重修。

该殿面阔7间，进深5间，三重檐歇山式建筑，40根立柱，前廊、后廊及侧廊18根檐柱，青石制作。正面中间的4根滚龙柱为深浮雕，刻工精湛，高峻雄伟。殿顶黄色琉璃瓦覆面，滚龙方砖叠脊，殿脊正中嵌金色"武圣"二字。殿门上方的三重屋檐下，悬"关圣殿"金字匾额。

殿内塑有 15 米高的关公坐像，据说为国内最高室内关公塑像。关公耸颧阔颊，卧蚕眉，丹凤眼，长目隆准，五缕美髯似在飘动。头戴螺髻形帽，内着长衫，外罩锦袍，腰系玉带，足登高头云履，周身褒衣博带，右手抚髯，左手拿书，在夜读《春秋》。

关公左右两侧有关平、王甫、周仓、廖化四位的站像。

关圣殿前左右两侧有钟鼓楼。

春秋楼的内院建有挂印封金堂、问安亭、甘糜二后宫等。

挂印封金堂是关羽当年"挂印、辞金、拜书"而去的遗址。堂后是问安亭，是关羽在许昌居住时，每日晨昏两次向二位皇嫂问安的地方。

问安亭再向北，是甘、糜二后宫，

春秋楼甘糜二后宫

原名汉昭烈皇后祠，清静幽雅，亭台楼阁错落有致，相传为当年关羽安置二位皇嫂居住的地方。甘、糜二后宫为楼阁式，分上下两层，面阔三间，灰瓦覆顶，镂花门窗，苏式彩绘，清幽雅致。二楼室内塑有甘、糜二夫人蜡像，形态逼真，栩栩如生。

值得一提的是，春秋楼西面是文庙，将文武二圣庙宇合祀，在全国也极为罕见。

万古流芳　春秋楼的故事既反映了"武圣"关羽文武双全的一面，更体现了他面对曹操的为难毫不退缩、内心志气凛然、对刘备忠心耿耿的品节。这种品行、节操被后人充分弘扬，成为关公文化最为核心的价值之一。

明代进士成镠曾作《许昌拜关夫子庙》[①] 诗：

巍峨碧殿鲁灵光，传是关羽旧寓堂。伏腊至今纷父老，粢盛

① 吴功勋主编《三国胜迹神游》，河南人民出版社 1987 年版，第 9 页。

全不间沧桑。通宵秉烛垂千古，大义经天著五常。禴祀每当风雨夜，时闻腾踏下长廊。

清代许州知州萧元吉编纂道光《许州志》时，也题写了《两院英风》诗道：

> 誓不今生负，孤忠照凛然。间关千里共，保护两宫全。碧殿风声砌，丹心日在天。至今遗庙在，松桧起苍烟。①

洛阳关林关羽夜读《春秋》像

清代画家王治安游览春秋楼后，有感于关羽的浩然正气，作《两院英风图》②，许州知州甄汝舟欣然命笔，题诗于画盛赞关公美德：

> 秉烛中宵暂避嫌，宅分两院亦从权。依曹不久仍归汉，留得英风在颍川。

【链接】全国各地"春秋楼"

手捧书卷，夜读《春秋》，已经成为关羽形象的重要标志，也成为关公文化的重要组成部分。因此，各地建造的关庙中，有不少专门建有关羽阅读《春秋》的"春秋楼"，主要的有河南许昌春秋楼、山西解州关庙春秋楼等。

山西解州关帝庙春秋楼

山西解州关帝庙春秋楼：

位于山西运城市解州镇，又名麟

---

① 以上两诗见马炎心《历代文人咏许昌》，中州古籍出版社2017年版，第284、291页。
② 吴功勋主编《三国胜迹神游》，河南人民出版社1987年版，第9页。

经阁，始建于明代万历年间，清代于同治九年（1870）重修。

春秋楼是解州关帝庙的主要建筑，高33米，属于二层三檐歇山式建筑。上下两层均有回廊四周相通，檐下木雕精美，玲珑剔透。第一层有木制隔扇108面，传说是象征历史上山西108个县。世传春秋楼有三绝。第一绝：上层回廊的廊柱，矗立在下层垂莲柱上，垂柱悬空，内设搭牵挑承，给人以悬空之感；第二绝：二层神龛暖阁正中有关羽夜读《春秋》塑像，在阁子板壁上，正楷刻有《春秋》原文；第三绝：据说楼当顶，正对着北斗七星位置。

湖北荆州春秋阁：

位于湖北省荆州市沙市区，原在金龙寺内，始建于清嘉庆十一年（1806），后金龙寺毁于大火，而春秋阁安然无恙。

春秋阁重建于1934年，阁楼高13米，面积2000平方米，建在高大厚实的台阶之上，面阔3间，分上下两层，上为阁、下为室。

阁楼内供奉着关羽读《春秋》塑像，生动传神，还悬挂有"三英大战吕布"等画作和名家所撰写的楹联。阁楼南面草坪上塑有关公赤兔马。

山西太原大关帝庙春秋楼：

太原大关帝庙位于太原市中心的庙前街，始建于宋代，金、元时期曾多次毁建，现存庙宇为明代建筑。据《阳曲县志》，明代太原府内有27座关帝庙，庙前街的关帝庙是规模最大的一座，

山西太原大关帝庙春秋楼（摄影：关富强）

故称大关帝庙。庙坐北朝南，前后二进院落，沿中轴线建有山门、崇宁殿、春秋楼等。

　　春秋楼坐落于大关帝庙后院，是后院主体建筑，为二层楼阁，平面方形，重檐歇山筒瓦顶，琉璃瓦剪边，上、下层前檐均设廊，两侧与左右厢房、客堂楼阁相连。一楼为关公戎装坐像，左右是关平和周仓，一个捧印，一个执刀，神态威武。二楼塑有关羽夜读《春秋》坐像一尊，关羽右手扶案，左手捋须，神态专注，端庄威严。

　　河南社旗春秋楼：

　　位于河南省南阳市社旗县山陕会馆内，又名大节亭、节义亭。始建于清乾隆二十年（1755），竣工于乾隆四十七年（1782）。据馆藏乾隆四十七年《创建春秋楼碑记》，春秋楼是山陕商贾募资创立山陕会馆时，为弘扬关公忠义精神而建。

　　社旗县山陕会馆被称为"天下第一会馆"，春秋楼是山陕会馆主院内最后一进建筑，下建重层台基，台基地面以斗方青白石块交错铺砌，前面分设左、中、右三踏道，阶周设雕花石栏板及蟠龙望柱。春秋楼由主殿、卷棚、左右配殿、东西廊房组成。主殿进深39米，宽20米，高37米，由48根擎天大柱撑起，高耸入云，巍然屹立。

赊店春秋楼关公像

　　楼内供奉着关羽夜读《春秋》像。

　　咸丰七年（1857）八月，捻军攻入社旗镇，部分豪绅

赊店春秋楼印楼遗址

凭借山陕会馆春秋楼抵抗，春秋楼被捻军焚毁，大火连续烧了七天七夜，九十里外的南阳府都能看到烟火。

　　2005年，社旗各界筹资在春秋楼遗址上重建了关公读《春秋》铜像。

五、受禅台

受禅台①位于许昌市西南 17 公里的临颍县繁城镇东南。

繁城镇曹魏时期叫繁阳亭，属颍阴县（县治在今许昌市魏都区），"繁城"是曹操为曹丕受禅所筑之城名。②

2001 年 6 月受禅台遗址成为国家级文物保护单位

献帝建安二十五年（220），曹丕受禅称帝，建立魏国，"乃为坛于繁阳。庚午，王升坛即阼，百官陪位。事讫，降坛，视燎成礼而反。改延康为黄初，大赦"。③裴松之注引《献帝传》曰："辛未，魏王登坛受禅，公卿、列侯、诸将、匈奴单于、四夷朝者数万人陪位，燎祭天地、五岳、四渎。"④

曹丕称帝，意味着我国历史上军阀纷争，影响深远的魏、蜀、吴三国鼎立格局正式形成。⑤

许昌博物馆复原的受禅台

大魏之主 在受禅台上接过献帝权杖的曹丕（187—226），字子桓，是曹操的第二个儿子，中平四年（187）冬出生于谯县（今安徽亳州）。八岁时

---

① 有关受禅台的考证，另参马宝记《曹丕受禅台、三绝碑考论》，《许昌学院学报》2019年第 3 期。
② 嘉靖《许州志》卷八："繁城，在（临颍）县西北三十里，曹操为受禅所筑。"
③ 陈寿《三国志》卷二《文帝纪》，中华书局 1959 年版，第 62 页。
④ 陈寿《三国志》卷二《文帝纪》，中华书局 1959 年版，第 75 页。按，关于受禅时间，陈志与裴注说法互异，综合各种资料，裴注说是，应为辛未，即 10 月 29 日。
⑤ 曹丕受禅仪式参卢弼《三国志集解》。

就能作文，才华横溢，博贯古今经传诸子百家之书。还喜欢骑马射箭，舞刀弄剑，可谓是文武双修。建安十六年（211），为五官中郎将、副丞相。二十二年（217），曹操经过对曹丕、曹植兄弟反复考量之后，立曹丕为魏太子。建安二十五年（220），曹操去世后，继位为丞相、魏王。十月，在文武群臣的拥戴下，代汉自立，建立魏国。

曹丕的一生仅有四十个春秋，在大魏天子的宝座上也仅仅坐了七年，但是，他的能力、成就依然在历史上留下了永不磨灭的印记。

建安十七年（212），当曹操带着大军西征马超时，河间（今河北献县东南）人田银、苏伯造反，煽动了幽州、冀州多地百姓趁机反叛。坐镇邺城的曹丕计划亲自带兵讨伐，他听从了功曹常林的意见，成功平定了叛乱，并在如何处置投降者的问题上，听取了程昱的正确建议，深为曹操所赞赏。

其实，在与曹植争夺继承权的事情上，曹丕已经显现出了较为突出的政治能力，他做事周密、细致、稳重，尽管不乏圆滑，但却是从政所必需的。曹植任性而行，恣意妄为，尤其饮酒不节，影响大事，令曹操十分不放心。曹丕与曹植不同。所以，相比之下，曹操最终选择曹丕做继承人，是正确的。

建立魏国之后，曹丕在政治上也表现出了非常成熟的一面，取得了很大的成绩。政治上，他对选官制度进行改革，采纳了吏部尚书陈群提出的"九品中正制"建议，极大地影响了魏晋南北朝四百年的发展。军事上，他继承了曹操的策略，在持续对吴蜀政权进行施压的前提下，找准时机，平定青州、徐州割据势力，完成了北方的统一。

文学上，曹丕也取得了非凡的成就，他改变了曹操诗歌"气韵沉雄"的风格特征，使诗歌走上了温婉柔美的发展道路，开启了魏晋南北朝文学纤弱绮丽的先河，在文学史上影响巨大。

禅让
良风 改朝换代历来是血腥屠杀的代名词，但是，当腐朽的东汉王朝的统治走到了尽头的时候，曹丕没有沿袭这一做法，而是采用了古老的"禅让制"，他不但没有杀掉前朝帝王及其家族，反而客客气气、恭恭敬敬地给退位的献帝以极高的礼遇，让他在自己的"山阳国"继续享受皇帝的待遇。这种一反常态的做法，得到了后世极高的评价。

对于末代皇帝献帝来说，尽管他所选择的退位方式是不得已的"禅让"，但是，这也是他最好的结局，更是明智之举。

禅让是中国历史上古老的政治制度，从它消失之后就再也没有出现过，直到曹丕，才

受禅台遗址

又再次让改朝换代充满了脉脉温情，避免了大肆的屠戮，避免了斩草除根式的革命，避免了大量无辜百姓因统治者争权夺利而丧失性命，这是社会另一种形式的文明与进步，是值得大书特书的。

古台
记忆 受禅台是曹丕接受献帝禅让的历史见证人，是和平交接国家统治权的目击者，它应该为发生在自己身上的这段历史自豪。

《资治通鉴》载："王（丕）三上书辞让，乃为坛于繁阳。"[1] 曹丕为了摆脱强迫献帝交出权力的嫌疑，屡屡辞让，以显示自己是无奈才接受禅让的。实际上，曹丕所谓"三上书辞让"实乃虚指，据《三国志·文帝纪》，在献帝延康元年（220）十月一个月内，献帝前后五次禅让，群臣十七次劝进，曹丕向献帝上书回绝三次。献帝第五次禅让后，曹丕给大臣回令表示

---

[1] 北宋·司马光《资治通鉴》，中华书局1956年6月，第2182页。

同意。而对于群臣的劝进，曹丕回令则多达十八次。

经过这些不厌其烦的禅让、辞让之后，曹丕便于十月二十九日名正言顺地登上受禅台，正式废止了献帝的延康年号，改元黄初，缓缓开启了历史大幕。

这里有个问题需要注意，曹丕在众臣多次上书之后，于庚午（十月二十八日）回令同意受禅，次日辛未（十月二十九日）即登坛受禅，时间安排是否显得匆忙？其实，这恰恰从另一角度证明了曹丕的辞让是继所有代汉准备工作之后最后一次更为明显的政治运作，如果说，前期的准备工作还有所顾忌、有所隐匿，计划也更为周密的话，那么这最后一次的手法则更为直截了当。①

一台一坛　受禅台在当时的颍阴县繁阳亭，《资治通鉴》记载："王（丕）三上书辞让，乃为坛于繁阳。"胡三省注说：

> 时南巡至颍川颍阴县，筑坛于曲蠡之繁阳亭。《述征记》曰："其地在许南七十里。东有台，高七丈，方五十步；南有坛，高二丈，方三十步，即受终之坛也。"②

根据这段记载，当时所筑有一台一坛，台在东面，③坛在南面。明嘉靖《许州志》也记载："繁城，在县西北三十里，曹操为受禅所筑。""受禅台，在州西南三十里，台有二。"④"台有二"即指《述征记》所言一台一坛。

宋代洪适《隶释》记载的是三个台子、两通石碑：

> 《水经》云：繁昌城内有三台，人谓之繁昌台，坛前有二碑。⑤

杨守敬《水经注疏·颍水》记载得更为详细、具体，并注释说三台之一名为白台：

> 《魏书·国志》曰：文帝以汉献帝延康元年，行至曲蠡，登

---

① 参朱子彦《曹魏代汉前的政治运作》一文的有关分析，见《史林》2012.5.
② 宋·司马光《资治通鉴》，中华书局1956年版，第2182页。
③ 根据资料，"台"当指蟠龙寨，详后文"蟠龙寨"，"坛"即受禅台。
④ 明·嘉靖《许州志》，上海古籍书店1961年12月据天一阁藏本影印，第4页。
⑤ 宋·洪适《隶释》，中华书局1985年版，第190页。

坛受禅于是地，改元黄初，其年以颍阴之繁阳亭为繁昌县。守敬按：《续汉志》刘《注》，文帝继王位，南巡在颍阴，引《帝王世纪》登禅于曲蠡之繁阳亭，为县曰繁昌。登下亦当有坛受二字。城内有三台，时人谓之繁昌坛。坛前有二碑。守敬按：《续汉志》刘《注》引《北征记》，城在许之南七十里。东有台，高七丈，方五十步。台南有坛，高二丈，方三十步，即受终之坛也。《寰宇记》临颍县白台，《水经注》，繁昌城内有三台，此其一也。二碑一曰《上尊号》，一曰《受禅表》。翁方纲云，碑今并在许州南三十里繁城镇，汉献帝庙中。昔魏文帝受禅于此，自坛而降，曰：舜、禹之事，吾知之矣！故其石铭曰：遂于繁昌筑灵坛也。朱坛讹作台，戴改，赵据黄本改，会贞按：明钞本作坛，此《受禅表》文作坛。①

由《水经》及杨守敬注疏所引《述征记》等文献可见，曹丕受禅时有一台一坛（白台当为受禅时一台一坛之外的台子，与受禅无关），受禅即是在受禅坛上进行的，根据"朱坛讹作台，戴改，赵据黄本改，会贞按：明钞本作坛，此《受禅表》文作坛"等资料可见，原来的台和坛是有严格的区分的，《说文·至部》：台，"观四方而高者也"。②《汉语大字典》："用土筑成的四方形的高而平的建筑物。"③可见，台仅仅是一高高的土台，不具有特殊意义，而坛才是举行受禅大典的地方，具有神圣的地位。《说文·土部》："坛，祭坛场也。"④《玉篇·土部》："坛，封土祭处。"⑤《公羊传·庄公十三年》"庄公升坛"何休注："土基三尺，土阶三等曰坛。"⑥《汉语大字典》："古时为祭祀而筑的土台。会盟封拜也都设坛，以示郑重。后来逐渐发展

① 杨守敬《水经注疏》，上海古籍出版社1989年版，第1814页。
② 清·段玉裁《说文解字注》，上海古籍出版社1981年版，第585页。
③ 汉语大字典编委会《汉语大字典》，四川辞书出版社2010年版，第3009页。
④ 清·段玉裁《说文解字注》，上海古籍出版社1981年版，第693页。
⑤ 宋本《玉篇》，北京市中国书店1983年版，第28页。
⑥ 汉·何休解诂、唐·徐彦疏《春秋公羊传注疏》，北京大学出版社1999年版，第151页。

为坛上增设阶陛殿堂，成为华丽的建筑群。"①

由此可知，台、坛所具有的作用和意义大不相同。繁城受禅所用的一台、一坛后来仅余其一，称为受禅坛。无论是当时人、受禅碑文，还是后世文献，都称作受禅坛。受禅台当为后世俗称。

按照古代对受禅坛的敬畏思想，受禅坛筑成之后，概不得人为拆毁。五代时，后唐庄宗要下诏毁掉邺城即位坛，张宪奏曰：

> 即位坛是陛下祭接天神受命之所，自风燥雨濡之外，不可辄毁，亦不可修。魏繁阳之坛，汉氾水之坛，到今犹有兆象。存而不毁，古之道也。②

筑台时间 按照前述《资治通鉴》"时（文帝）南巡至颍川颍阴县，筑坛于曲蠡之繁阳亭"的说法，是魏文帝曹丕南巡到繁阳亭的时候，修筑了受禅台（指上文中的受禅坛，为行文方便，下文统一沿用俗称"受禅台"），这个台子也就是《述征记》所说的"南坛"："南有坛，高二丈，方三十步，即受终之坛也。"那么问题来了：这个受禅台什么时间开始修筑？修筑花费了多少时间？

从目前所知的各种资料来看，受禅台的始修时间、花费时间都没有详细记载，大部分资料都是以"为坛于繁阳"一笔带过，从"为"字的用法上看，是修筑、修建的意思，而且从前后行文来看，表达的也是"禅让—筑坛—受禅"的过程。从各种史料所记载的情况来看，筑坛是在很短的时间内完成的。《三国志·文帝纪》有关内容为：曹丕于丙午（十月四日）"行至曲蠡，汉帝以众望在魏，乃召群公卿士，告祠高庙。使兼御史大夫张音持节奉玺绶禅位，册曰……乃为坛于繁阳"③。《后汉书·献帝纪》谓："冬十月乙卯（十月十三日），皇帝逊位，魏王丕称天子。"王先谦注引《献帝春

① 汉语大字典编委会《汉语大字典》，四川辞书出版社2010年版，第529页。
② 宋·薛居正等《旧五代史》，中华书局1976年版，第912页。
③ 晋·陈寿《三国志》，中华书局1959年版，第62页。

秋》云："帝时召群公卿士告祠高庙。诏太常张音持节，奉策玺绶，禅位于魏王。乃为坛于繁阳故城，魏王登坛，受皇帝玺绶。"①《资治通鉴》载："冬十月乙卯，汉帝告祠高庙，使行御史大夫张音持节奉玺绶诏册，禅位于魏。王三上书辞让，乃为坛于繁阳。辛未（十月二十九日），升坛受玺绶，即皇帝位。"②

在这些记载中，如果简单地按照筑坛时间来看，最早的是《文帝纪》，为十月四日，筑坛时间最长，为25天。《献帝纪》《献帝春秋》所记相同，即为十月十三日，筑坛时间有16天。而《资治通鉴》最晚，是在"三上书辞让"之后才筑坛，而按照各书所记，曹丕是于最后一次辞让后就在第二天登坛受禅，也就是说，按照《资治通鉴》所记，已没有筑坛时间。显然，简单地按照史书所记筑坛时间是不符合实际的，即便按照最长的25天时间，要想完成这样的高台巨坛，也是不可能的，即便投入数量巨大的人力，也应该颇费时日，更不用说其上还有巍峨壮观的宫殿建筑了。此外，据说筑台所用大量黄土也取自5公里之外的一个叫饮马坑的地方，因为这个地方的土质是与繁城当地土质完全不同的黏土③。即使把这个工程放到现代，恐怕也要一年以上，甚至更长的时间。尽管这样，史书还是尽可能煞有介事地叙述受禅的各个环节和各种理由，也就是说，从文字表面来看，看不出曹丕是早有准备、早就开始了筑坛工作，而是按照史书所叙述的过程，一步步地劝进、辞让，最终才筑坛接受禅让。④

因此，筑坛时间应该是在群臣上奏曹丕受禅之前，甚至是在曹操时代就已经开始了，这就是说，与其他汉魏禅代事情一样，曹操、曹丕早就开始了登坛受禅的准备工作，史书中"为坛于繁阳"的记载，要么是作者对

---

① 南朝·宋·范晔《后汉书》，中华书局1965年版，第390页。
② 宋·司马光《资治通鉴》，中华书局1956年版，第2182页。
③ 《厚重的三国文化》，中国临颍网 http://www.linying.gov.cn。
④ 历史文献的这种描写，给人一种错觉，即曹丕同意受禅后，才开始筑坛，如孙福喜《中国古代皇家礼仪》："诸公卿大臣们反复上书劝说，认为这是'天意'，凡人不可违抗。为'顺天应命'，曹丕只好接受禅让。命人在聚阳（按，应为繁阳）修筑高坛。高坛筑成后，曹丕登坛接受玉玺、金绶。"（陕西人民出版社2004年版，第152页）

于这些"无足轻重"史实的忽略，要么就是作者有意为曹氏父子隐晦，二者相较，恐怕后者更符合实际。有关这一点，在所有文献资料中，只有明嘉靖《许州志》说得最为清楚："繁城，在县西北三十里，曹操为受禅所筑。"[①] 有学者认为，这里的"曹操"是"曹丕"之误，笔者则认为，这不是失误，而是《许州志》编者直接点明该坛是曹操为受禅而筑，这就将筑坛时间大大提前，这也更符合实际。

千年
风雨　受禅台原为夯土结构，台原高18米，占地面积5880平方米。[②] 分为三层，每层27级台阶，共81级台阶，寓"九九归一"之意。两侧砌有台阶，台阶由青石铺成，围以白玉雕栏，青砖护坡，台顶靠北部有宫殿式建筑，平台中央有一遮阳凉亭，上设龙墩宝座，四周有石雕栏杆。楼阁石栏气势磅礴，威武壮观。[③]

经千余年风雨侵蚀，台上原有建筑物已荡然无存，现存受禅台仅余土堆，呈上圆下方状，高10余米、长宽各有30余米。[④] 受禅台的北面坍塌严重，裸露的泥土里夹杂着灰色的砖瓦块，应该是当时受禅台上所建宫殿式建筑倒塌后的碎砖烂瓦埋在这里，形成了厚厚的"文化层"。[⑤]

2001年6月，受禅台被国务院命名为国家级文物保护单位。[⑥]

汉代的繁阳亭北邻颍河古道，交通位置十分重要，为南北交通要道。

---

① 明·嘉靖《许州志》，上海古籍书店1961年12月据天一阁藏本影印，第4页。
② 李留根主编《临颍县志》，中州古籍出版社1996年版，第566页。
③ 据说，受禅台的地面上，有一块光秃秃的地方，就是当年汉献帝跪在这儿把刘家的天下禅让给了曹丕，所以从此后，这个地方就再也不长草了。
④ 李留根主编《临颍县志》（中州古籍出版社1996.9.第566页）谓："此遗址因年代久远，风雨剥蚀，仅留10米高，占地面积2170平方米。"而据国家文物局资料：现台"高约13米，底周长368米，总面积8448平方米"（见中国网2006年12月20日）。
⑤ 部分资料见许笑雨等《探访受禅台》，河南报业网 http://www.dahe.cn2004-11-15。
⑥ 2013年4月，由许昌学院与中国社会科学院文学研究所联合召开的"许昌历史文化资源开发"学术研讨会上，与会人员赴受禅台考察，当地指派的工作人员介绍，现存二层的受禅台遗址实为三层，最下一层历经沧桑后，被颍河水所冲积的泥沙淹没。就此问题，笔者尚存疑问，受禅台一层被淹没不知是否有考古依据。受禅台与《受禅表碑》仅相隔800米，而该工作人员介绍，《受禅表碑》与《上尊号碑》自立碑后一直在原位置，始终没有动迁过。那么，受禅台与二碑相距如此之近，何以受禅台被淹没而二碑却安然无恙？

据传，繁阳曾经多次有凤凰光临，还曾有麒麟献身。这些吉祥征兆，给繁阳增添了更多的神秘色彩，这也是曹丕选择在这里受禅的原因之一。曹丕受禅时，司马懿率14万军人驻守于此，还留下了不少故事，据说，修筑受禅台时的大量用土，就是司马懿的军士从附近一个叫扁担杨的地方人拉马驮运过来的，也有人说，这些土是取自距繁城镇镇区西南5公里外孙寨东北角的饮马坑，由数万名将士肩扛背负而来。不管怎么说，受禅台的修筑是由司马懿的军队历尽千辛万苦完成的。受禅台西南1公里就有个叫司马营的村子，曾经出土了不少汉代的箭镞和瓦罐等文物。

古蟠 | 蟠龙寨又名火神台，位于今临颍县繁城镇南街村，与受禅台相
龙寨 | 距0.5公里。

蟠龙寨是曹丕为受禅所筑二台之一（另一即为受禅台）。据传，献帝、曹丕先后都曾经在这里居住，所以称为蟠龙寨。

蟠龙寨原为高台，台上建有宫殿楼阁。原占地面积13000多平方米，台高10余米，有台阶96级，台上建筑有3000多平方米。后来曹丕在蟠龙寨储存军粮，不慎失火，台上建筑焚毁殆尽，后人在原台上又建造了庙宇，塑有火神像，故又称火神台。

截至1972年，蟠龙寨一直保存完好，台子周围花木葱茏，生机盎然。繁城百姓每年正月初七即火神的生日这天，都要到台上烧香祭拜火神。后来台上的庙宇被拆毁，筑台的黄土也被清理运出，蟠龙寨荡然无存。在清理台土时，从泥土中挖出了大量被烧焦的麦粒，为曹丕当年军粮被烧提供了实物佐证。

六、曹丞相府

曹丞相府位于许昌市老城中心，在原来曹操大营和办公的遗址上恢复重建，是国内目前第一个全方位展示曹魏文化的主题景区，总投资约 1.2 亿元人民币，总占地面积约 30000 平方米，总建筑面积约 8000 平方米。

曹操是一个卓越的政治家、军事家，也是一个了不起的文学家。曹操的文韬武略得到了后世的广泛认可，正如陈寿所谓，曹操是"非常之人，超世之杰"。

文学成就　曹操在文学上做出了突出贡献，取得了重要成就，在文学史上占有举足轻重的地位。

曹操在文学上的贡献首先体现在他对文学发展的引领上。在曹操及其父子的倡导下，建安文学开创了文学的新局面，开启了"文学自觉"的新时代，为文学的发展打下了坚实的基础。正如刘勰在《文心雕龙》中说："魏武以相王之尊，雅爱诗章；文帝以副君之重，妙善辞赋；陈思以公子之豪，下笔琳琅；并体貌英逸，故俊才云蒸。"① 在曹操的领导下，曹丕、曹植，以及建安七子等众多作家，共同开始了中国文学史上首次规模宏大的文学创作运动。曹植也在一封书信中自豪地说："昔仲宣独步于汉南，孔璋鹰扬于河朔，伟长擅名于青土，公干振藻于海隅，德琏发迹于大魏，足下高视于上京。当此之时，人人自谓握灵蛇之珠，家家自谓抱荆山之玉，吾王于是设天网以该之，顿八纮以掩之，今悉集兹国矣。"② "悉集兹国"就是对曹操笼络人才结果的充分肯定。

以"三曹""七子"、蔡琰等为代表的建安作家，肩负着时代赋予自己的重任，以广泛的社会生活为描写对象，以各自在这个时代中所走过的不

---

① 黄叔琳注《增订文心雕龙校注》，中华书局 2000 年版，第 540 页。
② 三国·魏·曹植《与杨德祖书》，见梁·萧统《文选》卷四十二，上海古籍出版社 1986 年版，第 1901 页。

同道路为着眼点，关心国家大事，关注民生疾苦，抒发个人壮志，书写出了文学史上壮丽的华章，取得了巨大的文学成就，使建安文学成了文学史上第一次文人创作的高峰，对后来的文学创作带来了深远影响。

曹操对文学的贡献还表现在曹操自己的创作上。作为一个政治家、军事家，曹操在繁忙的公务之余，也在不断地用文字记录着自己的心路历程。《三国志》本传记载说：曹操"创造大业，文武并施，御军三十余年，手不舍书，昼则讲武策，夜则思经传，登高必赋，及造新诗，被之管弦，皆成乐章"。曹丕的《典论·自叙》也说："上雅好诗书文籍，虽在军旅，手不释卷。"①都说明了曹操是一个勤于写作的人。《隋书·经籍志》记载，曹操有《魏武帝集》二十六卷，梁代有三十卷，存目一卷。梁代还有《武皇帝逸集》十卷，亡佚；另有《魏武帝集新撰》十卷。

可见曹操文章的数量是很多的。今存的曹操文章，据严可均《全三国文》辑存有文一百五十篇；冯惟讷的《诗纪》辑存乐府诗十四篇，二十一首。这些作品反映了曹操在长期的政治军事生涯中的思想情感，是我们认识曹操、评价曹操的重要资料。

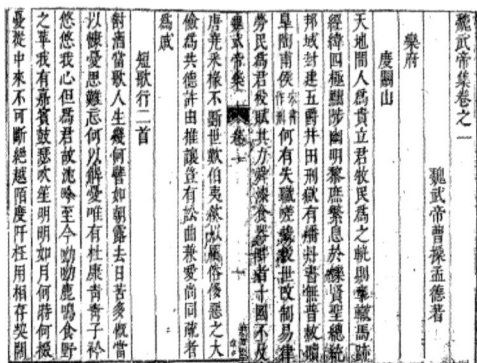

魏武帝集书影

除文学成就之外，曹操还是一位书法家，还在音乐、棋艺方面颇有成就。《三国志·武帝纪》裴注引张华《博物志》说："汉世，安平崔瑗、瑗子

---

① 魏宏灿《曹丕集校注》，安徽大学出版社2009年版，第302页。

实、弘农张芝、芝弟昶并善草书，而太祖亚之。桓谭、蔡邕善音乐，冯翊山子道、王九真、郭凯等善围棋，太祖皆与埒能。"

曹操的书法仅次于这些著名的书法家，可见水平很高。现在保存下来的"衮雪"，一般认为就是曹操亲笔所书。① 唐代张怀瓘《书断》载："魏武帝工章草，雄逸绝伦。"②

曹操书法："衮雪"

兵学成就　曹操不仅会打仗，还非常懂得打仗，也就是说，他不仅是一个军事指挥家，还是一个军事理论家。《三国志·武帝纪》裴注引《魏书》说："太祖自统御海内，芟夷群丑，其行军用师，大较依孙、吴之法，而因事设奇，谲敌制胜，变化如神。自作兵书十余万言，诸将征伐，皆以《新书》从事。临事又手为节度，从令者克捷，违教者负败。与虏对陈，意思安闲，如不欲战，然及至决机乘胜，气势盈溢，故每战必克，军无幸胜。知人善察，难眩以伪，拔于禁、乐进于行陈之间，取张辽、徐晃于亡虏之内，皆佐命立功，列为名将；其余拔出细微，登为牧守者，不可胜数。"这段文字是曹操军事生活的概括，说他行军用兵，依靠的是孙子、吴起兵法，但又富于变化，用兵如神。还自己创作了十余万字的兵书，让将士们打仗时参考。此外，曹操在选拔将领时能够做到知人善任，很多名将都是曹操不拘一格选拔出来的，这些将领都成为曹操得力战将，为曹操的军事事业立下了汗马功劳。

---

① "衮雪"是否为曹操所书，目前学术界尚存争议。详见郭鹏《"衮雪"到底是否曹操所写？》，载中日三国文化研究交流网 2023 年 8 月 2 日。
② 文渊阁影印《四库全书》，第 812 卷第 59 页。

曹操的军事理论成就表现在他的几部重要的军事理论著作中，如《孙子注》《兵法接要》《续孙子兵法》《兵书略要》《魏武帝兵法》《太公阴谋注》《司马法注》等，这些著作除《孙子注》外，大多只剩残篇断句，但我们依然可以窥见曹操在军事理论方面的成就。

《孙子注》①又称《孙子略解》，不仅是现存《孙子》最早的注本，也是最早的定本，对孙子军事思想的传播具有重要意义。我们今天见到的《孙子》，都是在曹操注本的基础上，经过宋代的《武经》《孙子十一家注》以及曹注单行本等流传于世的。因此，可以说，曹操是孙武军事思想的奠基者和开拓者。

现存《孙子》共6040字，而曹操《孙子注》就有3871字，约占正文的65%，且语言精要简洁。

曹操《孙子注》的内容，主要是阐释《孙子》的要义，而在实际的注释过程中，却表现出了非常丰富的内涵，既有对原文军事思想内容的解释，也有根据自身军事实践所做的现身说法，更有对词语本身所做的注解。可以说，这些内容不仅发展了孙武的军事思想，也表现出了一个政治家、军事家，面对"不得已而用之"的军事武力而进行的深层次思考。

曹操在《孙子注》中总结了许多战争规律、战场守则、行军用兵道理等理论，如扰敌诱敌原则、知己知彼原则、冬夏不兴师原则等，并把这些规律、特点与战争实践紧密结合起来。在《孙子注》中，曹操曾经两次提到自己的实战情况："以十敌一则围之，是将智勇等而兵利钝均也。若主弱客强，不用十也。操所以倍兵围下邳，生擒吕布也。""城小而固，粮饶，不可攻也。操所以置华费而深入徐州，得十四县也。"②

曹操在战场上灵活运用兵法的做法，也得到了后世的高度评价。如邺城之战，建安九年（204），在与袁尚争夺邺城的战斗中，曹操水淹邺城，袁

① 参马宝记《曹操〈孙子注〉的成就及其实践价值》，《信阳师院学报》（哲学社会科学版）2011年第6期。
② 杨炳安《十一家注孙子校理》，中华书局1999年版，第52、170页。

尚回军相救。曹军诸将皆以为"此归师，人自为战，不如避之"。曹操却说："尚从大道来，当避之；若循西山来者，此成禽耳。"为了判断袁尚的内心动向，曹操前后派遣多支部队相继观察，并及时报告。最终曹操一举击破袁尚，逼其狼狈逃往中山。邺城牢牢掌握于曹操手中。这次战役，曹操就充分运用了"知己知彼"原则，他命人不断观察袁尚的行军路线，由此判断袁尚是否要决一死战，因为"归师勿遏"是用兵常识，但是如果袁尚走小路行军，说明他并不想鱼死网破，这就大大降低了部队的战斗力。曹操正是这样抓住了敌人的心理，才取得了最后的胜利。胡三省在《资治通鉴》注文中对曹操的这一做法大加赞赏，他说："从大道来，则人怀救根本，不顾胜败，有必死之志。循山而来，则其战可前可却，人有依险自全之心，无同心致命之意，操所以料尚如此，《兵法》所谓'观敌而动'者也。"①

曹操的《孙子注》不但继承、发展了孙子兵学理论思想，使孙子的军事思想得以发扬光大，正如孙星衍所云："秦汉已来，用兵皆用其法或秘其书，不肯注以传世，魏武始为之注。"②也体现出了曹操仁政爱民、治军有方的帝王风范，其深厚的文学功底、严谨的治学态度、丰富的实战经验，将永远成为后人效法的楷模。

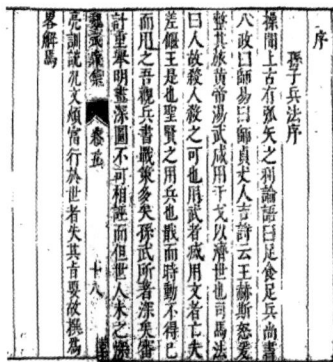

曹操《孙子注》书影

---

① 宋·司马光《资治通鉴》，中华书局1956年版，第2054页。
② 毕以珣《十家孙子会注·孙子叙录》，清《岱南阁丛书》本。

再现
历史 曹丞相府景区以历史为背景，以"汉风魏韵、梦幻相府"为主题，充分展示了汉魏三国的博大与辉煌。在尊重历史的前提下，融入了高科技的表现手法，使之更具观赏性、知识性、娱乐性、体验性等现代旅游元素。

景区内主要有魏武游园、曹操塑像、艺术照壁、府衙、东西望楼、求贤堂、议事堂、赋诗楼、围廊、藏兵洞、相府花园、青梅亭、宴楼、浴楼、珍宝馆等标志性建筑群构成，景区外围有帝王街、将相街、才子街、佳人街、三国演义大舞台等旅游配套项目与之相辅相成。

相府广场曹操像

曹操雕像位于广场正中位置，采用耐风化、不变色的花岗岩雕刻而成。雕像高度为 6.95 米，寓意九五至尊，像身重量近 200 吨，底部基座的长度和宽度均为 5 米。威武、霸气的曹操一手抚剑，一手作挥动姿势，神态庄严，器宇轩昂，很好地体现了曹操英武雄姿。

该尊雕像是目前国内最大的曹操室外雕像。

进到相府大门之内，首先映入眼帘的是一幅大型艺术照壁《观沧海》，曹操站立在一处悬崖之上，面对大海，仿佛

丞相府大门

陷入无尽的沉思之中，眼前波涛汹涌的大海，象征着曹操内心极度翻滚的思绪。《观沧海》是曹操平定乌桓后归来走到碣石山所作，平定乌桓意味着北方进一步稳定，曹操下一步要做的，就是统一全国，面对即将开始实施的宏伟战略，曹操内心就像面前的大海一样起伏不定。画面再现了曹操这一特定时期的特殊心理，很好地表现了曹操的内心世界。

"求贤堂"，是曹操求贤纳士、会见文武人才的地方，体现了曹操"任人唯才"的用人思想。曹操用人不拘一格，不问出身，不管来历，有才便用，曾"拔于禁、乐进于行阵之间，取张辽、徐晃于亡虏之内，皆佐命立功，列为名将。其余拔出细微，登为牧守者，不可胜数"。[①]在曹操身边，之所以人才济济，就是因为他的这种用人思想。堂内以浮雕群为主，反映曹操招才求贤、一统天下的政治功业。

"议事堂"是曹操与文武大臣议论国家大事的地方，主要展示曹操的政治、经济与军事成就，堂内塑有曹操与文臣武将的硅胶塑像。

在议事厅与赋诗楼之间，是三国群雄的"亮相"之地，不过，这里陈列的是他们各自的特殊相貌，即舞台形象，也就是脸谱。三国时期魏、蜀、吴各国重要的英雄如司马懿等，都出现在这里。用戏剧脸谱的形式再现三国群雄，也是曹丞相府的一大特色。

"赋诗楼"位于丞相府的最北端，是曹操与众多文士赋诗歌咏的地方，曹操"文武并施，御军三十余年，手不舍书，昼则讲武策，夜则思经传，登高必赋，及造新诗，被之管弦，皆成乐章"。[②]为了方便读书，曹操还制作了靠椅，便于侧卧读书。"曹公作倚案，

赋诗楼

① 晋·陈寿《三国志》卷一《武帝纪》，中华书局1959年版，第54页。
② 晋·陈寿《三国志》卷一《武帝纪》，中华书局1959年版，第54页。

卧视读书。"①曹操的诗歌成就极大，在文学史上具有重要地位，与儿子曹丕、曹植并称"三曹"。"赋诗楼"再现了曹操与文士的雅集生活场景。楼高三层，一层主要展示曹氏父子的文学成就，二层以建安文学和建安七子为主题，三层则重点展示三国时期最著名的"八大美女"(琴仙子蔡文姬、诗仙子大乔、曲仙子小乔、神仙子甄宓、剑仙子孙尚香、将仙子祝融、贵仙子曹节、舞仙子貂蝉)。"七步诗"与"汉代八美"在设计上充分考虑到了游客的参与感，形式十分新颖。

藏兵暗洞 关于曹操的藏兵洞有各种各样的传说，曹操老家安徽亳州、曹操封地邺城(今河北临漳)，以及曹操"奉天子以令不臣"的政治核心许昌都有藏兵洞的说法。

藏兵洞是曹操军事智慧的象征，在兵力不足、势力不够强大的时候，它可以用来迷惑敌人，地上地下，出出进进，敌方无法辨明真实情况，也就不敢轻举妄动。

丞相府远景

丞相府内的曹操藏兵洞全为新建，全部为砖结构，整体建造设计上，洞的高、宽大体一致，均为2米多高、1米多宽。内有翻眼陷阱、作战室、军械室、粮秣室、灶井室、突击防御室、滚石机关、尖刀陷阱、通气孔、猫耳洞，等等，再

丞相府全景

现了古代军人的日常军事生活和作战景况。

曹丞相府客观地展示了一代枭雄曹操在许昌这段特殊历史时期内，政

① 卢弼《三国志集解·武帝纪》引钱仪吉述《砚北杂志》语。

治、军事、经济、文化、生活等方面的建树，弘扬了曹魏文化所拥有的丰富的内涵。

【链接】"英雄"与"奸雄"①

曹操的形象历来为人们所争议，尤其三国文化热持续升温的今天，对于怎样在新的时代条件下评价曹操，应当是一个不成问题的问题。其实，"英雄"也好，"奸雄"也罢，

丞相府一景

曹操形象之所以能够进入千家万户，说明其具有顽强的艺术生命力和不朽的美学价值。

(一)《三国志》作为文学作品对曹操形象美学价值的肯定——英雄的产生

曹操"英雄"形象的形成，在文人笔下主要是《三国志》的影响。毫无疑问，《三国志》是一部史传作品，但正如有人认为《史记》是一部历史小说一样，《三国志》也同样具有文学作品的性质，或者说具有小说的因素，只不过，它是在完全依赖历史真实的情况下，作者进行了文学加工。周亮工在评《史记》中项羽被围垓下，与虞姬唱和时说："垓下是何等时，虞姬死而子弟散，匹马逃亡，身迷大泽，亦何暇更作歌诗？即有作，有谁闻之，而谁记之欤？吾谓此数语者，无论事之有无，应是太史公'笔补造化'，代为传神。"②其实，对于任何成功的史传著作均可作如是观。所谓"笔补造化"，正是指作者对历史人物言行的艺术加工。

① 本文最初发表于《许昌师专学报》(社会科学版)1994年第4期，原题为《"英雄"与"奸雄"——〈三国志〉与〈三国演义〉曹操不同形象的美学内涵》。中国人民大学报刊复印资料1995年第2期全文复印，《新华文摘》1995年第2期摘录要点。收入本书时作者略有改动。
② 见韩兆琦《史记选注集说》，江西人民出版社1986年版，第31页。

《三国志》对曹操艺术形象的塑造，立足于史实，成功地描写了曹操在动乱社会现实中体现出来的政治、军事、文学等方面的聪明与才智，其宽广的政治胸怀、卓越的军事指挥才能、超乎世俗的治人用人韬略、杰出的文学创作成就，无不为后人所赞赏。

曹操所表现出来的这些特点，集中地体现了人类在与自然、社会的抗争中顽强、不屈、美好的品质，换句话说，这些特点代表了人类最崇高、卓异、优秀的特征，是"美"这一深刻内涵在"人"的行为中的凝聚与扩散。人们在曹操身上看到了自己一直追求的人性优点，这些优点，就像一轮迷离梦幻般的光环突然之间变成了屹立在自己面前的现实，给人们以无限的慰藉与力量。就这一点来说，《三国志》起到了巨大作用，它使人们相信，在任何艰难困苦的条件下，人们都可以依靠自身的聪明才智战胜来自自然的、社会的各种困难，最终取得成功。

陈寿对曹操智慧与才能的肯定，实现了对曹操英雄形象的塑造。《三国志》中，曹操是一个血肉丰满的人物，作者除了利用重大事件展示其卓越的才能外，还用相当数量的篇幅刻画其细微举动，通过曹操一句话、一件事来达到肯定、颂扬的艺术效果。陈寿在为曹操作传之始即说："太祖机警，有权数，而任侠放荡，不治行业，故世人未之奇也。"这句话，可以说是对曹操青少年时期的准确概括。尤其"世人未之奇也"，也是未来曹操性格复杂的预兆，从侧面为以后曹操叱咤风云、权倾朝野做好了充分的铺垫。接着在平定黄巾起义后，曹操任济南相，作者描写了他将原来"长吏多阿附贵戚，赃污狼藉"的混乱局面一变而为"郡界肃然"的政绩，裴注引《魏书》亦评道："政教大行，一郡清平。""遂除奸邪鬼神之事，世之淫祀由此遂绝。"另外，冀州刺史王芬等"连结豪杰，谋废灵帝，立合肥侯，以告太祖"，但因"太祖拒之，芬等遂败"。这两件事足以说明，世人对曹操"未之奇也"只是暂时的。

献帝初平元年（190），讨伐董卓时，曹操初步显示出了其果敢、骁勇的性格，面对强大的敌人，尽管各路诸侯按兵不动，曹操仍孤军奋战，以至于人马俱伤，狼狈逃去。但他并未就此罢休，回到诸军阵前，仍然不卸锋芒，一面责让众军，一面出谋划策，试图说服诸侯军力杀董卓。

曹操的这种不屈不挠的性格表现，贯穿于他一生当中，也正是因为他有这种顽强的意志、坚韧的毅力、不屈的精神和坚定的信念，才使他最终成为"非常之人，超世之杰"，由"世人未之奇也"成为"世之奇人"。

显然，曹操自身的才能、气魄、力量、精神、气质等是形成曹操英雄形象的基本美学内涵，它们构成了曹操形象的基础，成为曹操英雄形象之所以感人的重要因素。

(二)《三国演义》中曹操形象的背景——"奸雄"的出现

孙盛《异同杂语》云："太祖尝问许子将(按，许劭字子将)：'我何如人？'固问，子将答曰：'治世之能臣，乱世之奸雄。'太祖大笑。"①《后汉书》载："曹操微时，常卑辞厚礼，求为己目。令品藻为题目。劭鄙其人而不肯对，操乃伺隙胁劭，劭不得已，曰：'君清平之奸贼，乱世之英雄。'操大悦而去。"② 另外，《世说新语·识鉴》也说："曹公少时见乔玄，谓曰：'天下方乱，群雄虎争，拨而理之非君乎？然君实是乱世之英雄，治世之奸贼。恨吾老矣，不见君富贵，当以子孙相累。'"③ 这是将曹操视为"治世英雄，乱世奸雄"较早的材料。其中《三国志》所载许劭的说法为世人所公认，而乔玄之说，在《世说新语》刘孝标注中已予以否认。《三国演义》也直接取用了《三国志》的内容。

总之，曹操"治世之能臣，乱世之奸雄"一说由来已久，也为曹操所接受，曹操听后竟"为之大悦""大笑"。曹操之所以如此，是因为"盖曹操素以创业自任也"(汤用彤《读人物志》)。

由此，我们可以认为，无论古今，"奸雄"二字，无非有两个含义：所谓"雄"，指英雄，其义甚易理解。而所谓"奸"，则应结合曹操的思想、

① 晋·陈寿《三国志》卷一《武帝纪》裴注引。中华书局 199 年版，第 3 页。
② 南朝宋·范晔《后汉书》卷六十八《许劭传》，中华书局 1965 年版，第 2234 页。
③ 南朝·宋·刘义庆《世说新语》，朱铸禹汇校集注，上海古籍出版社 2002 年版，第 333 页。

行为及表现来理解。

曹操听了别人称自己是"奸雄"不但不怒，反而非常高兴，正是因为他没有把这句话视为对自己的贬斥，相反，他把"奸"看作计谋、智慧、权变，并决心以此来发挥自己的特长，在乱世中一显身手。其实，曹操之所以成功，之所以能打败不具备这种"奸才"的刘备、孙权，也正是靠使用这种手段。如果客观、历史地看问题，那么，这些手段的使用，无非是"适者生存"而已，并不像后世"脸谱化"的戏曲舞台上所展示的那么阴险、毒辣、残酷、卑劣。当然，曹操所采取的手段，有时颇为残忍，如征讨陶谦时，在徐州大开杀戒，许多无辜百姓惨遭屠戮。但是，作为封建军阀，作为在乱世中夺取权利的领袖，有谁能避免得了这种残忍？刘备、孙权是否自始至终是以"仁义"来夺取蜀汉与东吴统治地位的？恐怕都离不开杀戮。如此之说，并非为曹操滥杀无辜开脱，只是想说明，用历史的观点看问题，他们都属于争权夺利的军阀，其中只能是智者胜、勇者胜，得人心者胜！其实，从对社会发展的贡献来看，曹操都远远超过刘备、孙权。这样的曹操，我们怎能以脸谱化的"奸雄"一言以蔽之？

曹操由历史走上舞台（指脸谱化的戏曲艺术），并作为"白脸奸臣"而家喻户晓，很大程度上是由于受宋元以来的戏剧、明清以来的小说，尤其是罗贯中《三国演义》的影响，再加上毛纶、毛宗岗父子以及李渔等人的评点，曹操的脸谱化特征迅速固定。尽管《三国演义》及毛评之前已有不少拥刘反曹的观点，但是，那更多的是出于政治目的，是政治需要，关键所在也仅是应该尊谁为正统的问题，并没有使曹操的形象有根本的改变。虽然反对他，仍然把他作为一个英雄（或者说是历史上的"奸雄"）来看的，如典型的东晋习凿齿的观点：

> 自汉末鼎沸五六十年，吴、魏犯顺而强，蜀人杖正而弱，三家不能相一，万姓旷而无主……（晋）配天而为帝，方驾于三代，岂肯俯首于曹氏，侧足于不正？……以晋承汉，功实显然，正名

当事，情体亦厌，又何为虚尊不正之魏而亏我道于大通哉！①

显然，习凿齿是欲让晋承汉祧，拥刘反曹。其他如朱熹等反对曹操者，其目的也不是反对曹操本人，而是反对以魏为正统。说透了，这是一种社会需要、政治需求。但到了《三国演义》，尤其是毛宗岗的评点，情况则大不相同。

毛宗岗在评点中，对曹操大加挞伐，称曹操是"古今来奸雄中第一奇人"，并把他与诸葛亮"古今来贤相中第一奇人"、关羽"古今来名将中第一奇人"相对照，其目的显而易见。就小说美学来说，毛宗岗无论对关羽、诸葛亮，还是对曹操的评点，在人物美学方面的成就没有任何人可以替代。但问题在于，就曹操本人来说，他却使曹操的形象大为改观。评点中，毛宗岗等人不断以各种语言攻击曹操。如在小说中曹操听了许劭的话，不怒而喜之后，毛评道："喜得险，喜得直，喜得无礼，喜得不平常，喜得不怀好意。只此一言，便是奸雄本色。"②第十七回曹操马踏麦田，割发代首，毛评道：

曹操一生，无所不用其借：借天子以令诸侯，又借诸侯以攻诸侯。至于欲安军心，则他人之头亦可借；欲申军令，则自己之发亦可借。借之谋愈奇，借之术愈幻，是千古第一奸雄。前既借人代己，今又借发代头，无所不用其借。③

稍早于毛氏父子的清初李渔也在《李笠翁批阅三国志》中说：

曹操一生，俱用一个"借"字：借天子以命诸侯，又借诸侯以攻诸侯。欲安军心，则他人之头可借，欲正军法，则自家之发可借。④

① 唐·房玄龄等《晋书》卷八十二《习凿齿传》，中华书局1974年版，第2157页。
② 明·罗贯中《三国演义》，毛宗岗评改，沈伯俊整理，中州古籍出版社1992年版，第2页。
③ 明·罗贯中《三国演义》，毛宗岗评改，沈伯俊整理，中州古籍出版社1992年版，第163、169页。
④ 清·李渔《李笠翁批阅三国志》，浙江古籍出版社2010年版，第198页。

第五十回，赤壁大战之遭遇惨败后，曹操痛哭郭嘉，认为"若奉孝在，决不使吾有此大失也"。毛评道：

> 曹操前哭典韦，而后哭郭嘉，哭虽同而所以哭则异：哭典韦之哭，所以感众将士也；哭郭嘉之哭，所以愧众谋士也。前之哭胜似赏，后之哭胜似打。不谓奸雄眼泪，既可作钱帛用，又可作挺杖用。奸雄之奸，真是奸得可爱！①

毛宗岗的这些点评，是使曹操成为"奸雄"的重要原因，之后的戏曲舞台竞相把曹操固定为"白脸"而使之脸谱化，渐渐由正面历史人物演变为舞台反面角色，这已离开了历史真实。

(三)"英雄"与"奸雄"作为文学形象的合理性与统一性

曹操的形象，不论作为英雄，抑或是奸雄，都符合"真实"二字。《三国志》使之成为英雄，符合历史真实，《三国演义》又使其变成奸雄，则符合艺术真实。从文学角度来看，英雄与奸雄尽管有种种不同，但都是成功的艺术形象；从文艺美学方面来看，又都是美的，都真实地反映了生活，给人以启迪，给人以智慧，有效地体现了社会意义。

《三国志》的作者用翔实的历史资料，通过文学加工，塑造出了真实饱满、栩栩如生的历史英雄曹操。这种创作方法，基本上是真实的，只是在细枝末节的描写当中，进行合理的艺术创造，其目的是使历史人物更加真实、更加符合历史原貌。因此，可以说，《三国志》中的英雄曹操是由历史所造就的，曹操与历史共存，犹如一朵晶莹透明的浪花，闪耀在人类绵延不断的历史长河中。这样的英雄能够适应人类历史发展的规律，能够为社会进步起到积极的作用。

《三国演义》(及毛评)则是在历史真实(历史事件)的基础上另起炉灶，另立楼阁，完全是一套新的人物概念，人物形象已远远抛开了史实，形成

---

① 明·罗贯中《三国演义》，毛宗岗评改，沈伯俊整理，中州古籍出版社1992年版，第506页。

了纯文学化的人物形象。《三国演义》中有不少历史事件，从作者思想来说，这些事件主要是用来为作者的思想服务的，而不是为了反映人物的历史面貌。

《三国演义》是一部非常成功的历史演义小说，说它非常成功，就是因为它塑造了许多立体化的人物形象，当然也包括曹操。本来在《三国志》（及裴注）中，曹操的形象已呈现出了个性特征的复杂化，而在《三国演义》中，这种复杂化尤其突出，作者罗贯中把《三国演义》中曹操的一言一行尽可能地放大，并运用自己的观点来演绎、深化曹操。这样，《三国演义》中的曹操不仅是能文能武、屡建奇功、智勇双全的英雄（这是作者依据历史事实而表现出来的历史真实），而且成了阴险狡诈、凶恶残忍、卑鄙无信的奸臣，这也正是毛宗岗动辄斥之为"奸雄"的真正原因。

作为奸雄的曹操与作为英雄的曹操同样都是成功的。《三国演义》通过对曹操的立体化塑造，成功地展示了动乱的社会现实中曹操的典型形象。为了国家的统一，为了取得最后的胜利，他竭尽全力，思贤若渴；为了战胜对手，他博采众议，择善而从；为了巩固实力，他积极号召发展生产，造福一方，即便是在晚年，他也仍然纵横沙场，征战不休。一生孜孜以求，斗志永不削减。我们看到的曹操是一个胸怀壮志、鞠躬尽瘁的政治家。但另一方面，他又是一个阴森可怕、举动无常、捉摸不透、杀人如草芥的军阀。这就使其性格表现为两面性。可以说，如果没有这种两面性，《三国演义》中曹操形象的艺术真实性将大为减弱。因为这种性格复杂化的表现，恰好说明人的思想并不是单一的，而是随场合、环境的不同而发生不同变化。

从《三国志》到《三国演义》，曹操的形象前后有着许多不同，这些不同都有其社会存在的合理性。而且，我们不难发现，《三国演义》基本上还是以《三国志》为依托，许多事件（尤其历史大事）都直接取材于《三国志》，从这个意义上说，二者又有统一性的一面。就曹操形象本身来说，二者也有许多一致之处。因此，曹操的形象无论"英雄"或"奸雄"，其美学价值都集中体现在曹操这个人物的自身之中，《三国志》(尤其是裴注) 中"英雄"的曹操常有许多可谓"奸雄"的因素，而《三国演义》(含毛评) 的"奸雄"曹操无非是作者将这些因素夸大并以此作为拥刘反曹的手段而已。

七、颍阴故城

颍阴故城即颍阴县县治所在地，今许昌市老城区，大体即今曹魏古城。

颍川郡为秦代设置，郡治阳翟(今河南禹州市)。西汉时期的颍川郡辖20个县，颍阴县为其中之一。

颍阴县在许县西北，与许县相距大约20公里，西汉高祖六年(前201)，析许县为许县和颍阴县，颍阴故城亦即颍阴县治所今许昌市老城区。汉初灌婴封颍阴侯即此。

关于"颍阴"的得名，当与颍河流向有关。颍河发源于登封，自西北向东南，流经今许昌城南。按照"山南水北为阳"的说法，似乎许昌在颍河之北，那么，"颍阴"之名即属费解。实际上，颍河在许昌西部已经变为偏南北走向。

那么，"偏南北走向"是否与"颍阴"之名有关系呢？答案是肯定的。

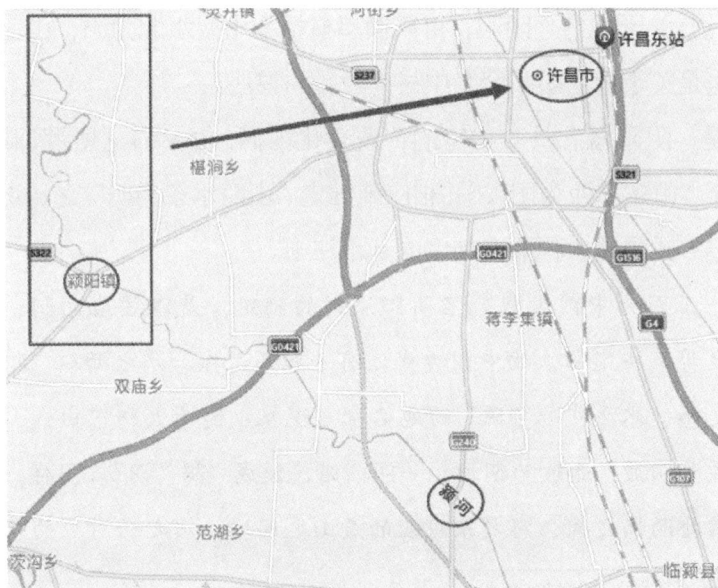

今许昌、颍阳、颍河位置图

谭其骧《中国历史地图集·三国·豫州颍川郡》

关于"阳"的含义，《春秋穀梁传注疏》"僖公二十八年""天王守于河阳"传曰："水北为阳，山南为阳。温，河阳也。"注云："日之所昭曰阳。"①"昭"即"照"。

关于"阴"之含义，许慎《说文·阴》："暗也，水之南、山之北也。"②清代段玉裁注引《穀梁传》曰："水北为阳，山南为阳。注云'日之所照曰阳'，然则水之南、山之北为阴可知矣。《水经注》引服虔曰'水南曰阴'，《公羊》桓十六年《传》注曰'山北曰阴'。"③

因此，关于地名之阴阳，可以简单概括为山南水北为阳，山北水南为阴。这也是关于地名阴阳命名中最为通行的说法。

但是，阴阳概念具有丰富的传统文化内涵，由"日之所照曰阳"，可以推及至"山东水西为阳"，并相应地推定"山西水东为阴"之认识。这种地名命名方式也是古代命名地名的基本法则。

正因为中国古代地名阴阳法则的确定，是以该地向阳、背阳之势来决定的，故中国古代还有一种山之东、水之西取"阳"、山之西、水之东取"阴"的地名命名现象。因为太阳东出，山之东坡为阳坡，西坡为阴坡，一明一暗，便成"阳""阴"。同样，大河常处两山之间，河之东对应的是山之阴坡，河之西对应的是山

①《春秋穀梁传注疏》，北京大学出版社1999年版，第149页。
② 汉·许慎《说文解字》，中华书局1963年版，第304页。
③ 汉·许慎撰、清·段玉裁注《说文解字注》，上海古籍出版社1982年版，第731页。

之阳坡。故有山之东、水之西为阳，山之西、水之东为阴的命名现象出现。如耒阳因处耒水之西而得名，湘阴因处湘江之东而得名，汾阳因处汾水之西得名，灌阳因处灌水之西而得名，等等。①

所以，"阳"亦有"山东水西"之说，"阴"亦有"山西水东"之说。

颍阴位于颍河之东，故云"颍阴"。从图1可以看出，红色方框内的颍河基本是南北流向的，其正东方向的许昌，即是故颍阴城所在地。此外，与"颍阴"相对的"颍阳"（今襄城县颍阳镇），秦所置县，早于西汉所置"颍阴县"，而颍阳位于颍河西岸，颍阴县的命名当与颍阳相关。

除"颍阴"之名外，同样因处于河流西岸而命名者尚有耒阳、汾阳、湘阴等。兹以湖南耒阳为例说明。

关于湖南耒阳之得名，《中国历史地名辞典·耒阳县》谓："秦置，治所即今湖南耒阳县。南朝梁、陈间移置今耒阳县东北。隋改为涞阴县。唐武德四年（621）复为耒阳县，并还旧置。"②此处"涞阴"当为"涑阴"即"耒阴"之误。《水经注》"又西北过耒阳县之东"注云："耒阳旧县也，盖因水以制名……东傍耒水。"③杨守敬《水经注疏》云："耒阳，秦县，因耒水在县东为名，见《元和志》。"④《元和郡县志》载："耒阳县，本秦县，因耒水在县东为名。汉属桂阳郡。隋改为耒阴，属衡州。"⑤此处几则史料明确说明"耒阳"之名源于耒水之西，而隋代移治耒水之东后改为"耒阴"，⑥充分说明地名是因其与河流的相对位置而命名的。《中国古今地名大辞典》"耒阳市"条据《元和郡县志》释为"耒水在县东为名"，"耒阳县""耒阴县"也据此释名。⑦

---

① 刘沛林《〈周易〉阴阳论与地名阴阳法则》，《衡阳师专学报》(社会科学版)1990年第一期。

② 复旦大学历史地理研究所等《中国历史地名辞典》，江西教育出版社1986年版，第275页。

③ 陈桥驿《水经注校正》，中华书局2007年版，第916页。

④ 清·杨守敬《水经注疏》，湖北人民出版社1997年版，第2352页。

⑤ 唐·李吉甫《元和郡县志》卷二十九，中华书局1983年版，第705页。

⑥ 唐·魏征等《隋书·地理志》云："耒阴，旧曰耒阳。平陈，改名焉。"中华书局1973年版，第896页。

⑦ 戴均良《中国古今地名大辞典》，上海辞书出版社2005年版，第1037页。

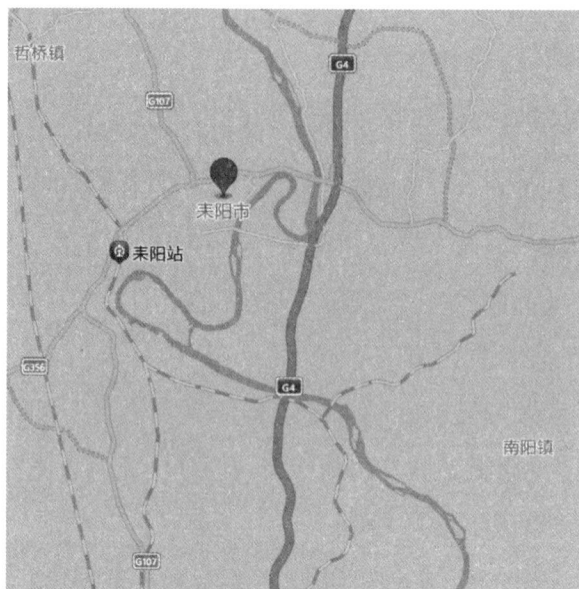

湖南耒阳与耒水位置图

此外，据《史记·太史公自序》，司马迁早年曾"耕牧河山之阳"[1]，王利器《史记注译》注"河山之阳"云："黄河之西，龙门山（在河津县城北）之南。阳，山之南或东，河之北或西。"[2]该书翻译"耕牧河山之阳"为"耕田畜牧于黄河之西、龙门山之南"。[3]司马迁故乡所处的位置为山西、陕西交界处的黄河西岸，所以所谓"河山之阳"之"河"，即指黄河，"阳"指黄河西岸。可惜的是，大部分《史记》研究著作并未注意到这一问题，对于"耕牧河山之阳"的解释，只是笼统、习惯性地释为"黄河以北、龙门山以南"。如日人泷川资言《史记会注考证》云："《正义》：'河之北、山之南也。'案在龙门山南也。"[4]韩兆琦《史记笺证》云："这里指龙门山之南。按，黄河自北流来，经韩城市东而南流，总流向是由北而南，但在龙门山以南有个自东北向西南的斜度，司马迁的故乡'夏阳（今韩城）'即在黄河的西北

---

① 汉·司马迁《史记》，中华书局1959年版，第3293页。
② 王利器《史记注译》，三秦出版社1988年版，第2747页。
③ 王利器《史记注译》，三秦出版社1988年版，第2794页。
④ 日·泷川资言《史记会注考证》，文学古籍刊行社出版1955年版，第5195页。

岸，故可以称为'河之阳'。"① 杨燕起《史记全译》曰:"阳，南。"② 我国台湾学者马持盈《史记今注》云:"在龙门山之南。"③

总之，颍阴之名，与颍河在此处的具体流向密切相关，同样是古代地名命名规则的体现。

颍阴县后也经历了不同历史时期的兴废。

黄初元年（220），曹丕受禅所在的位置曲蠡繁阳亭，即属于颍阴县管辖。南北朝初，颍阴县属南朝宋。北魏太平真君七年（446）废颍阴县，将颍阴县并入临颍县。东魏元象二年（539）复置，北齐改为长社县，隋开皇三年（583）改长社县为颍川县。明代并入许州。

颍阴故城的位置大体相当于今许昌市魏都区中心城区。

许昌曹魏古城大门

附：两汉颍阴县名人名士表

说明:

1. 人物有明确时代记载或推算出时代者，按时代排列。

2. 时代不详又无法推算出生活于何时者，附在与其有关系人物的相应位置之后。

3. 人物生平事迹以摘引、连缀文献原文为主，一般不做评价。

① 韩兆琦《史记笺证》，江西人民出版社 2004 年版，第 6348 页。
② 杨燕起《史记全译》，贵州人民出版社 2001 年版，第 4498 页。
③ 马持盈《史记今注》，台湾商务印书馆 1979 年版，第 3352 页。

姓名	字	籍贯	生活时期	任职、爵位	人物关系及主要事迹	资料来源
张孟		颍阴	景帝	校尉	灌夫之父。为颍阴侯灌婴舍人，得幸，因进之，至二千石，蒙灌氏姓为灌孟。吴楚反时，颍阴侯灌婴为将军，属太尉请孟为校尉。夫以千人与父俱。孟年老，颍阴侯强请之，郁郁不得意，故战常陷坚，遂死吴军中	《汉书》卷52《灌夫传》
灌夫	仲孺	颍阴	景帝、武帝	淮阳太守、太仆	吴楚军时，独两人及从奴十余骑驰入吴军，至戏下，所杀伤数十人，身中大创十余。武帝即位，徙为淮阳太守。入为太仆。家累数千万，食客日数十百人。陂池田园，宗族宾客为权利，横颍川	《汉书》卷52《灌夫传》
荀淑（83—149）	季和	颍阴	安帝—桓帝	当涂长、朗陵侯相	以品行高洁著称。有子八人，号八龙。其孙荀彧是曹操部下著名的谋士	《后汉书》卷62《荀淑传》
荀昱（？—169）	伯条	颍阴	桓帝—建宁二年	沛相	荀淑兄子。兄弟皆正身疾恶，志除阉宦。	《后汉书》卷62《荀淑传》
荀昙	元智	颍阴	桓帝—建宁二年	广陵太守	其支党宾客有在二郡者，纤罪必诛。昱后共大将军窦武谋诛中官，与李膺俱死。昙亦禁锢终身	《后汉书》卷62《荀淑传》
许栩	季阙	颍阴	桓灵时	司徒	延熹六年三月，卫尉颍川许栩为司徒。九年四月免。灵帝建宁元年九月，大鸿胪许栩为司空。二年五月免。四年七月为司徒。熹平元年十二月罢	《后汉书》卷7《桓帝纪》

姓名	字	籍贯	生活时期	任职、爵位	人物关系及主要事迹	资料来源
荀俭	伯慈	颍阴	桓灵时	朗陵长	荀淑长子	《后汉书》卷62《荀淑传》
荀绲	仲慈	颍阴	桓灵时	济南相	荀淑次子	
荀靖	叔慈	颍阴	桓灵时		荀淑三子。有至行，不仕，年五十而终，号曰玄行先生。皇甫谧《高士传》曰"少有俊才，动止以礼。靖弟爽亦以才显于当时。或问汝南许章曰：'爽与靖孰贤？'章曰：'皆玉也。慈明外朗，叔慈内润。'及卒，学士惜之，谥靖者二十六人。颍阴令丘祯追号靖曰玄行先生"	
荀焘	慈光	颍阴	桓灵时		荀淑四子	
荀汪	孟慈	颍阴	桓灵时	昆阳令	荀淑五子	
荀爽	慈明	颍阴	延熹九年–初平元年	司空	荀淑六子。一名谞。幼而好学，年十二，能通《春秋》《论语》。太尉乔玄见而称之，曰："可为人师。"爽遂耽思经书，庆吊不行，征命不应。延熹九年，以至孝拜郎中。后遭党锢，隐于海上，南遁汉滨，积十余年，以著述为事，遂称为硕儒。党禁解，五府并辟，不应。献帝立，董卓辅政，复征之。就拜平原相。行至宛陵，复追为光禄勋。视事三日，进拜司空。爽自被征命及登台司，九十五日。见董卓忍暴滋甚，必危社稷，欲共图之，会病薨，年六十三。所著凡百余篇	

姓名	字	籍贯	生活时期	任职、爵位	人物关系及主要事迹	资料来源
荀肃	敬慈	颍阴	桓灵时	舞阳令	荀淑七子	
荀专	幼慈	颍阴	桓灵时	司徒掾	荀淑八子	
刘陶	子奇	颍阴	灵帝	尚书令	济北贞王刘勃之后。为人居简，不修小节。上书谏改铸大钱，后举孝廉，除顺阳长。县多奸猾，覆案奸轨，所发若神。明《尚书》《春秋》，为之训诂。顷之，拜侍御史。灵帝宿闻其名，数引纳之。封中陵乡侯，三迁尚书令。徙为京兆尹。耻以钱买职，称疾不听政。征拜谏议大夫。因上书言宦官祸乱，遭报复免职，闭气而死。著书数十万言，上书言当世便事、条教、赋、奏、书、记、辩疑，凡百余篇	《后汉书》卷57《刘陶传》
刘翊 （？—190）	子相	颍阴	灵帝－献帝初	汝南太守 陈留太守	家世丰产，常能周施而不有其惠。献帝迁都西京，翊举上计掾。是时寇贼兴起，道路隔绝，使驿稀有达者。翊夜行昼伏，乃到长安。诏书嘉其忠勤，特拜议郎，迁陈留太守。翊散所握珍玩，唯余车马，自载东归。出关数百里，见士大夫病亡道次，翊以马易棺，脱衣敛之。又逢知故困馁于路，不忍委去，因杀所驾牛，以救其乏。遂俱饿死	《三国志·蜀书》卷8《许靖传》《后汉书》卷81《独行传·刘翊传》

姓名	字	籍贯	生活时期	任职、爵位	人物关系及主要事迹	资料来源
荀悦 (148—209)	仲豫	颍阴	献帝中	秘书监、侍中	荀俭之子。俭早卒。悦年十二，能说《春秋》。性沉静，美姿容，尤好著述。初辟镇东将军曹操府，迁黄门侍郎。累迁秘书监、侍中。时政移曹氏，悦志在献替，而谋无所用，乃作《申鉴》五篇。帝好典籍，令悦依《左氏传》体以为《汉纪》三十篇，诏尚书给笔札。辞约事详，论辨多美。又著《崇德》《正论》及诸论数十篇。年六十二卒	《后汉书》卷62《荀淑传附荀悦传》
荀彧 (163—212)	文若	颍阴	灵帝-建安中	尚书令	荀绲之子。少有才名。中平六年，举孝廉，再迁亢父令。董卓之乱，独将宗族从冀州牧韩馥、袁绍，初平二年，去绍从曹操。操以为奋武司马、镇东司马。建安元年，劝操迎帝都许。为侍中，守尚书令。操军国之事，皆与彧筹焉。又进计谋之士荀攸、钟繇、郭嘉、陈群、杜袭、司马懿、戏志才等。五年，官渡之战劝操画地而守，以奇兵破绍。封万岁亭侯。九年，阻操九州议。十七年，谏止操晋爵国公，操南征孙权，彧从劳军，病留寿春，饮药而卒。年五十	《后汉书》卷70《荀彧传》 《三国志》卷10《荀彧传》

姓名	字	籍贯	生活时期	任职、爵位	人物关系及主要事迹	资料来源
荀谌		颍阴	献帝		荀彧之弟。绍乃使外甥陈留高干及颍川荀谌等说馥举冀州以让袁氏，馥素性恇怯，因然其计	《后汉书》卷74《袁绍传》
荀攸 (157—214)	公达	颍阴	灵帝－建安	尚书令	荀昙之子。少孤，何进征为黄门侍郎。与郑泰等商议刺杀董卓，事败被收，不久得免。弃官归乡，复辟公府，举高第，迁任城相，不行。求为蜀郡太守，道绝不得至，驻荆州。建安元年，曹操征为汝南太守，入为尚书。操以为军师。三年，从征张绣、吕布，后从救刘延于白马，划策斩颜良、大破袁绍，斩骑将文丑。计策多为攸所出。封陵树亭侯，转中军师。魏国初建，为尚书令。前后共谋化奇策十二，深为曹操器重。十九年，死于征讨孙权途中	《三国志·魏书》卷10《荀攸传》

【链接】颍阴侯灌婴、颍阴王宗佻、颍阴侯陈群

《大清一统志》"颍阴县"："汉置县，属颍川郡，高祖六年，封灌婴为侯邑。后汉更始二年，封宗佻为颍阴王。魏文帝封陈群为侯邑。后魏并入临颍。《水经注》：颍水南径颍乡城西，颍阴县故城在东北。旧许昌典农都尉治也。"①

颍阴侯灌婴（？—前176），睢阳（今河南商丘南）人，汉朝开国功臣，官至太尉、丞相。灌婴早年以贩缯为生，在反秦战争中，跟随刘邦英勇作

_____

① 四部丛刊本《嘉庆重修一统志》卷218《许州直隶州一》，第10页。

战，屡立战功。楚汉战争时，屡屡大破项羽军队，官至御史大夫。"汉王立为皇帝，赐益婴邑三千户。其秋，以车骑将军从击破燕王臧荼。明年，从至陈，取楚王信。还，剖符，世世勿绝，食颍阴二千五百户，号曰颍阴侯。"①"布已破，高帝归，定令婴食颍阴五千户。"② 汉朝建立后，跟随刘邦平定陈豨、黥布等叛乱。刘邦死后，与陈平、周勃共立文帝即位，拜为太尉。文帝四年（前176）卒，谥"懿侯"。后世对灌婴评价甚高，西晋文学家陆机在《汉高祖功臣颂》中说："颍阴锐敏，屡为军锋。奋戈东城，禽项定功。乘风藉响，高步长江。收吴引淮，光启于东。"③ 清代著名史评家郭嵩焘也评价灌婴说："灌婴之掠淮北、降彭城，所以速项羽之亡也。韩信与项羽会战垓下，灌婴又自彭城夹击，以婴本骑将，故使以所部五千骑追项羽，《项羽本纪》所谓王翳、吕马童、杨喜、杨武、吕胜，皆灌婴所部骑将也。《项羽本纪》特叙战事，其详皆著之《灌婴传》中，以项羽之亡实系之灌婴一军也。此史公叙事最著明处。"④ 这些评价足见灌婴在抗秦斗争、楚汉战争和汉初平叛、安定刘氏天下的过程中所起到的巨大作用。

除灌婴之外，灌婴的舍人颍阴人张孟之子灌夫（张孟改姓灌孟）在平定七国之乱时表现勇猛，威震天下。灌夫为人刚直，不畏权贵，著名的"灌夫骂座"充分说明了灌夫的性格。⑤

需要辨析的是：《史记》"颍阴侯灌婴者"唐代张守节《史记正义》云："今陈州南颍县西北十三里颍阴故城是。"⑥ 张氏把颍阴故城误为南颍县之颍阴故城。根据班固《汉书·地理志》，颍阴县属颍川郡⑦，钱穆《史记地名考》"颍阴"谓："今许昌县治。"⑧ 钱穆的说法是正确的。

---

① 汉·司马迁《史记》，中华书局1959年版，第2671页。
② 汉·司马迁《史记》，中华书局1959年版，第2672页。
③ 刘运好《陆士衡文集校注》，凤凰出版社2007年版，第854页。
④ 清·郭嵩焘《史记札记》，商务印书馆1957年版，第327页。
⑤ 见《史记·魏其武安侯列传》。
⑥ 汉·司马迁《史记》，中华书局1959年版，第2667页。
⑦ 汉·班固《汉书·地理志》，中华书局1962年版，第1560页。
⑧ 钱穆《史记地名考》，商务印书馆2002年版，第705页。

颖阴王宗佻，或作宋佻，南阳安众 (今河南镇平县东南) 人，刘秀在宛城的故交。曾参与昆阳大战，是昆阳十三骑之一。王莽派遣王寻、王邑带兵到颖川，将领们都极其害怕，只有宗佻跟随刘秀到昆阳城外收兵。刘玄更始初年，宗佻为骠骑大将军，封颖阴王。

颖阴侯陈群 (？—237)，字长文。颖川许昌 (今河南许昌东) 人，是三国时期著名的政治家、曹魏集团重臣。早年跟随曹操任参丞相军事等职。建安十八年 (213)，曹操晋爵魏公，陈群成为重要辅佐，历任御史中丞、吏部尚书等职。曹丕代汉，陈群历任尚书令、镇军大将军，录尚书事。曹丕去世，陈群受诏辅政。曹睿继位，陈群任司空，录尚书事，晋封颖阴侯。青龙五年 (237) 去世，谥靖侯。陈群是曹魏政权重要人物，历辅曹操、曹丕、曹睿三代，在曹魏政治制度、法律思想方面具有突出成就。

八、论城遗址

论城遗址在许昌市襄城县范湖乡城上村，是一处南低北高、高约 10 米的台地，南北长 500 米，东西宽 350 米，运粮河由西北向东南环流台下。[①]

昔日论城　此台俗称"曹操练兵台"，是当年曹操屯田、练兵之所。《襄城县志》载："城上，曾名论城，在襄城东北十九公里处。《襄城文献录》卷六载：'论城在县东北，魏武帝行宫，中有论事台。'论事台俗称'曹操练兵台'，城上村，即由此得名。"[②]

曹操"迎帝都许"之后，面临的主要问题为军事安全和粮食生产，所以他采取了屯田制以保障军民粮食需要，论城所在地区即为曹操重要的屯田区之一，该地区土地肥沃，地势平坦，为了屯垦的便利，曹操大兴水利，开凿了运粮河，以保证粮食生产和运输。当年，运粮河上建一长 30 多米、宽 15 米、高 5 米的八墩九孔大石桥，桥下可通行船只，两侧立石柱为栏，两端各刻雌雄青蛙，称"金肚石蛙桥"。因这里土质浅层发黄、深层发黑，河道两岸土黄如铜，河底土黑如铁，故名"铁底铜帮"运粮河。传说，曹冲称象的故事就发生在这里。

另一方面，该地距离许都不远，是拱卫京师的重要防线，曹操在这里设置练兵台，训练兵士，也是出于许都防务需要。

此外，名为"论城"，也含有曹操在此处讨论军国大事之意，所以这里实际上是曹操所建的一处行辕。据传，曹操重要的谋士郭嘉就在论城与曹操出谋划策。

也正因如此，当年的论城规模宏大，分为内外两城，内城占地 30 亩，

---

① 《襄城县志》(1993)，第 502 页。
② 《襄城县志》(1993)，第 667 页。

为曹操与文臣武将议事之场所；外城占地 50 余亩，是官兵居住之地。内外城均筑有高大的城墙、垛口、箭楼等建筑。论城之所以又称为曹操练兵台，就是因为高大的城墙是曹操指挥训练兵马时观摩的指挥台。

风雨
残迹　论城历经一千八百年风雨的侵蚀，早已荒芜，今仅存残迹。有城址东西长 500 米、南北宽 400 米、高 1 米，现为民房覆盖，四周为平地。

现存论城遗址为一明显高出地面的台地，东西长 53 米，南北宽 51 米，高处为 8.5 米。①

遗址西南的运粮河，为曹操输送粮草的水上通道。经对该遗址试发掘，此地为新石器时代龙山文化遗址，商、周、秦、汉时期遗物均有发现，出土器物有兽牙、蚌刀、石斧、夹沙红陶片、红陶豆、彩陶壶、陶鬲腿、石斧、石铲、石镞、蚌刀、铜带钩、五铢钱、玉带钩、铁鼎、铁剑、西汉空心墓砖、东汉子母砖等。

论城在历代史志中都有记载，明代时，基址尚存，《嘉靖襄城县志》载："一名论城，皆有旧基存焉。"②

《大清一统志》亦谓："论城，在襄城县东北，魏武行营也，中有论事台。"③

嘉靖《许州志》卷八："在襄城县东北，盖曹操行营也，中有论事台。"④

航拍论城遗址（黄杰拍摄）

清·顾祖禹《读史方舆纪要》卷四十七："论城，在（襄城）县东北，魏武行营也，中有论事台。"⑤

① 以上资料见襄城县政府网站。
② 《嘉靖襄城县志》卷一《地理志》，上海古籍书店 1963 年影印版，第 4 页。
③ 四部丛刊本《嘉庆重修一统志》卷 218《许州直隶州一》，第 13 页。
④ 明·嘉靖《许州志》卷八，上海古籍出版社 1961 据天一阁藏本影印。
⑤ 清·顾祖禹《读史方舆纪要》，中华书局 2005 年版，第 2188 页。

【链接】曹魏屯田制的作用与影响

曹魏屯田制发挥了重要的作用，在历史上也产生了重要影响。

首先，稳定了政治局势。屯田制解决了军队和百姓的吃饭问题，仅是许下屯田，当年就收获了百万斛。按照汉代标准，一斛是十斗，一斗是十升，一升大约合1.5斤（750克），百万斛即1.5亿斤（7500万千克）。这使战乱时期的粮食问题得到了有效的缓解，也使曹操在政治上越来越得到大家共同的肯定。

其次，安定了社会秩序。屯田制让大量闲散、流动人员固定在了土地上，减少了潜在的社会不稳定因素。

最后，提高了曹操的军事实力。粮食多了，经济发展了，实力得到了大大的提高，为消灭割据势力、统一北方奠定了重要基础。

曹操实施的屯田制，随着社会的进一步发展，物质财富的增多，以及它本身出现的诸多问题，最终完成了它的历史使命。但是，曹操屯田制的思想、方式、成效等，在历史上影响巨大。后世大凡提到屯田者，都以曹魏屯田为榜样，把曹魏屯田故事作为最经典的范例效法、学习。

王夫之《读通鉴论》深入分析了屯田制的优势。他认为屯田有六大好处：其一，打仗不耽误耕种，耕种不影响防守，防守不耽误打仗；其二，屯田者把屯田的土地当作自己的乐土，誓死防守的思想很坚固；其三，士兵没有家室，就不能顽强打仗，有家室，又往往会成为打仗时的拖累，用屯田安置士兵家室，就可以使他们外出能作战，回家可休息；其四，士兵参与农耕，就会和农民更加亲近，也就杜绝了伤害百姓之心，即使对于敌方的百姓，也不会残忍地凌辱、杀害他们，

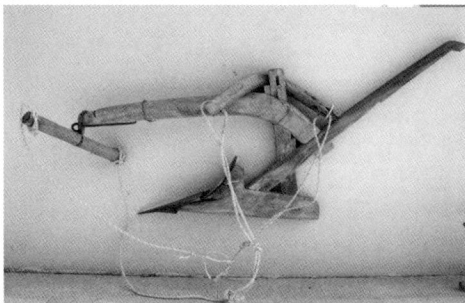
汉代的农具曲辕犁

这样就会在战争中得到民心，从而为我所用；其五，士兵长时间屯田，又不耽误修理作战器械，一旦有突发战事，就能立刻投入战斗，敌方很难摸清动向；其六，打仗时，能进则进，不能前进也有后退的地方，不至于惊慌失措，甚至产生内讧。王夫之接着说，虽然有这六大好处，但是，曹操在许昌屯田，还是有其特殊的环境。当时遭遇黄巾之乱，百姓到处流亡，大片土地荒芜，才具备了屯田的基本条件。如果可以屯垦的土地散布在民田之间，让兵士分别去屯垦的话，士兵就可能太过于分散，遇到突发事件就没有办法立刻集中了。如果是把百姓正在开垦的土地强征过来屯垦，就会导致民怨沸腾，政权也就很快败亡了。这就是说，屯田一定要具备可屯之地。战争时屯田，以防守为根本，以战斗为核心，行有余力才开垦耕地，这样才能做到放下农具、拿起兵器两不耽误，如果和平时期让士兵分散在民间屯垦，他们就会把心思放在耕作上，把战斗和防卫当作苦差事，虽然有很严的纪律约束，但是长时间养成的顾保家室、苟且偷安习性，就会让天下没有了可供打仗用的士兵。所以，屯田一定要具备特定的环境。因此，屯田制的实施，需要各方面成熟的条件，治理国家者应该审慎抉择。

九、张辽城遗址

张辽城遗址位于河南省临颍县东北17.5公里处的临颍县窝城镇后乡村，在窝城北大约0.5公里的地方。

猛将
张辽｜张辽 (169—222) 字文远 ①，雁门马邑 (今山西朔州) 人。

张辽本来是汉武帝时期聂壹的后人，祖上因为避仇而改姓张。聂壹，《史记》称他为"聂翁壹"②，"翁"的对老者的尊称，聂壹是汉代汉、匈斗争中著名的"马邑之谋"的主要设计者与参与者。当时，汉朝与匈奴矛盾激化，商人出身的聂壹出主意，以自身做诱饵，在给匈奴人做生意时，答应将汉匈交界处的马邑城献给匈奴，以引诱、歼灭匈奴。汉武帝采纳了他的计策，派遣了五位将军三十万兵力在马邑城埋伏，结果被匈奴人识破，汉军无功而返。

张辽的祖上即聂壹的后人，为避什么仇怨而改姓，史书并无记载，很可能是聂壹马邑之谋失败后，与匈奴结下仇怨，又因无功而受到汉朝冷落，这才无奈改姓。

张辽早年做郡吏，因为武力过人，被并州刺史丁原召为从事，受指派带兵到京都。又受何进派遣前往河北招募士兵，招得千余人。回到京都时，何进已经败亡，张辽带兵归属董卓。董卓失败后，又带兵归属吕布，升迁为骑都尉。

吕布被李傕打败，张辽跟随吕布向东逃往徐州，代领鲁相。这一年，张辽二十八岁。不久，又被拜为北地太守。

曹操打败吕布，张辽率众投降曹操，拜中郎将，赐爵关内侯。因功又升迁为裨将军。

① 张辽事迹见《三国志》卷十七。
② 见司马迁《史记》《韩长孺列传》《匈奴列传》和班固《汉书·窦田灌韩列传》。

　　曹操打败袁绍后，派遣张辽占领鲁国各县。吕布大将昌豨叛乱，张辽与夏侯渊将昌豨包围于东海郡，几个月后，粮食短缺，大家商议要将军队撤回，张辽对夏侯渊说："几天以来，每当我巡视各个包围圈的时候，昌豨总是用眼睛盯着我。再加上他们射出的箭更少，这说明昌豨也在犹豫，所以没有奋力作战。我想试探一下，看看他是否可以诱降。"于是，他就派出使节，对昌豨说："曹公下达了命令，让张辽传达给你。"昌豨果然走下城来与张辽交谈。张辽给昌豨解释说："曹公神明勇武，正在用德行感化四方，先归附者将有重大奖赏。"昌豨很快答应了投降。为了让昌豨彻底归服曹操，张辽只身上三公山，来到昌豨的家里，拜见了昌豨的妻子。昌豨非常高兴，跟随着张辽来面见曹操。曹操打发昌豨走了以后，责备张辽不该单独上三公山，说："你这样的做法不是一个大将该做的。"张辽歉疚地说："因为明公您威信著于四海，我是遵奉圣旨，昌豨一定不敢加害于我。"

　　曹操讨伐袁谭、袁尚兄弟时，张辽带兵跟随，因功代行中坚将军。先后攻破袁尚坚守的邺城，打败袁谭，并平定赵国、常山、辽东等地的地方武装。张辽回到邺城时，曹操亲自出城迎接，并与张辽一起乘车回城，封张辽为荡寇将军。

　　之后，张辽率军进击荆州，平定江夏各县，又返回许都驻屯临颍，被封都亭侯。

　　袁氏兄弟逃往东北后，曹操亲自率军征讨。张辽考虑到许都的重要地位，进谏说："许都是天子所在的地方，现在天子在许，公远离许都去北征，如果刘表派遣刘备偷袭许都，占据许都号令天下，公大事去矣。"曹操认为刘表只是固守荆州，而不会偷袭许都，所以没有听从张辽的建议。在柳城与敌军遭遇之后，张辽劝曹操作战，勇气十足，曹操很是欣赏，就把自己所持的麾节授予张辽，赋予张辽指挥权，张辽奋勇出击，大破敌军，将蹋顿单于斩首。

　　这时荆州尚未平定，曹操派张辽驻守长社。张辽临走之前，军队中出现了谋反事件，夜间军队惊慌大乱，并起火燃烧。张辽见状，对左右说：

"不要擅自行动，这不是全营都造反了，一定有领头者，不过是想制造动乱扰乱人心罢了。"于是，他下达命令：凡是不造反者都在座位上坐好。张辽带着几十名亲兵，站在部队中间。局面很快安定下来了，张辽立刻找到了造反首领，将其斩首。

建安十四年（209），陈兰、梅成占据潜（今安徽霍山县）、六县（今安徽六安）叛乱，曹操派遣于禁、臧霸讨伐梅成，派遣张辽都督张郃、朱盖讨伐陈兰。梅成假装投降于禁，于禁撤军之后，梅成率军与陈兰联合，转入潜山。潜山中有天柱山，高峻二十余里，道路险要狭窄，勉强能够通过行人，陈兰等就将军队驻扎在山上。

张辽就要进攻，手下诸将说："我们兵力少，道路艰险，难以深入用兵。"张辽说："这就是一对一的事情，勇敢者就能前进。"于是，他们向前走到山下安营扎寨，随即发动进攻，将陈兰、梅成斩首，俘获了他们所有人员。

建安二十年（215），曹操征讨孙权，返回前，让张辽、乐进、李典等将领带领七千余人屯驻合肥，然后，曹操西征张鲁，给让护军薛悌送给了张辽等人一封信函，上面写着："等到敌军来了再打开。"不久，孙权率领十万兵力包围了合肥，大家共同打开了曹操的密函，上面写着："如果孙权带兵前来，张辽、李典出战，乐将军守城，护军不得参战。"曹操之所以这样安排，是因为他很了解这几位将军的性格和当时的实际情况，张辽和李典勇猛异常，打起仗来奋不顾身，所以让他们两个出战；乐进稳重，所以让他守城；而薛悌是军中文官，所以曹操不让他参与战斗。

因为敌我力量悬殊，诸将都对此命令深感疑惑。张辽说："曹公远征在外，等到他的救兵来到，敌军已经将我们打败了。所以，密函是让我们趁着敌军还没有来得及联手就痛击他们，遏制他们的嚣张气焰，以安定我们士气，然后再行防守。"乐进等人不知如何是好，张辽生气地说："成与败的关键，就在此一战，各位有什么疑虑的！如果各位犹豫不定，我一人与敌人决一死战。"其实，乐进、张辽、李典平时并不和睦，在这关键时刻，李典的看法与张辽一样，他慨然陈词："这是国家大事，只看你们计策如何，我们怎么可以因私怨而忘记国家大义呢！"就这样，在张辽的极力坚持下，大家基本取得了共识。于是，张辽连夜招募了一支八百人的敢死队，杀牛慰劳了他们，计划第二天大战一场。

黎明时分，张辽发起冲锋，他身穿铠甲，手持长戟，率先冲向敌军阵地，连杀几十人、两员大将，大声呼喊着自己的名字，一直冲进敌军营垒，径直来到孙权麾下。孙权大惊，身边将领竟然不知所措，纷纷登上高地，拿起长戟自守。张辽呵斥孙权下来迎战，孙权吓得不敢行动。等到回过神来，孙权才发现张辽只带了极少的人马，于是他召集兵士将张辽重重包围。

张辽丝毫不乱，指挥左右兵士突围，他们径直向前迅速出击，冲开了包围圈，张辽带领几十人逃出重围，没有逃出来的士兵大声呼喊说："将军要抛弃我们吗？"于是，张辽又返回包围圈，再次带领众人突围，最终将剩余的人都带了出来。孙权手下的人马纷纷溃散，没有人再敢拦截。从早晨战斗到中午，吴军士气尽丧。等到张辽返回营地整修工事，军心才逐渐安定了下来，各位将领也都对张辽的英勇无畏表示佩服。这一仗，张辽气势如虹，威震江东，据说，江东有小孩子啼哭不止的时候，父母用张辽来吓唬他，小孩子的哭声就会迅速停下来。

孙权在合肥外围坚守了十几天，看到难以攻占合肥，便撤军而走。张辽远远望见孙权撤军，带领兵马再次突然袭击孙权，又差一点俘获孙权，孙权依靠凌统、甘宁以死相护，才得以脱险。凌统所率三百人陷入张辽的包围圈，都被张辽所斩杀，凌统也身负重伤，好在他估计孙权已脱离险境，才不再死战，率领残部而回。

这次合肥之战，张辽虽然兵力不多，但他智勇双全，充分利用士气，对强大的孙权部队进行袭击，取得了重大胜利，不但保证了合肥城安然无恙，甚至几乎俘获孙权，可谓战功赫赫。后世历史学家也对张辽极为称赞："辽之战功为多，仲谋当日几不免矣。"① 也有人对曹操的英明部署提出颂扬："夫兵固诡道，奇正相资，若乃命将出征，推毂委权，或赖率然之形，或凭掎角之势，群帅不和，则弃师之道也。至于合肥之守，县弱无援，专任勇者则好战生患，专任怯者则惧心难保。且彼众我寡，必怀贪惮；以致命之兵，击贪惮之卒，其势必胜；胜而后守，守则必固。是以魏武推选方员，参以同异，为之密教，节宣其用；事至而应，若合符契，妙矣夫！"②

曹操对张辽此战的表现极为满意，拜张辽为征东将军。第二年，曹操再次征讨孙权时，来到合肥，专程视察了张辽作战的地方，还在此叹息良久。

建安二十四年（219），关羽在樊城包围了曹仁，曹操召集张辽和其他部队救援曹仁，但是，张辽还未走到樊城，徐晃已经打败了关羽。于是，张辽去面见驻扎在摩陂的曹操，曹操非常高兴，乘坐辇车出来慰劳张辽，可见张辽在曹操心目中的位置。

建安二十五年（220），曹操去世，曹丕继承魏王之位，拜张辽为前将军。后来，孙权再次叛乱，曹丕派张辽屯驻合肥，晋封张辽为都乡侯。还给张辽的母亲配备了舆车，派兵马护送张辽家人到张辽的驻军中，下令张辽的母亲到军营时，要有仪仗队出迎。张辽家人到来时，张辽属下的各军将吏都在道路两旁跪拜，观看者都认为十分荣耀。

曹丕建立魏国后，封张辽为晋阳侯。黄初二年（221），张辽朝见文帝于洛阳宫，文帝领着张辽在建始殿会见，亲自询问张辽与东吴作战的情况。文帝叹息着对左右大臣说："这是与古代邵虎一样的勇士啊。"文帝为张辽建造了府第，还特别给张辽的母亲建造了宫殿，跟随张辽打败吴军的士兵，都成为虎贲郎。

---

① 卢弼《三国志集解》卷十七《张辽传》，中华书局1982年版，第页。
② 晋·陈寿《三国志·魏书》卷十七《张辽传》裴注引孙盛语。中华书局1959年版，第519页。

　　张辽晚年有病时，文帝派太医给他看病，那些早年跟随张辽的虎贲也不断探问张辽病情。病还没好，文帝就将张辽迎接到自己的巡行住所，亲自看望张辽，拉着张辽的手，赏赐给张辽御衣，让太官每天送来御食，对张辽关怀备至。等到疾病好得差不多了，张辽才回到驻军中。

　　张辽病中还参加了对东吴的战争，文帝让张辽乘坐大船指挥，张辽与曹休一起到达海陵（今江苏泰州），临江驻屯。孙权已经被张辽吓破了胆，给诸将下令："张辽虽然病了，也不可抵挡，大家要小心！"在打败了孙权大将吕范之后，张辽病情加剧，不久，在江都（今江苏扬州西南）病逝。文帝听说后，为之伤心流泪。

　　黄初六年（225），文帝追念张辽、李典在合肥一战的功劳，特别下诏说："合肥之役，辽、典以步卒八百，破贼十万，自古用兵，未之有也。使贼至今夺气，可谓国之爪牙矣。其分辽、典邑各百户，赐一子爵关内侯。"到了明帝正始四年（243），张辽被供奉在祭祀曹操的太祖庙内。

　　张辽一生英勇善战，智勇双全，为曹魏政权的建立立下了汗马功劳，所以他也成了曹操"五子良将"之一，永为后世所纪念。

　　张辽城就是当年张辽被拜为荡寇将军、平定江夏各县后，返回许都，封都亭侯，驻扎在临颍时驻军的地方。《三国志·张辽传》载："以辽为荡寇将军，复别击荆州，定江夏诸县，还屯临颍，封都亭侯。"[①]

　　张辽
　　古城　张辽古城是曹操迎汉献帝都许后，为了保证许都南大门的安全，命令大将张辽驻守并开展屯田的地方。

　　张辽率领兵士取土筑城，修建了这座城池，当地俗称为"张辽城"。张辽城所属的窝城镇，因处在城窝内而得名。至今窝城镇还有一个村名叫作军张村，就是当年张辽驻军练兵、屯田的地方。民国五年《重修临颍县

① 晋·陈寿《三国志·魏书》卷十七《张辽传》，中华书局1959年版，第518页。

志》载:"窝城北里许有故垒荒残,土人呼为张辽城。"①

张辽城在许都遗址(许昌汉魏故城)以南4公里,可见当年张辽驻军主要是护卫许都安全。

张辽城原有面积11760平方米,高3米,呈正方形,"文革"时期,村民在张辽城建造砖窑,挖土烧砖,张辽城被严重破坏。近年考察,张辽城遗址下层灰土厚约1米,考察人员曾在土城下发现大量

张辽城遗址

文物,有马镫、铁剑、铜镞等兵器,也有铜镜、豆、壶、带钩、绳纹红陶、蚌壳等日常用品。

张辽城今仅存夯土筑成的东北角城垣遗址,占地面积5360平方米。

1973年,被列为县级重点为文物保护单位。②

张辽城北的前胡村,为原曹魏运粮河流经地,当地居民在解放前曾发现一处铁桥遗址。1985年县文化馆曾专门派人考察,但是,因地貌变化已久,并未找到。

辽城淋醋 在张辽城附近的军张村,有一个与张辽有关的淋醋故事。故事说,有一天,曹操感风寒受凉,浑身困乏无力。张辽知道了,打听到城北有个地方酿造淋醋,这种淋醋美味可口,不但日常生活离不开,甚至可以帮助医治伤风感冒。张辽去城北取来淋醋,献给曹操。曹操喝了淋醋之后,赞不绝口,渐渐地觉得气力大增,精神一下子恢复了不少。后来,淋醋美名便传遍了四邻八乡,大家竞相购买。

也有传说,是张辽偶感风寒,全身乏力,就请医生前来把脉。医生尝

① 《重修临颖县志》(1916)。
② 资料来源:李留根主编《临颖县志》,中州古籍出版社1996年版,第566页。

试了各种汤药也不见效，城北住在军张村的一位老农闻讯，就将自制的淋醋送给张辽饮用，张辽十分高兴。果然，饮过淋醋的张辽立刻精神爽朗，不久便痊愈了。

老农淋醋治病的故事传出来之后，大家纷纷交口称赞。渐渐地，当地人都学会了制作这种淋醋，人们称呼这种醋为"辽城淋醋"。

"辽城淋醋"结合当地农作物特点和地理环境，以红薯为主料、小米为辅料酿制，全由手工制作："经过发酵，手工制作。把红薯洗净，上笼蒸熟后，凉到30℃左右，按比例掺入醋曲和小米粥搅拌均匀后，放缸内自然发酵。每天早晚搅拌两次，若干天后上层变稀并呈金黄色有酒香即为前发酵结束。首次发酵结束后，拌入谷糠，进行二次发酵。每天观察测量温度，待温度较高时及时翻缸。观其颜色，闻其气味，尝其酸度。大约二十天后待酸味达到一定程度时，二次发酵成功。把二次发酵成功的醋醅装入淋缸，加入适量的水浸泡十二小时后，通过淋缸侧底部的小孔出醋。最后一步是沉酿，把淋出的醋放置大醋缸内，盖上盖子，沉酿二十天。经过一系列物理和化学的变化，醋的质量越来越好。"①

淋醋具有酸、香、甜、绵等特点，可以开胃健脾、抗菌消炎，预防感冒，被誉为"保健醋"，深受当地百姓喜爱，所以历经一千八百余年的传承，至今长盛不衰。尽管制作、经营辽城淋醋遇到了效益不高、年轻人不愿学习、传承困难等问题，但仍然有不少人掌握着酿造淋醋的工艺。

【链接】曹魏屯田区域

曹魏屯田的基本方式是分区屯田，将屯田区域按照块状分割，基本上是以许都为中心，沿着淮河流域向四周发展。

（1）许下屯区或叫颍川屯区

这是曹魏政权最早开辟的一个民屯区。屯田制最早由枣祗、任峻等提出，所以曹操任命任峻为典农中郎将，以枣祗为屯田都尉，招募农民在

---

① 杨旭、王培《一缕醋香，百年传承》，《漯河日报》2021年2月20日。

许下屯田。建安二十三年（218），颍川典农中郎将由严匡担任，曹操死后，曹丕也曾在许昌大兴屯田，后来，裴潜、徐邈也先后任颍川典农中郎将。

枣祗屯田处：在许都城南、临颍县北，有枣祗寨，寨北有枣祗河。许都故称东有洧仓城，是建在洧水岸边的邸阁（官府储存粮食等物资的仓库），枣祗许下屯田的粮仓所在地。在曹魏屯田上，枣祗功劳甚大，但是枣祗去世很早，曹操追赠他为陈留郡太守后，仍然感觉不足以和他的功劳相配，又给他的儿子封爵，以奉祀枣祗不朽之事业。

任峻屯田处：位于许都西南，今许昌市建安区（原许昌县）与襄城县交界处一带，有议事台、运粮河、玛瑙河、灌河。任峻屯田储存了大量粮食，是曹操屯田制成功实施的代表人物。

韩浩屯田处：在许都以东，今建安区东南部、汉魏故城以东，至鄢陵以西5公里的马栏。此处为军屯，韩浩为中护军，深得曹操信任。现存议事台遗址，残存有土台和砖瓦，并发掘出汉井和储存粮食的地仓。

邓艾屯田处：在许都以南，今建安区张潘镇南、临颍县王岗乡一带。有艾城村、艾城河。邓艾所著《济河论》，是三国时期的水利著作。

张辽屯田处：在许都以南。现存张辽城遗址在临颍县东北17.5公里处。

赵俨屯田处：在许都东北，今建安区东北部、鄢陵县西北部。

于禁屯田处：在许都西北，今建安区西北部。现建安区灵井镇北有于寨村，当为当时于禁屯兵处。

现在许昌周边地区还保留着大量与屯田相关的地名，如建安区的韩营、王子营、黄屯、屯里，魏都区的高营、老虎营、碾上，鄢陵县马栏乡的马栏、郭营，只罗乡的大营、西小营、张中营，望田乡的观台、孙屯，大马乡的前营、后营，襄城县的丁营、欧营等。这些都是当年曹魏屯田的遗迹。

(2) 全国各地屯区

颍川屯区是曹魏的主要屯区,此外,在全国各地还有大量屯区。

关中屯区:颜斐做京兆太守时,在关中开垦的屯区。

河东屯区:河东郡治安邑(今山西夏县),曹操平定河北后向西平定河东,积极发展农业生产,让老百姓蓄养母牛、母马,鸡、豚、犬,极受百姓欢迎。后来曹操西征时,就依靠河东屯区的粮食取得了胜利。

伊洛屯区:在伊河和洛河下游。

濮阳屯区:濮阳(今河南濮阳县西南)位于古黄河南岸的淮河流域北部边缘。建安十年(205),弁揖任典农中郎将。

原武屯区:原武县(今河南原阳县)位于淮河流域的西北边缘地区。

汝淮泗屯区:指当时许都周围除上述颍川屯区之外的屯区。

淮南屯区:建安五年至十三年(200—208),刘馥为扬州刺史,在芍陂(今安徽寿县南)屯田。建安十四年(209)七月,曹操还亲至淮南安排郡县长吏,开芍陂屯田。

十、艾城遗址

艾城遗址即邓艾城遗址，是曹魏时期邓艾屯田所筑，位于临颍县城北约18公里的王孟镇轩庄村。村南为当年开挖的运河艾城河（今新沟河），东北距离当年的许都故城（许昌汉魏故城）8公里。

文武双全　邓艾（197？—264）字士载，义阳棘阳（今河南新野县）人。① 曹魏著名将领。本名邓范，字士则，后因与宗族人同名而改。邓艾出身贫寒，后被司马懿赏识，得以被拔擢任用。为了更好地实施屯田，邓艾给司马懿上《济河论》，认为"田良水少，不足以尽地利，宜开河渠，可以引水灌溉，大积军粮，又通运漕之道。""陈、蔡之间，土下田良，可省许昌左右诸稻田，并水东下。……六七年间，可积三千万斛于淮上，此则十万之众五年食也。以此乘吴，无往而不克矣。"得到司马懿赞许。

邓艾通晓兵法，谋略过人，常年在曹魏西线与蜀汉对峙。景元四年（263），在曹魏攻打蜀汉的战斗中，邓艾率先攻入成都，取得了灭蜀之战的胜利。后遭到急于谋反的钟会的构陷，与儿子一起惨遭杀害。

邓艾的《济河论》，是三国时期的水利著作。

邓艾屯田图（网络图片）

① 邓艾事见《三国志》卷二十八《邓艾传》。

今日
艾城 邓艾曾带兵驻守许都（今许昌汉魏古城遗址）南，修筑了邓艾城，并开荒屯田，开凿了艾城河，是曹魏许下屯田的重要组成部分。

邓艾城早已被毁，今已无任何残存。所在的轩庄村北原来建有邓艾祠，后来又改为玉皇庙，当地人称天爷庙，有时也称之为邓庙。

不过，邓艾城虽然没有了任何残存，但对邓艾的纪念，当地人却始终未能忘记。存放在轩庄小学的《轩庄玉皇庙历史沿革》碑记载：曹魏黄初三年（222），曹丕下令让驻守在艾城的邓艾出兵西川，邓艾就从艾城出发，率领大军一举占领成都，成了曹魏消灭蜀汉的主要功臣。"后人为纪念邓艾功绩，将邓艾练兵之所轩庄、北宋、轩桥、篦子张四村一并昵称艾城。"可见，是为了纪念邓艾灭蜀的不朽功勋，人们就把邓艾出发前练兵的军营统称为"艾城"或"艾城寨"，艾城如今被分成了四个村子，即北宋庄村、轩庄村、轩桥村、篦子张村。"艾城寨""艾城"这一称呼沿用至今。

当地轩庄村轩老先生告诉笔者，如果说艾城还有残留的话，就是多数人不知道的艾城河遗迹，在"艾城寨"的南边，有一段已被种上麦子的深沟，轩老先生说："这就是当年的艾城河。这条河从艾城的西北方流过来，又流向东南方，与新沟河合流。"

位于"艾城村"南面的艾城河遗迹

艾城寨轩庄村轩老先生（中）在介绍艾城河的流向

离艾城约4公里的董村，还有一所"邓庙小学"，小学所在的位置就是原来的邓艾庙。

邓艾庙又称邓侯庙，在建安区张潘镇西部，始建于西晋。邓艾当年被冤屈而死，西晋时被洗清冤诬，人们就为邓艾建庙祭祀。邓艾庙原有山门、中殿、大殿等建筑，大殿内塑有邓艾像。清乾隆年间重修。

"文革"时期邓艾庙被毁，至今已难觅任何踪影。

在原邓艾庙遗址改建的邓庙小学

各地
纪念　其实，在全国各地，凡是邓艾当年驻守的地方，有不少"邓艾城"，如甘肃文县东约2公里白水江北岸清水坪的"邓艾城"，是邓艾屯兵阴平时所筑，与江南岸姜维城对峙。《元和郡县图志》载："邓艾故城，在县东七里。魏景元四年，邓艾伐蜀……遂自阴平道伐蜀，盖此时所筑城也。"①

---

① 唐·李吉甫《元和郡县图志》卷二十二，中华书局1983年版，第575页。

　　江苏洪泽县有一个"邓艾城"，名叫石鳖城，位于洪泽县三河镇境内，也是邓艾所建。这里是当时曹魏抵抗东吴的重要军事基地。为解决屯区军训、仓储以及发展工商业的需要，邓艾在这里建筑了中心城堡邓艾城，因此城建在一座叫石鳖墩的土坡上，故名石鳖城。①

　　这些"邓艾城"，充分说明了邓艾的影响，无论是带兵打仗也好，开荒屯田也好，邓艾都给当地百姓带来了莫大的利益，是各地百姓对邓艾的敬仰和回忆。

---

① 参《洪泽报》2016年2月3日文《邓艾屯田石鳖城》。

十一、繁昌故城

繁昌故城为曹魏繁昌县故址，古称狼渊，在今临颍县繁城回族镇。

繁昌故城在汉魏之交的历史转折中，具有重要的地位。

故城
回眸　故城位于中原大地，中州名邑，交通便利，北连许昌、西邻襄城、南达舞阳，唐宋以来即为三县交界地域的商业中心。也是中华文化的发祥地，具有悠久的历史文化和丰厚的人文底蕴，有文字可考的历史可以上溯到近四千年以前。春秋时称狼渊，汉代设为繁阳亭。

东汉延康元年（220）十月，曹丕在颍阴县曲蠡的繁阳亭（今河南省临颍县繁城镇）筑坛，代汉称帝，改元黄初。十一月，将繁阳亭改为繁昌县，繁昌故城即繁昌县治所。

《大清一统志》载：

> （繁昌故城）在临颍县西北，本汉颍阴县地，《三国·魏志》：文帝延康元年，为坛于繁阳。黄初元年，以颍阴之繁阳亭为繁昌县，属汝南郡。晋属襄城郡，后魏因之。《水经注》：颍水径繁昌故城北。曲蠡之繁昌亭也。……《元和志》：故城在临颍县西北三十里。①

清·顾祖禹《读史方舆纪要》卷四十七记载得更为详细：

> 繁昌城，在（临颍）县西北三十里。旧曰繁阳亭，汉献帝延康元年曹丕南巡至颍川颍阴县，筑坛于曲蠡之繁阳亭受禅，改亭为繁昌县，属汝南郡。晋属襄城郡，后魏因之。隋属许州。唐贞观初省入临颍，宋为繁城镇。《述征记》："繁昌在许南七十里，有台高七丈，方五十步，南有台高二丈，方三十步，即魏受禅

---

① 四部丛刊本《大清一统志》卷218《许州直隶州一》，第11页。

坛。"又有成皋亭，在旧繁城县界。①

按，两则史料中"属汝南郡"误，当为颍川郡。

繁昌城内原来还有繁昌台，也是曹丕受禅时所筑。《大清一统志》载：

> 繁昌台，在临颍县东南二十里繁昌城内。《述征记》："繁昌
> 有台，高七尺，方五十步，南有台，高二丈，方三十步，即魏受
> 终坛。"《水经注》："繁昌城内有三台，时人谓之繁昌台，坛前有
> 二碑。"《寰宇记》："二碑并钟繇书。"②

根据这些史料记载，繁昌县从曹丕黄初元年（220）设置，到唐代贞观（627—649）初年并入临颍县，存在了四百余年。

宝贵
见证 可以说，繁昌故城最辉煌的历史就是发生在这里的曹丕禅代故事，留存在这里的诸多遗迹，见证了昔日的繁华与喧嚣。

受禅台：位于今繁城镇区东南寨河内侧南街村境内，是当年曹丕受禅所筑的灵坛。受禅台的土质较为特殊，与繁城当地的黏土完全不同。据史料记载和当地传说，修筑此台时，是在距繁昌城西南5公里之外的孙寨东北角一个饮马坑中取的土，是用几万名部队将士一袋袋背过来的。

当时的受禅台规模巨大，经过一千八百多年的风风雨雨，台上原有建筑早已消失，现仅存残台。

汉魏受禅碑：又称"三绝碑"，共两通。一为《受禅表》碑，记载了汉魏政权更替的过程、曹丕受禅的时间、立碑的原因、受禅的地点等，还有不少对曹丕的称赞誉美之辞。另一通碑为《公卿将军上尊号奏》碑，内容是朝中四十六位公卿将军联名上奏，劝曹丕登上帝位。二碑均为王朗文、梁鹄书、钟繇镌刻，故称"三绝碑"。

汉献帝庙：位于今繁城镇献街村内，原来是为汉献帝禅让曹丕而建设

---

① 清·顾祖禹《读史方舆纪要》卷四十七，中华书局2005年版，第2186页。
② 四部丛刊本《大清一统志》卷218《许州直隶州一》，第15页。

的行宫，现为回族小学所在地。"三绝碑"就在庙内。献帝庙建在"三绝碑"北面的"让王台"上，"文革"期间被毁。"让王台"也于1988年回族学校校建期间被平为操场，现仅存60厘米高地。

蟠龙寨（火神台）：位于今繁城镇东南的南街村内，与受禅台相距500米，因为当时两个"真龙天子"汉献帝刘协和曹丕先后都在此台居住，所以叫蟠龙寨。后来，曹丕驻守的军队粮食失火，献帝庙被焚毁，后人又将其改建为火神庙，俗称火神台。今已不存。

繁昌城城池遗址：作为重要历史事件的见证，繁昌城的遗迹一直被保存了下来。城池东西宽800米，南北长1800米，古颍河由城西北入境，沿着北城墙向东流过。"文革"之前，繁城的北门还有，城垣也基本保存完好。1975年以后，城墙被逐渐推平，城内一些明清时期的民房也逐渐被拆。

第二章　庙宇祠祀类

一、汉献帝庙

受禅台北 800 米的地方，即今繁城献街北侧，有座献帝庙，始建于魏文帝曹丕黄初四年（223），原系曹丕受禅时为献帝建造的行宫。受禅仪式结束之后，献帝作为山阳公到了自己的封地，曹丕也把都城迁到洛阳，此处的宫殿就闲置下来了。

后来，当地百姓为了纪念魏文帝曹丕在繁城受禅、建立魏国这一重要的历史事件，便在曹丕居住的地方立祠，称为"文帝祠"，又叫文帝庙，世世代代老百姓到此对曹丕烧香礼拜。

文帝祠前面是改朝换代的重要物证"三绝碑"，正殿塑有文帝像。

文帝祠的规模虽然不大，但是是本地区重大历史事件的纪念，受到历代地方官员和当地百姓的保护。到了明代，邵宝任许州知州时，事情却发生了重大的转变。

知州
邵宝　邵宝（1460—1527）[1] 字国贤，直隶无锡县（今江苏无锡）人。明宪宗成化二十年（1484）举进士，授予许州知州之职[2]。邵宝来到许州之后，每月初一，召集诸生大讲公私、义利的道理，重新整修了颍考叔墓。

弘治二年（1489），他又秉承"拥刘反曹"的思想意识，认为曹丕篡夺了汉朝政权，不该享受祭祀，于是，"论曹魏受禅之非，辨汉帝献愍之

① 清·张廷玉等《明史》卷二百八十二《儒林传》，中华书局 1974 年版，第 7244 页。
② 据明·嘉靖《许州志》载，邵宝任职许州知州的时间是成化二十一年（1485 年），见上海古籍书店 1961 年 12 月据天一阁藏本影印，卷五第 14 页。

谥"，把魏文帝庙改为"愍帝祠"，还亲笔题写了"汉愍皇帝之神位"。之所以改为愍帝祠而不是献帝祠，是因为邵宝内心具有强烈的"拥刘反曹"思想，他认为，"愍帝"是刘备给刘协所尊奉的谥号，而"献帝"是魏明帝曹叡给刘协所尊奉的谥号。事实上，历代史书也都是以"献帝"为通行的谥号，邵宝却因为心中否认曹魏政权而采用并不通行的谥号，可见其"拥刘反曹"思想的坚决。

虽然名称改成了愍帝祠，当地百姓却仍然习惯称之为献帝庙，并把庙前的街道命名为献帝街，简称"献街"，至今不废。

据说，邵宝盛怒之下一剑砍掉曹丕头像，命人将曹丕像换成献帝像，当地方官请匠人重塑献帝像时，匠人干脆就在原文帝像身上塑上献帝头像，以此表示自己的不满。此事传开后，民间就称此像是献帝头文帝身。后来，一文人把献帝庙正殿楹联改为："南台北庙依然在，庙内馨香是何人？"南台指南面的受禅台，北庙指北面的文帝庙，借机讥讽邵宝。

当然，邵宝在许州做了不少有益于百姓的事。嘉靖《许州志》记载道："值岁大侵，公多方招赈，立政惠仓，劝民积谷数万斛，俭借丰收，拓新学舍，表八龙冢，求陈寔宅，封考叔、晁错墓。民有诬强奸者，狱久不决。公发其奸，民畏如神。……在许八年（《明史》本传云十年），修坠补弊，百度尹新，郡中庶然……民为立去思碑。"[1] 有一件事，很能说明邵宝在许州的做法。一个巫者告诉他说，地下出土了龙骨，将会带来灾祸。邵宝不相信这种荒诞的说法，他让人把龙骨拿来，当众毁掉，并以杖刑惩罚巫者之后，将他赶了出去。邵宝还仿照南宋朱熹设立"五夫社仓"[2]的做法，设立了用以备荒的粮仓，可谓为官一任造福一方。明孝宗弘治七年（1494），邵宝离任赴京，结束了为期十年的知州生涯。后历任户部员外郎、郎中，迁江西提学副使，重修了白鹿洞书院。官至户部左侍郎，不久辞官归家。

---

① 明·嘉靖《许州志》卷五第52页，上海古籍书店1961年12月据天一阁藏本影印。
② "五夫社仓"，又叫朱子社仓，因坐落在福建省崇安县五夫里而得名。是南宋著名的思想家朱熹首创并命名的一个民办社仓，目的是储存粮食用以赈济青黄不接时的百姓。

邵宝为政颇有政绩，也深得百姓称道。但在许州任上，他将文帝庙改为愍帝祠，虽然是在明代"拥刘反曹"的大环境中的举措，但是仍然显示出其不适当、不合理，甚至思想上的偏激之处。

**改祀
关公** 无独有偶，五十年后，邵宝的继任者于玭与邵宝一样，也对曹丕深恶痛绝。邵宝将文帝祠改为愍帝祠之后，繁城百姓又将愍帝祠恢复为文帝祠。于玭做许州知州，来到文帝祠说："丕，汉贼，令血食汉土地，何为者邪！"于是把文帝曹丕像投入河水中，把文帝祠改为"汉寿亭侯别操处"，祠祀的神位也改成了关羽。[①]

献帝庙建在著名的"让王台"上，原有殿房 7 间，配房 5 间。大殿为宫殿式建筑，飞檐斗拱，气势非凡。大殿正中塑有献帝像，两侧为文武大臣塑像。配房内装饰有三国故事彩绘，默默讲述着当年发生在这里的重大历史事件。可惜这一切都毁于"文革"中。

现存大殿 3 间，1982 年曾修葺，内有《受禅表》碑和《公卿将军上尊号奏》碑，[②]1984 年曾修建碑刻保护房，但因不通风，碑石风化依然严重，不久将其拆除，另建亭式屋顶遮风挡雨予以保护。2018 年秋，笔者再次到访"三绝碑"时，发现两碑又被新建房子保护了起来，碑身还用钢筋围栏"贴身"保护，工作人员说，这是防止石碑被拓片而采取的措施。

献帝庙

① 卢维祯《朱文懿公文集》卷六《于册川先生传》，第 13 页。
② 资料来源：李留根主编《临颍县志》(中州古籍出版社 1996.9. 第 572 页)。按，据今两碑所存放位置为一普通小院落看，庙久已不存。

原献帝庙内献帝神位牌

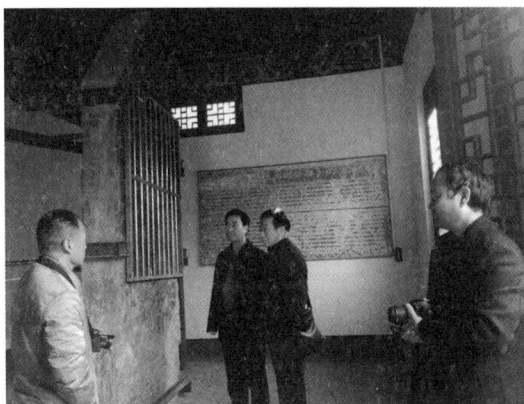

在室内被"贴身"保护的"三绝碑"

据传献帝庙下面有一条暗道直通到受禅台下。当年出于安全考虑，曹丕应该就是从地道登上受禅台的。在繁城镇，这是个众所周知的"秘密"。几年前，当地文物管理部门根据群众提供的线索在受禅台北面进行挖掘，发现地下埋藏着一处类似现在花坛模样的建筑遗址，正要继续发掘时，地下水却莫名其妙地冒了出来，发掘工作被迫中断。直到今天，受禅台下面到底有没有地道，还是一个谜。

受禅台在曹魏后人心中有很重要的地位，据《三国志·明帝纪》载：魏明帝曹叡曾于太和四年（230）八月行幸许昌宫，裴松之注引《魏书》云：

（明帝）行过繁昌，使执金吾臧霸行太尉事，以特牛祠受禅坛。①

明帝还特意到受禅台祭祀。《太平御览》卷五百八十九载：

> 王肃奉诏为瑞表曰："太和六年，上将幸许昌，过繁昌，诏问《受禅碑》生黄金白玉应瑞否？肃奏以始改之元年，嘉瑞见乎于践祚之坛，宜矣。"②

古让王台

文帝庙原址建造在让王台上。让王台是献帝禅位后要前往山阳，百官特筑台为献帝送行的地方。

据《太平寰宇记》记载："让王台，在（许）县南三十里。汉献帝禅位于魏王，帝为山阳公，往都山阳浊鹿城，百官送于此台。唐先天元年（712），因让王台立魏文庙。"③

让王台因献帝而筑，献帝将王位（皇位）禅让给曹丕，百官却筑台而送，一方面说明献帝在百官的心目中仍然有极高的威望与地位，另一方面也说明百官对献帝的留恋不舍之情，同时也可以看出曹丕对献帝所受到的这种待遇的宽容与大度。汉魏易代之际，风云变幻，波谲云诡，但是，曹丕、献帝、百官三方，在让王台上上演了一出虽凄婉动人却不乏温馨和谐的政治剧，实在是令人扼腕叹息，让人感慨，虽然身处乱世漩涡，人间温情却无处不在。

【链接】入许之前颠沛流离的汉献帝

东汉的最后一位皇帝刘协，是汉灵帝刘宏的儿子，在东汉末年宦官和外戚的争斗中历经波折。

献帝出生时，灵帝认为献帝像自己，所以给他起名叫协。灵帝临终前把他托付给宦官蹇硕，蹇硕在与外戚何进的斗争中失败，何皇后就立自己

---

① 晋陈寿《三国志》，中华书局 1959 年版，第 97 页。
② 《太平御览》，河北教育出版社 1994 年版，第 638 页。
③ 宋·乐史《太平寰宇记》卷七，中华书局 1999 年版，第 38 页。

生的儿子刘辩为帝。董卓入京，改立九岁的刘协为帝，这就是献帝。

初平元年（190）正月，袁绍率各路诸侯讨伐董卓；二月，董卓将都城由洛阳迁往长安；三月，献帝车驾入驻长安未央宫；几天后，董卓将洛阳皇宫、庙宇及大片住宅烧毁。

董卓死后，李傕、郭汜发生矛盾，一人劫持天子，一人胁迫公卿，相攻连月，死者上万人。

兴平二年（195）三月，李傕胁迫献帝到自己军营，焚毁了长安宫殿。

四月，郭汜攻打李傕，万箭齐发，有箭支射到了献帝所在的南坞（坞是当时的军营），落在殿前帷幔上。处在北坞的李傕被流矢射中左耳。为了保护自己，李傕强迫献帝也住到北坞，当时和献帝在一起的还有皇后和宋贵人。

六月，张济出面调解李傕、郭汜矛盾。二人和解后，想把献帝迁到弘农（今河南灵宝），献帝也思念旧京，派使者请求东归，献帝使者往返了十次，二人才同意。

七月，献帝东归洛阳，郭汜自任车骑将军，杨定为后将军，杨奉为兴义将军，董承为安集将军，一路上由他们一起护送献帝。张济为骠骑将军，驻扎在陕县（今河南三门峡市陕州区）。

八月，一行人浩浩荡荡走到新丰（今陕西新丰）。

十月，郭汜为了胁迫献帝跟自己走，派将领伍习将献帝住所烧了。杨定、杨奉将郭汜战败，郭汜不得已逃走。献帝继续东行，到华阴县的时候，不得不露宿在道路旁边。

十二月，献帝车驾才到达弘农。张济、李傕、郭汜等人随即又追赶上了献帝车驾，与护卫献帝的董承、杨奉等在弘农东涧发生大战，李傕、郭汜获胜，杀死了献帝身边众多军政官员，朝廷所用御物、符策、典籍等大量丢失。献帝走到曹阳的时候，不得不露宿在田野中。这时，董承、杨奉欺骗李傕说要与他们联合，暗中派遣使者到河东招纳黄巾军白波部将帅李乐、韩暹、胡才及南匈奴右贤王等率领数千骑兵前来，各路部队共同袭击李傕等人，取得重大胜利，斩首数千级。

献帝继续东行，李傕再次追来，双方又战，杨奉大败，死伤人数远远超过东涧之战，又有大量朝廷官员被杀。走到陕县的时候，已经夜半，天子身边的虎贲、羽林不满百人，李傕、郭汜大军围绕天子营帐高声呼叫，官员们大惊失色。一行人夜渡黄河，天子与公卿大臣步行出营，皇后由哥哥伏德搀扶，伏德另一手还挟持着十匹丝绢，艰难前行。到达黄河岸边的时候，因河岸陡峭，高十余丈，他们用丝绢裹起天子，让人背着走在前面，其他人匍匐而下，有些人干脆直接跳了下去，把衣冠都摔坏了，异常狼狈。到了河边，士卒争着到船上去，董承、李乐用戈击打这些士兵，结果，大量士兵的手指被击断。天子终于坐到船上，同行的只有皇后和杨彪以下的官员几十个人，宫女和其他随行人员无法渡过黄河者，都遭到追兵的掠夺，衣服被抢，头发也被截断，加上天寒地冻，大量人员被冻死。

几天后，到达安邑。这时，张杨也带兵到达安邑，被拜为安国将军，封晋阳侯。张杨想把天子迎接到洛阳去，其他人没有同意，张杨就又率兵回到野王（今河南沁阳）。

建安元年（196）正月，献帝在安邑祭祀上天，大赦天下，改元建安。杨奉、董承、韩暹胁迫天子回旧京洛阳，途中粮食匮乏，难以前进，张杨及时送来粮食，一行人得以继续前进，终于顺利到达洛阳。这时，张杨对众将领说："天子是全天下人共有的天子，幸有各位公卿大臣辅佐天子，我应该在外围护卫，怎么能在京都久留？"于是又回到了野王。献帝拜张杨为大司马。张杨这个人性情温和仁善，不好使用威力和刑法，下人有谋反的，被他发觉了，他不是严厉惩处，而是对人家痛哭流涕地劝诫，还把人家都放了。

六月，献帝到达闻喜县（今山西闻喜县）。七月，终于到达洛阳，临时住在赵忠的故宅。八月，迁居到洛阳南宫杨安殿。这个殿是张杨主持修缮的，所以命名为杨安殿，可见此时的朝政乱象，仁善如张杨也会以这种方式表示自己的权威。这时献帝任张杨为大司马，韩暹为大将军，杨奉为车骑将军。至此，献帝从长安到洛阳走了一年半之久。

到达洛阳之后，献帝君臣的苦难日子并未结束，由于宫殿全被烧毁，百官只好拨开杂乱的荆棘丛，倚靠在墙壁间栖息，十分狼狈。各地军阀拥兵自重，没有人给朝廷缴纳赋税，群臣只能忍饥挨饿。无奈之下，朝中尚书郎以下的官员都外出采集野菜充饥，出去的这些人有的饿死在断壁残垣间，有的被兵士杀死，令人痛心疾首。

好在没过多长时间，曹操就带着具有强大战斗力的军队来到了洛阳，直到这时，献帝才开始有了较为安定的生活环境，他给曹操加官晋爵之后，也大封其他功臣，末代的东汉朝廷又有了一次喘息的机会，命苦的献帝终于不再惶惶不可终日。

曹操要迎接献帝到许都，很快，杨奉就发现这是曹操的计策，对曹操极为失望。献帝车驾刚出洛阳，从辕辕向东出发的时候，杨奉、韩暹就一路轻兵追赶拦截，曹操在阳城（今河南登封）狭窄的山谷中埋伏下兵力，大败追兵。杨奉一气之下，与韩暹一起到许县附近的定陵（今河南舞阳北）抢掠。这时，曹操的主要任务是将献帝顺利迁到许昌，因此，他对杨奉、韩暹的行为没有理会。

八月庚申，[①]曹操扈从献帝一路向东而去，迁都于许县。献帝拜曹操为大将军，封武平侯。因为宫殿没有修好，献帝暂时居住在曹操的军营。

曹操迎献帝迁都许昌，开始了东汉历史的重要转折期，也是中国历史上一段最为特殊的时期。

---

① 八月庚申，即公元196年10月7日，按，《三国志·武帝纪》云九月，《后汉书·献帝纪》、袁宏《后汉纪》、《资治通鉴》并云八月，参以其他事件，应以献帝纪为准。

二、魏文帝庙

魏文帝庙位于许昌县将官池镇郭集村西南方，清潩河东岸，因建在一处高地上，庙内又有一高高的阁楼，民间又称之为高庙。高地原为商代遗址，面积八万平方米，文化层1至2米，上层为汉代砖瓦遗物，下层有灰陶器。①

曹氏
家庙 据传说，文帝庙原为曹操所建的曹氏家庙。此地地势高耸，视野开阔，四面环境优美，景色秀丽。东面是许都皇城，宫殿楼阁鳞次栉比，蔚为壮观；南面是从脚下蜿蜒流出的清潩河道，远远望去，碧波荡漾，清澈的河水流过碧绿的田野，流向苍茫的大地；西面是广阔的平原，千里沃土，稻谷飘香；北面是烟波浩渺的秋湖，一望无际，水天一色。

相传，建安初年，曹操路过此地时，发现此处居高临下，气势不凡，四周物华天宝，钟灵毓秀，便将此处作为家庙的选址，修建了家庙。魏明帝太和六年（232），曹叡来到许昌时，还专程到"曹氏家庙"进行祭祀活动，因洛阳的曹氏宗庙已建成，就把此处的曹氏家庙改名为"魏文帝庙"，还在庙内塑了曹丕像，以纪念曹丕创建魏国的功勋。

也有传说，曹丕称帝后，回到许昌巡视，到达郭集村时，郭集村的一个长者向曹丕诉说了村民的艰难生活，由于连年征战，水旱灾害不断，村民缺衣少食，度日艰难。村上的两大庄户郭姓和卢姓，也都遇到了前所未有的困难：郭姓郭六的父亲病故，家人却无力埋葬；卢家有五个儿子，都已到了婚配年龄，老大婚期到了，因无钱雇用花轿，女方不让迎亲。曹丕听后，立刻派人安排郭六家的丧事，另指派轿夫将自己的坐轿借给卢家使用。安排好这一切之后，曹丕又登上郭集村的高岗，仰天长叹，祈祷苍天

---

① 资料来源：1. 罗校远、张汉杰《游园美景惹人醉河边漫步读"三国"》，《许昌晨报》2013年11月5日；2. 杨作龙、邹文生主编《中原文化景观》，中国三峡出版社2000年版，第61页。

风调雨顺，让百姓安居乐业。郭、卢两家顺利办完大事，非常感激曹丕的恩德，他们嘱托后人要世代感念曹丕的眷顾之情。于是，他们的后人便在当年曹丕站立过的高岗，建造了魏文帝庙。魏文帝曹丕体恤民情的事情传扬开之后，当地百姓逢年过节就在文帝庙烧香祈愿，千百年来，庙中的香火从未中断过。

这些传说与文献记载的建庙时间并不一致，当以文献为准。但传说表达出的是当地百姓对曾经在许都主宰全国命运的曹氏先祖的一片敬仰之情。当年，曹氏父子在许都关心民瘼，发展生产，给百姓带来了丰足殷实的生活，许都百姓对他们世代怀念也在情理之中。

| 知州 |
| 于玭 | 文帝庙历经沧桑，经过多次修葺，规模越来越大，到此烧香祈祷的百姓也越来越多。这种情况到了明代邵宝、于玭做许州知州时，发生了彻底的变化。

在邵宝改繁城文帝庙为愍帝祠之后，又出现了一位坚持"拥刘反曹"的许州知州，这个人就是于玭。

于玭（1507—1562）字子珍[1]，号册川。明东阿（今山东东阿）人，嘉靖七年（1528）举人，嘉靖二十年（1541）谒选（等待朝廷选用），领许州知州[2]。

于玭到许州时，许州百姓杂务繁重，苦不堪言。于玭检索案牍，清理积案，地方豪胥震动。于玭名声大噪，以至于许州以及周边各郡百姓纷纷请求于玭前去处理狱讼。于玭洞悉文法，复杂案件经他审理后，立刻清晰明白。

于玭还将潩水引注到护城河中，修筑了长长的堤坝，在堤坝外围种

---

[1] 据明·嘉靖《许州志》作"子真"，见上海古籍书店 1961 年据天一阁本影印版卷五第18 页。
[2] 据明·嘉靖《许州志》载，邵宝任职许州知州的时间是嘉靖二十年（1541），见上海古籍书店 1961 年据天一阁本影印版卷五第 18 页。

上两万余棵柳树，一方面让护城河固若金汤，另一方面也让许州城美丽异常，"壮丽甲诸郡"。后来有一次，强盗头目师尚诏率兵进攻许州城时，就近观察，看到城池坚固，想渡过护城河，又发现河水极深，无法过河，无奈，只好带兵而去。

许州城西有一个小西湖，西湖内有一个书院。为了培养人才，于玭将西湖书院扩大，修建了几十间书舍，甄选可造之才加以培训。

于玭很重视端正社会风气。临颍给事杜桐属当地豪强，鱼肉百姓，前后杀死十余人，御史严加拘捕，杜桐却发兵抗拒。御史将抓捕任务交给许州，于玭受命，找到杜桐晓喻祸福，杜桐早就听说于玭除恶务尽的威名，知道难以逃脱，于是束手就擒。于玭在许州做了三年知州，令行禁止，道不拾遗，社会风气得到了巨大的改变。

虽然于玭在许州政绩突出，但在文化思想上与明代的整体思想环境相一致，即和五十年前的前任知州邵宝一样，于玭也"拥刘反曹"。邵宝将繁城文帝祠改为愍帝祠之后，当地百姓又将愍帝祠恢复为文帝祠。于玭认为曹丕是篡汉，不该享有这等待遇，就将曹丕像投入河中，把文帝祠再改为"汉寿亭侯别操处"，祠祀关羽。[1]

对于高庙，于玭的态度也完全一样。据万历四十二年（1614年）高庙《创建玉皇阁》碑文记载：

> ……西，文帝殿三楹。一日，州侯于公过而览之曰："魏篡汉，统天下，后世尚有遗议，兹又设像设殿者何！"遂令撤其像，易为玄帝殿。

高庙风采 文帝庙坐北朝南，总面积约两千平方米，四周青砖围墙。前有山门，中有大殿和东西厢房，均为明代建筑。

山门两旁分列一对石狮，进门后是关公殿，又称关公楼、关爷楼，为

---

[1] 于玭事迹见卢维祯《朱文懿公文集》卷六《于册川先生传》，第12页。

清雍正十二年（1734）重修。关公殿后是玉皇阁，为清乾隆十四年（1749）重修。

前院两侧钟鼓楼东西对峙，中院有"九龙碑"，九龙碑为明弘治六年（1493）乡人所立，因镌刻有九条盘龙而得名。碑额上刻"重修魏文帝庙记"，碑文记载："州治东南去城一舍许，有庙曰高庙。其地高阜，遥观如山，以此得名。所奉之神，魏之文帝也。帝受汉禅，鼎峙三分，建都于许，恩泽多及许民，是以建庙立祠。"

魏文帝庙

九龙碑后是两座大殿，一为魏文帝殿，一为三官殿，飞檐斗拱，异常壮观。

后院中轴线上为玉皇阁和春秋阁，均为二层阁楼式建筑。阁前有台阶、卷棚等建筑。

庙内有青石雕像三尊，明代碑刻二通。

魏文帝庙内的关爷楼

1958年，庙院内大部分建筑被毁。二十世纪末，在高庙旧址上，乡民又集资兴建了佛殿、三官殿、魏文帝殿等建筑。

2001年被许昌市人民政府公布为市级文物保护单位。

【学术争鸣】曹丕受禅时间考

关于曹丕代汉践祚具体时间，史存异文，主要有以下几种说法：

第一种说法：十月十三日

《后汉书·献帝纪》：

> 冬十月乙卯（十三日），皇帝逊位，魏王丕称天子。奉帝为山阳公，邑一万户，位在诸侯王上，奏事不称臣，受诏不拜，以天子车服郊祀天地，宗庙、祖、腊皆如汉制，都山阳之浊鹿城。四皇子封王者，皆降为列侯。明年，刘备称帝于蜀，孙权亦自王于吴，于是天下遂三分矣。①

该说误。范晔在记述受禅事情经过时，仅仅记载了事情的开始和结局，将献帝一再逊位、曹丕一再辞让的过程略去，导致语焉不详的错误。正如卢弼所谓："《汉·纪》乙卯逊位者，书其初命而略其辞让往返，遂失其实尔。"②

第二种说法：十一月二十八日

《三国志·魏书·文帝纪》：

> 冬十一月癸卯，令曰："诸将征伐，士卒死亡者或未收殓，吾甚哀之；其告郡国给槥椟殡殓，送致其家，官为设祭。"丙午（四日），行至曲蠡。汉帝以众望在魏，乃召群公卿士，告祠高庙，使兼御史大夫张音持节奉玺绶禅位，册曰：……乃为坛于繁阳。庚午（二十八日），王升坛即祚，百官陪位。事讫，降坛，视燎成礼而反。改延康为黄初，大赦。黄初元年十一月癸酉（一日），以河内之山阳邑万户奉汉帝为山阳公……以颍阴之繁阳亭为繁昌县。封爵增位各有差。改相国为司徒，御史大夫为司空，奉常为太常，郎中令为光禄勋，大理为廷尉，大农为大司农。郡国县邑，多所改易。……十二月，初营洛阳宫，戊午（十七日）幸洛阳。③

该说错误很明显：其一，误将"十月"作"十一月"，从《后汉书·献帝纪》《受禅表碑》以及《三国志·文帝纪》群臣上奏等资料可证，"一"字

---

① 南朝·宋·范晔《后汉书》，中华书局1965年版，第390页。
② 卢弼《三国志集解》，中华书局1982年版，第72页。
③ 晋·陈寿《三国志》，中华书局1959年版，第62页。

衍；其二，"庚午（二十八日）即祚"失实。从当时百官上奏情况及所涉及的时间来推算，当为辛未（二十九日）；此外，从《受禅表碑》所记也可印证为辛未日。按陆侃如《中古文学系年》云庚午为二十八日，下文陆氏又言辛未为二十八日，则陆氏误①。《资治通鉴》胡三省注云：

> 《考异》曰：陈《志》云："丙午，行至曲蠡，汉帝禅位。庚午，升坛即祚。"袁《纪》亦云："庚午魏王即位。"按《献帝纪》，乙卯始发禅册，二十九日登坛受命。又文帝受禅碑至今尚在，亦云辛未受禅。②

清代潘眉《三国志考证》云：

> 十一月当作十月，《后汉书·献帝纪》："建安二十五年冬十月乙卯，皇帝逊位。"《魏志·文昭甄皇后传》："黄初元年十月，帝践祚。"魏《受禅碑》："十月辛未受禅于汉。"《五代史·张策传》："曹公薨，改元延康，是岁十月文帝受禅。"是皆十月受禅之证。《纪》先书十一月癸卯，后又书十一月癸酉，两书十一月既与文为复，而癸卯、癸酉相距三十一日，亦无同在十一月之理。《宋书·礼志》云："汉延康元年十一月，禅帝位于魏。"《册府元龟·帝王部》云："延康元年十一月受禅"，并沿陈《志》之误。朱竹垞《跋孔羡碑》云："魏受禅在延康元年十一月，亦失于不考耳。"③

司马光《资治通鉴考异》云：

> 陈《志》云："丙午行至曲蠡，汉帝禅位，庚午升坛即祚。"袁《纪》亦云："庚午魏王即位。"按《献帝纪》乙卯始发禅册，二十九日登坛受命。又，文帝《受禅碑》至今尚在，亦云辛未受禅，陈《志》、袁《纪》误也。④

---

① 陆侃如《中古文学系年》，人民文学出版社1985年版，第430页。
② 宋·司马光《资治通鉴》，中华书局1956年版，第2182页。
③ 潘眉《三国志考证》，商务印书馆1939年版，第7页。
④ 宋·司马光《资治通鉴考异》，上海涵芬楼影印宋刊本。

卢弼《三国志集解》胡玉缙序："丕升坛即祚，据《受禅碑》为辛未非庚午，又据《通鉴考异》说，知宋时所见陈《志》传写已误。"卢弼注云：

> 十一月癸卯令葬士卒死亡，与受禅事无涉，惟"一"字为衍文，故下文书十一月癸酉，抹去前文"一"字，则前后皆贯，惟庚午、辛未相差一日，他书作十一月受禅，盖未细认，后文十一月字或袭误本陈《志》，或后人据误本妄改。诸说纷纷，殊嫌词费。①

陆侃如也认为曹丕践祚应为十月，"十一月无丙午及庚午"，"以丙午庚午两日可推而知。"②

卢弼《三国志集解》又征引多人之说详细辨析：

> 官本作十月癸卯下令曰，卢文弨曰：十一月，一字衍，当存而论之，今径删去，而复妄增一下字，则过矣。《官本考证》李龙官曰：按，后云黄初元年十一月癸酉，一月中有癸卯，不得又有癸酉，且注中明云十月乙卯，又云今月十七日己未，又云今十月斗之建，则癸卯乃十月朔也，作十一月误……沈家本曰：《御览》引《魏志》而节其文曰：延康元年十月升坛即祚，亦陈寿本作十月之证。他书作十一月当据误本，陈《志》非陈之误。弼按，《通鉴》云：冬十月乙卯，汉帝使张音奉玺绶于魏王，辛未升坛受玺绶，即皇帝位，十一月癸酉，奉汉帝为山阳公……是宋时所见陈《志》其误已如是，不必为之讳也。③

第三种说法：十月二十九日

《受禅表碑》云：

> 维黄初元年冬十月辛未，皇帝受禅于汉氏。④

---

① 卢弼《三国志集解》，中华书局1982年版，第14页。
② 陆侃如《中古文学系年》，人民文学出版社1985年版，第430页。
③ 卢弼《三国志集解》，中华书局1982年版，第72页。
④《受禅表碑》碑文，见原碑，又见严可均《全上古三代秦汉三国六朝文》，中华书局1958年版，第1208页；宋·洪适《隶释》卷十九，中华书局1985年版，第188页。

该说是正确的。由乙卯为十三日推算受禅当为二十九日。另《三国志·魏书·文帝纪》裴注引尚书令桓阶等奏曰："……臣辄下太史令择元辰,今月二十九日,可登坛受命,请诏三公群卿,具条礼仪别奏。"①亦云二十九日甚明,可证。

宋人洪适说:

> 右魏《受禅表》篆额在颍昌,亦曰钟繇书,所谓表者,盖表揭其事,非表奏之表也。碑云黄初元年十月辛未受禅于汉,《汉纪》作乙卯,《魏志》作十一月庚午,裴松之注所载甚详。盖是月十三日乙卯汉帝使张音奉玺绶诏策禅位于魏,王辞者三,及汉策四至,乃以二十九日辛未登坛受命,碑之所载是也。②

清人王先谦对此事也有详细辨析:

> 惠栋曰:魏《受禅碑》作"十月辛未受禅于汉",欧阳修云:据裴松之注《魏志》,汉实以十月乙卯策诏魏王,使张音奉玺绶,而魏王辞让,往返三四而后受也,又据侍中刘廙奏问太史令许芝,今月十七日乙未,可治坛场,又据尚书桓阶等奏云,辄令太史令择元辰,今月二十九日可登坛受命,盖自十七日乙未,至二十九日,正得辛未,以此据之,汉魏二《纪》皆谬,而独此碑为是也。《纪》乙卯逊位者,书其初命而略其往返辞让,遂失实耳。③

以上三种说法,宋代欧阳修、清代王先谦、近人卢弼等都分别予以辩说,欧阳修云:

> 《汉献帝纪》,延康元年十月乙卯皇帝逊位,魏王称天子。又按《魏志》,是岁十一月葬士卒死亡者犹称令,是月丙午,汉献帝使张音奉玺绶,庚午,王升坛受禅。又是月癸酉,奉汉帝为山

---

① 晋·陈寿《三国志》,中华书局1959年版,第75页。
② 宋·洪适《隶释》,中华书局1985年版,第190页。
③ 清·王先谦《后汉书集解》,中华书局1984年版,第148页。

阳公。而此碑云十月辛未受禅于汉。三家之说皆不同，今据裴松之注《魏志》，备列汉魏禅代诏册、书令、群臣奏议甚详……《魏志》十一月癸卯犹称令者，当是十月衍一字尔。丙午张音奉玺绶者，辞让往返容有之也。惟庚午升坛最为谬尔，癸卯去癸酉三十一日，不得同为十一月，此尤谬也。禅代，大事也，而二纪所书如此，则史官之失以惑后世者，可胜道哉！ ①

从以上诸人观点中可以看到，有关曹丕受禅的具体时间，《后汉书》《后汉纪》均记载失实，《三国志》至少从宋代开始也已经相沿成误，且错误非一，惟裴注详细记录了受禅过程，还原了历史原貌，该原貌又由《受禅表碑》证而实之。由此，更强调了《受禅表碑》重要的文献价值，《隶释》在谈到《公卿将军上尊号奏》时说："《魏志》注中亦载此文，有数字不同，非史臣笔削之辞也，皆当以碑为正。" ② 可见，已经注意到了碑文与史实的关系，可惜后世仅注重该碑的艺术价值，而忽略了其纠正正史谬误的意义。

要之，此段史实表列于次：

干支	日期	事件
癸卯	10月1日	《魏书·文帝纪》：曹丕下令为阵亡将士设祭
丙午	10月4日	《文帝纪》：曹丕行至曲蠡，献帝诏召群公卿士，告祠高庙。使兼御史大夫张音持节奉玺绶禅位，献帝首次下禅位诏、策。为坛于繁阳
辛亥	10月9日	《文帝纪》裴注引：太史丞许芝条魏代汉见谶纬于魏王。云今魏基昌于许，汉徵绝于许。汉当以许亡，魏当以许昌
癸丑	10月11日	《文帝纪》裴注引：宣告群僚。督军御史中丞司马懿、侍御史郑浑、羊祕、鲍勋、武周等上言
乙卯	10月13日	《后汉书·献帝纪》：献帝逊位，魏王丕称天子，奉帝为山阳公 《文帝纪》裴注引：献帝第二次下诏禅位，诏魏王禅代天下。桓阶两奏，侍中刘廙、常侍卫臻等又奏，曹丕回令。辅国将军清苑侯刘若等百二十人上书，又奏，曹丕回令辞让。侍中刘廙等再奏 《通鉴》：汉帝告祠高庙，使行御史大夫张音持节奉玺绶诏册，禅位于魏。王三上书辞让，乃为坛于繁阳

① 宋·欧阳修《集古录跋尾》卷四《魏受禅碑》，人民美术出版社2010年版，第80页。
② 宋·洪适《隶释》，中华书局1985年版，第188页。

续表

干支	日期	事件
庚申	10月18日	《文帝纪》裴注引：魏王第二次上书辞让
辛酉	10月19日	《文帝纪》裴注引：给事中博士苏林、董巴上表，曹丕回令拒绝
壬戌	10月20日	《文帝纪》裴注引：献帝第三次册诏魏王曹丕受禅，尚书令桓阶等奏请曹丕受禅，曹丕回令不受
甲子	10月22日	《文帝纪》裴注引：魏王曹丕第三次上书献帝拒绝受禅，侍中刘廙等奏请曹丕接受，曹丕回令"待固让之后，乃当更议其可"
丁卯	10月25日	《文帝纪》裴注引：献帝第四次册诏魏王钦承玺绶，"以答天下乡应之望"。相国华歆、太尉贾诩、御史大夫王朗及九卿上言曹丕，曹丕回令"未敢闻命"
己巳	10月27日	《文帝纪》裴注引：魏王曹丕第四次上书献帝拒绝受禅，相国歆、太尉诩、御史大夫朗及九卿再次奏请受禅，曹丕回令"天命不可拒，民望不可违"，不再拒绝
庚午	10月28日	《文帝纪》裴注引：献帝第五次册诏魏王"速陟帝位，以顺天人之心"，尚书令桓阶等上奏曹丕"应天受禅"，曹丕回令"可"
辛未	10月29日	《魏受禅碑》：皇帝受禅于汉氏 《文帝纪》裴注引：庚午（按，应为辛未），王升坛即祚，百官陪位。事讫，降坛，视燎成礼而反。改延康为黄初，大赦。《献帝传》：辛未，魏王登坛受禅，公卿、列侯、诸将、匈奴单于、四夷朝者数万人陪位，燎祭天地、五岳、四渎 《通鉴》：升坛受玺绶，即皇帝位，燎祭天地、岳渎，改元，大赦
癸酉	11月1日	《文帝纪》：以河内之山阳邑万户奉汉帝为山阳公，以颍阴之繁阳亭为繁昌县
戊午	12月17日	《文帝纪》：十二月初营洛阳宫，戊午幸洛阳

此表仍有一些问题需要厘清：

其一，繁阳筑坛的时间。根据胡三省注引《述征记》载，曹丕受禅时筑有一台一坛，"东有台，高七丈，方五十步；南有坛，高二丈，方三十步。"这样的高台巨坛，即便投入数量巨大的人力，也应该颇费时日，更不用说其上还有巍峨壮观的宫殿建筑了。而考各种文献资料，何时开始筑坛均无详细记载，仅以"为坛于繁阳"一笔带过。从"为"字的用法上看，应该是修筑、修建的意思，而且从前后行文来看，表达的也是"禅让—筑坛—受禅"的过程。但是，从各种史料所记载的情况来看，筑坛是在很短的时间内完成的。《三国志·文帝纪》有关内容为：曹丕于丙午（10月4日）"行至曲蠡，汉帝以众望在魏，乃诏召群公卿士，告祠高庙。使兼御史大夫张音持节奉玺绶禅位，册曰……乃为坛于繁阳。"①《后汉书·献帝纪》谓："冬十月乙卯（10月13日），皇帝逊位，魏王丕称天子。"王先谦注引《献帝春秋》云："帝时诏群公卿士告祠高庙。诏太常张音持节，奉策玺绶，禅位于魏王。乃为坛于繁阳故城，魏王登坛，受皇帝玺绶。"②《资治通鉴》载："冬十月乙卯，汉帝告祠高庙，使行御史大夫张音持节奉玺绶诏册，禅位于魏。王三上书辞让，乃为坛于繁阳。辛未（10月29日），升坛受玺绶，即皇帝位。"③在这些记载中，如果简单地按照筑坛时间来看，最早的是《文帝纪》，为10月4日，筑坛时间最长，为25天。《献帝纪》《献帝春秋》所记相同，即为10月13日，筑坛时间有16天。而《资治通鉴》最晚，是在"三上书辞让"之后才筑坛，而按照各书所记，曹丕是于最后一次辞让后就在第二天登坛受禅，也就是说，按照《资治通鉴》所记，已没有筑坛时间。显然，简单地按照史书所记筑坛时间是不符合实际的，即便按照最长的25天时间，要想完成这么大的工程量，也是不可能的。即使把这个工程放到现代，恐怕也要一年以上，甚至更长的时间。尽管这样，史书还是尽可能煞有介事地叙述受禅的各个环节和各种理由，也就是说，从文字表面看，看不出曹丕是早有准备、早就开始了筑坛工作，而是按照史书所叙述的过程，一步步地辞让、劝进，最终才筑坛接受禅让。④

因此，筑坛时间应该是在群臣上奏曹丕受禅之前，甚至是在曹操时代就已经开始了。这就是说，与其他汉魏禅代事情一样，曹操、曹丕早就开始了登坛受禅的准备工作，史书中"为坛于繁阳"的记载，要么是作者对

① 晋·陈寿《三国志》，中华书局1959年版，第62页。
② 南朝·宋·范晔《后汉书》，中华书局1965年版，第390页。
③ 宋·司马光《资治通鉴》，中华书局1956年版，第2182页。
④ 历史文献的这种描写，给人一种错觉，即曹丕同意受禅后，才开始筑坛，如孙福喜《中国古代皇家礼仪》："诸公卿大臣们反复上书劝说，认为这是'天意'，凡人不可违抗。为'顺天应命'，曹丕只好接受禅让。命人在聚阳（按，应为繁阳）修筑高坛。高坛筑成后，曹丕登坛接受玉玺、金绶。"（陕西人民出版社2004年版，第152页）

于这些"无足轻重"史实的忽略，要么就是作者有意为曹氏父子隐晦，二者相较，恐怕后者更符合实际。有关这一点，在所有文献资料中，只有明嘉靖《许州志》说得最为清楚："繁城，在县西北三十里，曹操为受禅所筑。"① 直接点明是曹操为受禅而筑，这就将筑坛时间大大提前。

其二，曹丕在众臣多次上书之后，于庚午（10月28日）回令同意受禅，次日辛未（10月29日）即登坛受禅，时间安排是否显得过于匆忙？这也从另一角度证明了曹丕的辞让是继所有代汉准备工作之后最后一次更为明显的政治运作，如果说前期的准备工作还有所顾忌、有所隐匿，计划也更为周密的话，那么这最后一次的手法则更为直截了当。②

其三，曹丕"上书三让"事。所谓"王三上书辞让"实乃虚指，据《三国志·文帝纪》，献帝前后共五次禅让，群臣十七次劝进，曹丕向献帝上书回绝三次，献帝第一次禅让后，曹丕没有做正面上书回绝，只是在令中表达了回绝之意。献帝第五次禅让后，曹丕给大臣回令表示同意。而对于群臣的劝进，曹丕回令则多达十八次。

---

① 明·嘉靖《许州志》卷八，上海古籍书店1961年版，第4页。
② 参朱子彦《曹魏代汉前的政治运作》一文的有关分析，见《史林》2012年第5期。

三、关帝庙

在灞陵桥游园的西部，建有关帝庙，是国家级文物保护单位，庙宇为清康熙二十八年（1689）所建。

关庙风采　许昌关帝庙又称关帝行宫，历史悠久，是许昌关公文化的重要标志，也是许昌三国文化的重要载体。

关帝庙的建造，汇聚了众多有识之士的人力、财力、物力，据《创建关帝行宫挑袍碑记》载：关帝行宫由奉直大夫、许州知州甘文炳倡导，八方捐资，绅士王弘道捐地二十九亩，于八里桥右侧建成。

乾隆五十一年（1786），官府对关帝庙的照壁、钟楼、鼓楼等进行了全面的改建和扩建，占地扩大至五十余亩。

关帝庙在全国乃至世界各地都有，是全世界数量最多的庙宇。在所有的关帝庙中，只有许昌灞陵桥关帝庙与众不同，这个不同就是在"汉寿亭侯殿"中，同时供奉着关羽和曹操，这在其他关帝庙中是没有的。

关帝庙匾额

关帝庙整体建筑布局严谨，庄重典雅。从南向北依次是御河桥、山门、仪门、卷棚殿、大殿、春秋阁等。仪门两侧有钟、鼓楼等建筑。结构上以中院为主，东西两院相配，院内古柏参天，碑碣林立。

在关帝庙第一道大门（山门）前有一座小桥，称为御河桥。桥名御河，象征着关羽的地位犹如帝王一样。御河桥为单拱青石板桥，桥上栏杆为青石制成，栏板上刻有石狮、石猴等，形象逼真。桥下河水中铺满睡莲，在潺潺流水中充满盎然生机。

大门前塑有两匹战马，一白一赤，白马是关羽早年所骑战马，来许昌后，曹操又赠予他赤兔马。赤兔马原为吕布所有，"人中吕布，马中赤兔"，可见赤兔马的威风。曹操打败吕布后，赤兔马就成了关羽的坐骑，关羽一生转战沙场，赤兔马功不可没。

大门口两侧悬挂着一幅著名的楹联：

　　赤面秉赤心骑赤兔追风驰驱时勿忘赤帝

　　青灯观青史仗青龙偃月隐微处不愧青天

门内两侧分别是马良、廖化的塑像。

跨过仪门就是关帝庙的主体部分中院。中院内立有四通石碑，分别立于清康熙二十八年（1689）、康熙六十一年（1722）、雍正十年（1732）和乾隆五十一年（1786）。碑文分别详细记述了关帝庙建造、扩建、整修的经过。根据碑文记载，灞陵桥关帝庙始建于康熙二十八年（1689），当时的许州太守甘文炳倡导社会捐资，由乡绅王宏道督办。之后不断修复、扩建，最终形成了今天的面貌。

关帝庙的主体建筑是拜殿和大殿。拜殿的楹联写道：

　　灞陵自古有行人问谁策马而驰传名不朽

　　曹操于今无寸土赖此绨袍之赠遗像犹存

描写了关庙奉曹的特殊现象。

汉寿亭侯大殿面阔三间，进深两间，为单檐歇山式建筑。殿内供奉的关羽横刀勒马，站在灞陵桥上辞别曹操。曹操与关羽一同出现在被供奉的神坛，在全国关庙亦属绝无仅有，这与许昌百姓对曹操的由衷怀念密不可分。曹操奉献帝迁都许昌，在许昌广施良政，尤其是屯田制的实施，不仅使北方百姓解决了温饱问题，更让许昌百姓受益良多，因此，许昌百姓世世代代对曹操怀着感恩戴德之情，并让他与关羽一起享用香火，实属正常。

春秋阁是关羽夜读《春秋》的地方，正门两边一副楹联是：

午夜何人能秉烛

九州无地不焚香

表达了人们对关羽的崇拜之情。

正殿内是关羽夜读《春秋》金身塑像，身旁有周仓持刀护卫、关平捧印侍奉。东厢房为议政殿，殿前廊柱楹联写着：

兄玄德，弟翼德，德兄德弟

师卧龙友子龙龙师龙友

殿内是刘备、诸葛亮、关羽、张飞、赵云塑像，他们正在谋划军政大事。

西厢房为五虎殿，殿前楹联写着：

护主佑民五虎上将

忠君效命三国豪杰

殿内是"五虎将"关羽、张飞、赵云、马超、黄忠的雄武英姿。

碑廊保存着关帝庙许多珍贵碑刻，具有很重要的文物价值。其中最重要的是"关公勒马挺风图"碑，该石碑立于民国二十三年（1934）冬，为朱又廉重刊吴道子的"关公勒马挺风图"。石碑分为上下两部分，上部刻着颂扬关羽的铭文："丹心贯日，赤马斯风，两间正气，千古英雄"；下部是关羽横刀勒马线雕。

另一重要碑刻是"许昌灞陵桥挑袍胜迹图"，刻于乾隆三十九年（1774），内容也分为上下两部分：上部为关羽"辞曹书"，下部为关羽辞曹图。

此外，有一通清雍正元年（1723）石刻，记述了松南老农张德纯拜谒关帝庙的经过。碑文介绍了当时关帝庙大殿内所塑人物布局等基本情况，叙述了张德纯拜谒关帝庙后的感受，其中写道："亦知吾故主尚存乎从今日遍逐天涯且休道万钟千驷曾许汝立功乃去耳倘他年相逢歧路又肯忘樽酒绨袍"，表达了关羽忠于刘备、感恩曹操的尚义重恩品德。

碑廊内有一"平板三孔桥"，为灞陵桥的复原桥，该桥是在元代灞陵桥遗留下来的石狮、栏板以及望柱等构件的基础上复原的"元代灞陵桥"。

值得一提的是，在关帝庙东西对称的两侧长廊内，绘制有关羽一生行迹的壁画 36 幅，按照《三国演义》的基本故事线索，从关羽出生一直到败走麦城、玉泉显圣，形象地概括了关羽忠义仁勇的非凡一生。

关帝诗竹　灞陵桥关帝庙内，还立有一通《关帝诗竹》石碑。据说，关羽虽然来到许都，却无时无刻不在思念刘备，于是，就画了一幅翠竹图，表达兄弟深情。当时曹操和他身边的人并未看出有什么问题，所以也都毫不在意。实际上这幅画是通过随风摇曳的竹枝、竹叶组合成了一首五言诗："不谢东君意，丹青独立名。莫嫌孤叶淡，终久不凋零。"表达了关羽对刘备的忠贞不渝。

关帝诗竹，最早见于清康熙五十五年（1716）韩宰临摹的刻拓本。

关帝诗竹碑

【链接】全国各地关庙及关公祭祀活动

关羽由汉末一员武将，通过历代统治者不遗余力地推崇，通过儒释道各家的膜拜，通过寻常百姓发自肺腑的祭奠，最终成了一位万民敬仰、法力无边、护佑众生的至尊神灵，这在中国历史上是独一无二的。

与之相一致的，是关庙的建造。

关羽死后，人们便开始祭祀他。但是，唐代之前，关羽祭祀是随在武庙之中，关羽并没有真正属于自己的庙宇。宋代中后期，关羽崇拜急剧升温，关羽的地位大大提高，关羽也从武庙中独立了出来。

关庙在全国大量修建是在宋代，元代曾有"义勇武安王庙遍天下"之说，清乾隆年间《京师乾隆地图》载，京城内的关庙达 116 座，故宫内即有 4 座，圆明园内也有 6 座。

据资料统计，在当代中国，现存关庙有一千余座，遍布于城乡，从都市到偏远山村都有，其中规模较大、建造年代较早、影响较为深远者，有所谓"四大关庙"，即山西运城关庙、河南洛阳关林、湖北当阳关陵和湖北荆州关庙。

运城关庙，位于山西运城关羽故里，始建于隋文帝开皇九年（589），清代重修，占地二百余亩，规模宏大，布局完整，为我国武庙之冠，被誉为"武庙之祖"，是我国现存规模最大的宫殿式道教建筑群。

山西万荣李家大院内所建的关庙

洛阳关林，是关羽的葬首之所，位于河南省洛阳市关林镇。始建于汉代，重修于明万历二十年（1592），占地180亩。关羽墓前植有古柏千株，故称"关林"。是我国唯一的林、庙合祀的古代建筑。

当阳关陵，位于湖北当阳，是关羽葬身之地。占地七十余亩，为中轴对称式帝陵规制。建筑群体仿皇宫而建，落成于明嘉靖年间。大殿前高悬清同治皇帝御匾"威震华夏"。

荆州关庙，位于湖北荆州古城的南门内。始建于明太祖洪武二十九年（1396），是关羽镇守荆州时的府邸故基。1985年重建。

除四大关庙外，影响较大的关庙还有：

福建东山关庙，位于福建省东山县铜陵镇岵嵝山下，始建于明洪武二十年（1387），依山临海，气势巍峨。

河南许昌春秋楼，相传是当年关羽在许昌"秉烛达旦"夜读《春秋》之处。始建于元代延祐

许昌春秋楼关公像

元年（1314），明代以春秋楼为中心扩建为宫殿式建筑群，称为许昌关帝庙。现许昌关帝庙为近年修复。

西藏日喀则关庙，位于喜马拉雅山麓，清康熙六十年（1721），清朝平定准噶尔叛乱后，在西藏驻留清兵，这些兵士在日喀则建造了关庙，关羽信仰也由此传播到了西藏。后来，乾隆皇帝派大将军福康安率重兵入藏，平定廓尔喀入侵。双方交战时，出现了许多保佑清军的异常现象，将士们以为是关羽显灵，便在1792年重修了日喀则关庙。

黑龙江虎头关财神庙，是中国最北边的关庙，位于乌苏里江西岸，江东即是俄罗斯的伊曼市，江西是中国的黑龙江省虎林县虎头镇。离江岸50米处，一座小巧精致的袖珍关庙就在绿树丛中。清雍正年间（1723—1735），内地有许多人在长白山和乌苏里江地区采集山参，并把江口作为会集之地。时间久了，集体捐资在江畔的虎头山峭崖上建立起关帝财神庙。

广西恭城武庙，位于恭城县城西山南麓文庙西侧，与文庙相距50米，左为文庙，右为武庙，文武两庙并存一地，相得益彰。该庙又称关帝庙，始建于明万历三十一年（1603），庙宇面积2100平方米，是广西现存规模最大、气势最宏伟、保存最完整的武庙。

香港文武庙，位于维多利亚峰北麓的荷李活道。重建于清道光三十年（1850）冬，供奉武圣关羽和文昌帝君，香客主要是香港工商界和金融界人士。

台湾台北圣寿宫，初建于清康熙二十三年（1684），原名叫锡寿堂，后历经战乱，庙址被毁，现在的圣寿宫是1988年重新选址修建的。正殿的迎圣阁供奉"关圣帝君"，左侍关平太子、张仙大帝，右侍周仓将军、齐天大圣。

不仅国内，国外华人聚集的地方也有许多关庙，日本、韩国、新加坡、泰国、越南、缅甸、菲律宾、马来西亚、印度尼西亚、东帝汶等国也都建有关庙。国外最早的关庙，是建于明万历二十七年（1599）的韩国首尔关庙。其他国家如美国、加拿大、澳大利亚、南非等国，也都建有关庙。

除在关庙祭祀之外，随着当代社会经济的发展、文化的繁荣，全国各地又开展了许多种类繁多、样式新颖、规模巨大的当代关公祭典，主要有：

中国洛阳关林国际朝圣大典，每年一度，由洛阳关林主办。每年都有众多来自海内外的关公朝拜者参与，从1994年开始，至2015年，相沿不辍。

洛阳关林朝圣大典

山西运城关公文化节，每年一届，内容涵盖文化、经济等各项，到2022年，已举办33届。

山西运城关公文化节关公祭拜现场

湖北荆州关公祭祀大典，由荆州市政协主办，从2013年开始，改为关公文化节，每年一届。

荆州关公祭祀大典

福建东山关帝文化节，每年农历五月十三关公圣诞日举办，从1992年至2015年，已举办24届。东山是祖国大陆离台湾最近的地区之一，东山县连续举办的关帝文化节，是大陆举办届数最多、持续时间最长的涉台文化节庆活动，在沟通两岸民间往来、联络海内外炎黄子孙方面，成为一条重要的精神纽带。

河南赊店关公文化节，由河南省社旗县主办，2014年始办。举办地在社旗县赊店古镇博物馆，参加活动者来自山西、陕西、北京、台湾和文莱、泰国等地。

广西恭城关公文化节，每年的农历五月十二举办，每三年举办一次大型活动，是传统的民间祭祀关公活动。

马来西亚国际关公文化节，由马来西亚关老爷文化协会主办，2015年6月23日，"第一届国际关公文化节"在马来西亚雪兰莪州举行。来自中国、印度尼西亚、新加坡、越南和马来西亚等国家和地区的三百多位专家学者出席，主题是探讨关公精神对现代社会发展所起到的积极作用。

　　除关公文化节之外，全国各地还举办有三国文化节，关公文化依然是其重要内容之一，对弘扬关公文化起着十分重要的作用。

　　关庙在全国大规模建造，关公祭典在当代高规格开展，反映了民众对关羽的由衷崇拜，这种普天同祀的局面，说明了关公文化所具有的强大的生命力。

四、关公歇马殿

关公歇马殿位于许昌县蒋李集镇刘庄村，紧邻徐母墓，是当地百姓为纪念、祭祀关羽而修建的庙宇。

据《三国志》等资料记载，建安五年（200），关羽归附曹操来到许都。据传，关羽驻许期间，有感于徐母对刘备的忠烈，曾专程骑马到徐母墓前凭吊，凭吊时在歇马殿休息。

为弘扬关羽的忠义思想，后人将歇马殿修建为庙宇。

那么，关羽一生来过许昌几次呢？来的时候是不是到了这里"歇马"？

根据史料，关羽共有两次来许昌。第一次来是在建安三年（198），在一次狩猎时，关羽劝刘备找机会杀死曹操，刘备没有同意。《三国志》裴松之注引王隐《蜀记》载："初，刘备在许，与曹公共猎。猎中，众散，羽劝备杀公，备不从。"[1]此事因为表达出了关羽对"奸雄"曹操的极大痛恨，被《三国演义》充分渲染了，《三国演义》第二十回描写得非常生动、详细。

关羽第二次来许昌是在建安五年（200）。《三国志·关羽传》记载："建安五年（200），曹公东征，先主奔袁绍。曹公禽（擒）羽以归，拜为偏将军，礼之甚厚。绍遣大将颜良攻东郡太守刘延于白马，曹公使张辽及羽为先锋击之。羽望见良麾盖，策马刺良于万众之中，斩其首还，绍诸将莫能当者，遂解白马围。曹公即表封羽为汉寿亭侯。初，曹公壮羽为人，而察其心神无久留之意，谓张辽曰：'卿试以情问之。'既而辽以问羽，羽叹曰：'吾极知曹公待我厚，然吾受刘将军厚恩，誓以共死，不可背之。吾终不留，

① 晋·陈寿《三国志》，中华书局1959年版，第940页。

吾当立效以报曹公乃去。'辽以羽言报曹公，曹公义之。及羽杀颜良，曹公知其必去，重加赏赐。羽尽封其所赐，拜书告辞，而奔先主于袁军。左右欲追之，曹公曰：'彼各为其主，勿追也。'"①

看来，关羽不但来过许昌，还来过两次。至于关羽在许昌的时候，是不是拜祭过徐母墓，恐怕就很难说了。

还有一种传说，关羽离开许昌后，过五关斩六将，历经艰险，来到黄河边上，巧遇孙乾后，才知道刘备已离开袁绍，往汝南去了。于是关羽便立刻原路返回，向汝南而去。途中，关羽护送着二皇嫂走到这个地方，就在一小店里停下来歇息。后来，当地百姓为纪念关羽，就在这个小店旁边建造了一座庙宇，命名为"歇马殿"。

关公歇马殿原庙修建时间已无考，明清两代多次重修。据庙内《歇马殿庙志》记载，原庙规模宏大，气势雄伟，是由附近十三个村庄的村民和方圆百里的香客、知名人士集资兴建。占地二十亩，分为南北两院，南院以三仙殿为主，北院以关圣殿为主。两院亭台楼阁百余间，雕梁画栋，金碧辉煌。院内古柏参天，四季花草飘香。

现庙南院已荡然无存，仅存北院，为二十世纪八十年代末重修。2011年被公布为许昌县（今建安区）文物保护单位。

庙宇为明清建筑风格，坐北朝南，分山门、正殿和后殿。正殿即关圣殿，殿前有卷棚，十二根石柱巍然耸立。殿内塑有关羽提刀立马回首左顾塑像，与其他关庙塑像迥然不同。

后院正殿为玉皇殿，供奉玉皇大帝。另有祖师殿、观音殿、包公殿、老母殿、徐母殿等。

庙内有数通石碑记载了歇马殿的变迁。明万历年间（1573—1620）的《歇马殿记》、清嘉庆元年（1796）的《重修祖师关帝洪山庙阁君殿镌塑关帝歇马殿二皇娘辇车并金妆诸殿神像记》、清道光二年（1822）《重修歇马殿

---

① 晋·陈寿《三国志》，中华书局1959年版，第940页。

三仙庙暨诸殿碑记》、清道光二十六年（1846）《重修关帝庙暨诸神殿并金妆神像碑》分别有"歇马殿……世传关公吊徐母，歇马于兹，厥后庙而祀公""歇马殿，关公停骖之地也，后人遂立庙，以祀公其来也""关圣帝君歇马暂停处也。旧有帝庙，地势广廓，规模宏远""州治南三十里，有殿曰歇马，世皆传为关壮穆侯歇马处"等记载，虽没有具体建造时间，但能够看出，明万历年间就有了歇马殿，而此时正是关羽崇拜达到高峰的时期，历代统治者对关羽的封谥由侯而王、由王而帝，而封关羽为"帝"的就是明神宗皇帝。万历十年（1582），神宗皇帝封关羽为"协天大帝"；万历十八年（1590），又封关羽为"协天护国忠义帝"，关羽的封号至此达到最高。因此，极有可能该殿即是此时所建。

【链接】"忠义"关羽在许昌

关羽下邳失败，跟随曹操来到许昌，曹操表封关羽为偏将军，待之甚是礼遇。

关羽到许昌之后的事迹，史书记载甚为简略，但是，在三国故事和《三国演义》中，关羽来到许昌的故事却非常多，而且有些故事已经成为关羽一生事迹的重要代表性事件，如关羽形象中有文、武两面，作为"文"的代表形象，就是关羽"夜读《春秋》"，关羽赤面长髯，手持《春秋》，默默诵读，这已经成为关羽最为典型的形象。而"夜读《春秋》"的故事，就发生在许昌。

关羽到许昌之后，曹操把关羽和刘备的二位夫人安排在一起居住，关羽知道曹操用心叵测，便将居所一分为二，让二位皇嫂安居内室，自己则在外室秉烛达旦，夜读《春秋》，留下千古佳话。现存的许昌春秋楼就是按照这个故事，分东西两院。西院是蔚为壮观的春秋楼和高大英武的关羽塑像，东院是二位皇嫂的居室，院内流水潺潺，花木葱茏，别有情趣。

曹操看到关羽品行端庄，志节凛然，从内心更加佩服，不仅在大宴群臣的聚会上将关羽安排在上座，还三日一小宴、五日一大宴招待关羽，将许多的珠宝绫罗送给关羽，以表达自己的敬佩之情，甚至还送给关羽美女十人，让她们侍奉关羽。关羽内心却一直想着刘备，并不把曹操的特殊关照放在心上。所以，他把这些宝物全都交给了二位皇嫂收管，把这些美女也打发到二位皇嫂身边服侍。

关羽的这种凛然大义，和他对刘备的耿耿忠心，成为后世关公文化的核心内容，不少作者依此编撰戏曲、小说等文学作品，来宣扬关羽。

五、张公祠

张公祠亦称张公庙、张飞庙，又叫包公寨，位于许昌市建安区汉魏故城西北的门道张村，西距许昌市区 18 公里。相传，此处曾是东汉许都官驿，当年刘备、关羽和张飞兄弟三人来许拜见献帝时，张飞在此居住。

猛将
张飞｜张飞（？—221）字益德①（《三国演义》作翼德），涿郡（今河北涿州）人。早年和关羽一起侍奉刘备，转战各地，在三兄弟中排行老三。建安十三年（208），曹操占领荆州，刘备南撤，被曹操紧追不放，到当阳长坂坡时，刘备抛妻弃子，狼狈逃窜，命令张飞率二十骑断后。看到曹军到来，张飞挺立桥头，瞋目横矛说："身是张益德也，可来共决死！"吓得曹军竟然无人敢前进一步，刘备因此得以免难。

赤壁之战后，刘备占领江南数郡，任张飞为宜都太守、征虏将军，封新亭侯。刘备率军进入益州，张飞与诸葛亮等将领溯江西上，占领各县。在江州（今重庆市），张飞活捉了巴郡太守严颜，张飞呵斥严颜说："大军至，何以不降而敢拒战？"严颜毫不畏惧地回答："卿等无状，侵夺我州，我州但有断头将军，无有降将军也。"张飞大怒，下令将严颜砍头。严颜却面不改色，说："斫头便斫头，何为怒邪！"张飞看到严颜是个硬汉子，随即下令释放了他。

刘备占领益州后，任命张飞为巴西太守。

曹操占领汉中，命令夏侯渊、张郃镇守汉中，为了将巴西的百姓迁移到汉中，张郃率军进攻宕渠等地，张飞率领万人与张郃交战，大破张郃部队。刘备称汉中王后，张飞被拜为右将军、假节。章武元年（即黄初二年，221），迁车骑将军，领司隶校尉，进封西乡侯。

---

① 晋·陈寿《三国志》卷三十六《关张马黄赵传》，中华书局 1959 年版，第 943 页。以下有关张飞故事的引文均引自该书。

张飞勇猛威壮，仅次于关羽，连曹操谋士程昱等人也盛赞二人是"万人之敌"，但张飞有一个非常明显的不足，即"敬爱君子而不恤小人"，也就是说，对君子彬彬有礼，而对小人却毫不客气，这样的话，那些遭到张飞怒斥、惩戒而又怀着极强报复之心的小人，就会对张飞心怀怨恨，一旦找到机会，他们就会对张飞实施报复。刘备深知张飞的这些毛病，时常告诫他说："卿刑杀既过差，又日鞭挝健儿，而令在左右，此取祸之道也。"这是告诉张飞，你用刑过于严厉，每天鞭打手下士兵，还让这些人在你身边，这是要自取祸端啊。张飞置若罔闻。很不幸的是，刘备的劝告成了谶语。

刘备率兵讨伐东吴，张飞本应该带兵万人，从阆中（今四川阆中）出发，到江州与刘备会合。临出发的时候，帐下部将张达、范强出其不意将张飞杀死，然后拿着张飞的首级，顺江而下，投奔孙权去了。一代英雄就这样死在了自己部将之手。当张飞的营都督将平时本该由张飞呈送的奏表呈送给刘备的时候，刘备立刻就意识到张飞被杀害了。

位于四川阆中的张飞祠

张飞之死对蜀汉来说是又一重大损失，关羽、张飞的相继死亡，极大地削弱了蜀汉政权的军事实力。

景耀三年（260），后主刘禅追谥张飞为桓侯。

张飞像（网络图片）

根据资料记载，张飞不仅仅是一员武将，他在书法方面也很有成就。据南北朝梁代陶弘景《古今刀剑录》记载："张飞初拜新亭侯，自命匠炼赤朱山铁为一刀，铭曰：新亭侯，蜀大将也。后被范强杀，将此刀入于吴。"[①]后来原物失传。到了明代，《丹铅总录》记载道："涪陵有张飞刁斗铭，其方案甚工，飞所书也。张士环诗云：'天下英雄只豫州，阿瞒不共戴天仇。山河割据三分国，宇庙威名丈八矛。江山祠堂严剑佩，人间刁斗见银钩。空余诸葛秦川表，左袒何人复为刘！'"[②]可见明代还保存有张飞的《刁斗铭》，而且"方案甚工"。

汉张
公祠　张飞是三国时期纵横天下的英雄，死后被葬在阆中，头颅被埋在了奉节的白帝城。但是，张飞英名远扬，深受天下人敬仰，凡是他生前走过的地方，大都有祠庙祭祀，许昌的张公祠就是其中之一。

---

① 见四库全书版《古今刀剑录》。
② 明·杨慎、王大淳《丹铅总录笺证》，浙江古籍出版社2013年版。

张公祠

明代嘉靖《许州志》记载："张飞庙，在古城西，传飞尝守此，故祀之。"①张公祠始建于汉魏时期，重修于嘉靖七年（1528）。

祠庙建于八米的高台上，坐北朝南，占地万余平方米，原有殿、堂、楼、阁、庵二十余座，现存山门、张公殿、包公殿及配殿数间。台周围有大小两寨垣，大寨南门有龙柏一株，枝繁叶茂，巍然挺立。通过甬道可以直通小寨壕沟旁边，经由五十级台阶穿过护寨桥，到达小寨门下。

张公祠院落宽敞，古木林立，雍容有气度，院内建筑中原有殿、堂、楼、阁、亭、台、庵五十余间，风格融儒释道于一体。

大寨早已被毁，小寨庙貌犹存。现存小寨山门、张公殿、三义殿、张飞井、包公殿及配殿数间，为明清时期重修，佛爷庙、天爷庙、三皇姑庙、奶奶庙等均为解放后所建。

张公祠山门

① 明·嘉靖《许州志》卷八，上海古籍书店 1961 年据天一阁本影印。

山门为青砖拱券式，所用汉砖纹饰精美，门额上青石阴刻楷书"汉张公祠"四字。

主殿四楹，分别奉祀刘备、关羽、张飞三兄弟。

包公殿为清代所建，据说，清嘉庆九年（1804）许州知州包敏外出巡视张潘故城村，见张飞庙规模宏大，相比之下，自己老祖宗的包公庙寒碜多了，心中十分不平，便下令将包公祠内的包公像抬到张公祠里供奉，就这样，张公祠又同时成为"包公祠"，当地人又称其为包公庙。清咸丰九年（1859），在庙周围筑土寨，又称包公寨，寨门匾额题"仁义寨"。包公寨今已不存，只留有遗址。

重修汉司马张公祠碑

在张公祠内，有一通《重修汉司马张公祠碑》，明嘉靖年间镌立，碑高 2 米，宽 0.65 米，厚 0.17 米，圆首方座，正字楷书，保存完好。碑额上雕刻张飞坐像，碑文对张飞的勇猛智慧和品行义举予以高度评价与真挚颂扬。

虽然张公祠部分建筑已被毁坏，但祠内有五处遗迹甚为特异，而且仍保存完好。

三姓奇柏　"三姓柏"是张公祠的第一奇。

在张公祠南门外大约一百米处，有一棵古树，硕大苍劲，主干直径达 0.6 米。主干是一棵树，但是枝丫却变成了三种树木，即松、柏、桧，三个树种同干共生，枝丫环抱，亲密无间。据说，东汉末年，刘备、关羽、张飞三兄弟到许都拜见献帝时，曾经在此树下拴马休息，因此，此树是刘关张三兄弟桃园结义的象征，被称为"三姓柏"。

"三姓柏"在上世纪八九十年代时还枝繁叶茂，后来保护不当，逐渐干枯。虽然已经枯死数年，但当地百姓并没有把它移除，仍然按照原来的样子保护起来，甚至连树下"三姓柏"的标识牌都完好如初，可见百姓内心对它久已积存深深的敬仰之情。如今看到这棵历经沧桑、虽然没有了生命却依然高傲不屈、顽强矗立的古柏，令人仿佛回到了金戈铁马、沧海横流、英雄辈出的三国时代。

昔日枝繁叶茂的"三姓柏"如今已经枯死

（左边照片为当地一女士给作者提供，右边枯树照片为作者 2023 年春拍摄）

| 风雨 |
| 奇石 | 第二奇是庙门墙壁镶嵌的"风雨石"。

在张公祠山门内东西墙壁上，各嵌有一块青石，东面墙壁上的为雨石，长 85.7 厘米，宽 74 厘米；西面墙壁上的为风石，长 63.5 厘米，宽 47 厘米。二石具有预测阴、晴、风、雨的功能。

从表面上看，风石斜长纹理明显，犹如狂风呼啸，而雨石则平静如水，点点凹凸就像雨洒沙滩。据说每当雨石表面有水珠凝结，用手抚摸感觉到湿漉漉时，第二天就会下雨；如果表面光滑干燥，第二天就会是晴朗无比的天气。当风石表面变得暗淡的时候，第二天就会刮风；石面上如果明朗如常，第二天就会风和日丽。

这两块神奇的石头被当地百姓奉为至宝，流传有"欲知风雨事，且看风雨石"的谚语，又在张飞庙内，认为是张飞显灵所赐，称其为"张飞风雨石"。

张公祠内的风石、雨石

珍奇
汉砖　张公祠的第三奇为奇特、精巧的庙门建筑。从庙门看，张公祠是寨，又是洞门，还是山门，上面是门楼，又是戏楼。

张公祠的第四奇为张公殿前明清时期所立的两通地震碑，详细记载了明清时期许昌发生的两次地震，包括发生时间、震感、破坏程度等，是研究许昌地震灾害的珍贵资料。

张公祠的第五奇为奇特的汉砖，张公祠内有约四千块汉砖，每块汉砖的图案竟然都不相同，花、草、虫、鱼、云、龙、鸟、兽等图案条纹精美，具有重要价值。

张公祠 2001 年被许昌市人民政府公布为市级文物保护单位。

【链接】学术探讨：张飞妻子的"本郡"是哪里？

张飞的妻子是夏侯渊的侄女。《三国志·夏侯渊传》裴注引《魏略》云：

初，建安五年，时霸从妹年十三四，在本郡，出行樵采，为张飞所得。飞知其良家女，遂以为妻，产息女，为刘禅皇后。[1]

夏侯霸是夏侯渊的二儿子，夏侯霸的"从妹"亦即堂妹，就是夏侯渊的侄女。

那么，这里的"本郡"指哪里？夏侯渊是沛郡谯县（今安徽亳州）人，因此，很容易理解为沛郡。但是，建安五年（200）张飞是否也在沛郡？如

———————————
[1] 晋·陈寿《三国志》，中华书局 1959 年版，第 273 页。

果答案为是，那么"本郡"定是沛郡无疑。

所以此时张飞所在的位置就是问题的关键。

1. 建安五年（200），张飞在哪里？

《三国志·张飞传》载：

> 先主从曹公破吕布，随还许，曹公拜飞为中郎将。①

曹操破吕布在建安三年（198），刘备、张飞跟随曹操来到许都。

《三国志·先主传》载：

> 五年，曹公东征先主，先主败绩。曹公尽收其众，虏先主妻子，并禽关羽以归。②

此事发生在官渡之战前，刘备失败后，逃到袁绍处，关羽被曹操俘虏带回了许都。

两相对照可知，建安五年，张飞在许都。

因此，"本郡"应该是指许都所在的颍川郡。张飞是在颍川郡遇到了外出"樵采"的夏侯渊侄女，两人结为夫妻。

但是，还有值得怀疑的地方，即：夏侯渊是沛郡人，他十三四岁的侄女怎么会来到颍川郡呢？

2. "霸从妹"此时是否也在颍川郡？

《三国志·夏侯渊传》载：

> 太祖起兵，以别部司马、骑都尉从，迁陈留、颍川太守。及与袁绍战于官渡，行督军校尉。③

由此可知，夏侯渊在官渡之战前任颍川太守。颍川郡的郡治在阳翟（今河南禹州），当时的许都归颍川郡管辖。

那么，夏侯渊在颍川郡，其侄女在哪里呢？是跟着夏侯渊生活还是在老家沛郡谯县？

---

① 晋·陈寿《三国志》，中华书局 1959 年版，第 943 页。
② 晋·陈寿《三国志》，中华书局 1959 年版，第 875 页。
③ 晋·陈寿《三国志》，中华书局 1959 年版，第 270 页。

《夏侯渊传》"夏侯渊字妙才，惇族弟也。太祖居家，曾有县官事，渊代引重罪，太祖营救之，得免。"裴注引《魏略》说：

> 时兖、豫大乱，渊以饥乏，弃其幼子，而活亡弟孤女。[1]

这则资料很重要，夏侯渊放弃自己的儿子，救活了没了父亲的侄女，这个侄女是不是上文中"霸从妹"，亦即张飞的妻子，没有资料可以证明。

那么，我们从这则资料提供的信息入手，看是否可以证明夏侯渊的这两个侄女为同一人。如果是，说明夏侯渊救活了侄女后，因其为"孤女"，就有可能一直跟着夏侯渊生活。夏侯渊任职颍川太守，这个"孤女"侄女就可能也在颍川郡，才更有可能遇到张飞，成为张飞的妻子。

3. 张飞的妻子是不是夏侯渊所救的这个"孤女"侄女？

张飞妻子在建安五年的时候是十三四岁，也就是说，生于灵帝中平三、四年（186、187）间。

那么，"兖、豫大乱"之"时"是什么时间？这个孤女幼年的时候有没有"兖、豫大乱"，甚至是饿死人的现象出现？

夏侯渊救这个侄女的时候，侄女的年龄应该比较小，是不容易救活的年龄，所以他才舍弃了自己年幼的儿子救活（养育）了侄女。如果年龄大了，自然就不容易夭折。

假设这个侄女被夏侯渊救活的时候有六七岁（193—194）或更小的二三岁（188、189），我们来看看这个时间段有没有"兖、豫大乱"，以至于粮食极度匮乏、幼年的孩子即被饿死的现象。

《后汉书·灵帝纪》：

> （中平五年，188）夏四月，汝南葛陂黄巾攻没郡县。……六月丙寅，大风。……郡国七大水。……十一月，……遣下军校尉鲍鸿讨葛陂黄巾。[2]

① 晋·陈寿《三国志》，中华书局1959年版，第270页。
② 南朝·宋·范晔《后汉书》，中华书局1965年版，第355-357页。

汝南郡为豫州。

（中平六年，189年夏四月）雨水。①

（九月）自六月雨，至于是月。②

《后汉书·献帝纪》载：

初平元年（190）春正月，山东州郡起兵以讨董卓。……白波贼寇东郡。③

（初平二年，191）十一月，青州黄巾寇太山，太山太守应劭击破之。④

（初平三年，192）青州黄巾击杀兖州刺史刘岱于东平。东郡太守曹操大破黄巾于寿张，降之。⑤

其中，太山（即泰山）、东平、东郡、寿张均在兖州。

（初平四年，193）十二月辛丑，地震。⑥

（兴平元年，194年夏六月）丁丑，地震；戊寅，又震……大蝗。⑦

（秋七月）三辅大旱，自四月至于是月。……是时谷一斛五十万，豆麦一斛二十万，人相食啖，白骨委积。帝使侍御史侯汶出太仓米豆，为饥人作糜粥，经日而死者无降。⑧

上述灾害频发，云其"兖、豫大乱"，以至于饿殍遍野毫不为过。

按最晚的献帝兴平元年（194）计，夏侯渊的侄女为七八岁，也符合"幼年"之说。

可见，夏侯渊所救的这个侄女，很可能就是夏侯霸的堂妹，也就是张

① 南朝·宋·范晔《后汉书》，中华书局1965年版，第358页。
② 南朝·宋·范晔《后汉书》，中华书局1965年版，第359页。
③ 南朝·宋·范晔《后汉书》，中华书局1965年版，第369页。
④ 南朝·宋·范晔《后汉书》，中华书局1965年版，第372页。
⑤ 南朝·宋·范晔《后汉书》，中华书局1965年版，第372页。
⑥ 南朝·宋·范晔《后汉书》，中华书局1965年版，第375页。
⑦ 南朝·宋·范晔《后汉书》，中华书局1965年版，第376页。
⑧ 南朝·宋·范晔《后汉书》，中华书局1965年版，第376页。

飞的妻子。这个侄女被夏侯渊救活后一直跟随夏侯渊生活。

此外，尚有两个相关问题。

其一，何谓"良家女"？

所谓"良家女"，是指家庭出身良好、背景清白，不论贫贱，没有任何犯罪记录的家庭所生的女儿。《汉书·杜钦传》载：

自上为太子时，以好色闻，及即位，皇太后诏采良家女。①

汉元帝时，"元帝以后宫良家子王嫱字昭君赐单于"，② 说明"良家女"也是皇室采集宫廷所需女子的条件。

夏侯渊当时是颍川太守，属于官宦家庭，跟随其生活的侄女被称为良家女没有任何问题。

其二，颍川太守的侄女还需要外出"樵采"吗？

所谓"樵采"就是采集柴草，用于烧火做饭、取暖等。

应该说，生活在颍川太守的家庭中，是不需要去"樵采"的，但是夏侯渊的这个侄女因为是寄人篱下，可能会有自食其力的意愿才去"樵采"的。当然，这只是推测。至于"樵采"的地点，应该是其生活的家庭附近，亦即当时的许都周围。

颍川郡治阳翟，夏侯渊的侄女为何会在许都附近？

当时的颍川郡治是阳翟，但是以献帝、曹操为首的政治集团活动在许都，也就是说，许都才是政治中心，夏侯渊任职颍川太守而生活在许都也是完全正常的。

结论：早年夏侯渊所救活的这个侄女，建安五年（200）的时候，跟着任职颍川太守的夏侯渊生活在颍川郡（许都），当时有十三四岁，她外出"樵采"时，被跟随刘备正在许都生活的张飞遇见，张飞知道其为"良家女"，便娶为妻子。

---

① 汉·班固《汉书》，中华书局1962年版，第2667页。
② 汉·班固《汉书》，中华书局1996年版，第3808页。

六、文丑庙

文丑庙位于河南省禹州市鸿畅镇寨子贾村，村东头为文丑庙，而村南有文丑墓。

**勇武
将帅** 文丑（？—200），袁绍大将，在袁绍与曹操争霸中被杀。在《三国志》和《三国演义》等故事中，文丑常与颜良并提。

曹操迎天子都许后，势力逐渐强大，袁、曹矛盾也渐趋激化。袁绍为了巩固自己在北方的势力，与曹操展开争夺，除了将少子袁尚留在身边之外，让长子袁谭出任青州刺史，次子袁熙出任幽州刺史，让外甥高干出任并州刺史，这样安排是"欲令诸儿各据一州也"[1]。以审配、逢纪统领军事，田丰、荀谌、许攸为谋主，颜良、文丑为大将，挑选十万精兵、一万骑兵，准备进攻许都。

建安五年（200）二月，袁绍带兵进军黎阳（今河南浚县），派遣郭图、淳于琼、颜良进攻驻守白马（今河南滑县旧县东）的东郡太守刘延。四月，曹操率军救援刘延，荀攸劝曹操分散袁军主力，轻兵进攻白马。没有防备的颜良见曹操突然袭击，匆忙应战。曹操派遣张辽、关羽为前锋，关羽勇斩颜良，解白马之围。

曹军沿河西去，驻军于延津南，袁绍又渡过黄河追击，派遣刘备、文丑挑战曹军。

曹操见袁军追来，令部队解鞍下马，将辎重弃置路边，引诱袁军。这时，作为骑兵大将的文丑与刘备一起，带着五六千骑兵先后来到。看到辎重，袁军纷纷争抢。这时，曹操果断下令袭击，结果只有五六百人的曹军大败袁军，文丑也在这一战中被杀。文丑和颜良都是袁军著名将领，连续

---

① 晋·陈寿《三国志·魏书·袁绍传》，中华书局1959年版，第194页。

两战损失两员大将，袁军十分震恐。① 这是官渡之战前的一次战斗，对袁军是一次重大打击，"绍军夺气"②，又似乎是一场预演，预示着接踵而至的官渡之战的胜负。

颜良、文丑接连被杀，对袁绍的打击很大，早在关羽"温酒斩华雄"之前，华雄连斩联军数将，袁绍曾感慨说："可惜吾上将颜良、文丑未至，得一人在此，何惧华雄!"③ 可见颜良、文丑在袁绍心目中的位置。

历史迷雾 历史上，文丑是不是被关羽所杀？

无论是《三国志》还是《资治通鉴》，都没有记载文丑是被关羽所杀。《三国志·武帝纪》载："绍于是渡河追公（曹操）军，至延津南……绍骑将文丑与刘备将五六千骑前后至……（曹操）遂纵兵击，大破之，斩丑。良、丑皆绍名将也，再战，悉禽，绍军大震。"④ 据该段文字记载，颜良确实是被关羽所杀，但是文丑之死，只是说被曹军所杀，并未提及关羽。

《三国志·关羽传》在记述关羽斩颜良时，详细记录了整个过程，而只字未提诛杀文丑之事，也说明文丑被杀与关羽无关。

《三国志·徐晃传》记载这次事件时说："（徐晃）从破刘备，又从破颜良，拔白马，进至延津，破文丑，拜偏将军。"⑤ 这里，同时记载了徐晃参与"破颜良"和"破文丑"的战斗，但很明显，颜良不是被徐晃斩杀，那么，文丑也就不会是被徐晃所杀。

司马光《资治通鉴》的记载也大体与《三国志》相同："绍骑将文丑与刘备将五六千骑前后至……有顷，骑至稍多，或分趣辎重，操曰:'可矣.'乃皆上马。时骑不满六百，遂纵兵击，大破之，斩丑。丑与颜良，皆绍名

---

① 事见晋·陈寿《三国志》之《袁绍传》《武帝纪》《关羽传》等。
② 宋·司马光《资治通鉴·建安元年》，中华书局1956年版，第2027页。
③ 明·罗贯中《三国演义》第五回，人民文学出版社2005年版，第43页。
④ 晋·陈寿《三国志·魏书·武帝纪》，中华书局1959年版，第19页。
⑤ 晋·陈寿《三国志·魏书·徐晃传》，中华书局1959年版，第528页。

将也，再战，悉禽之，绍军夺气。"①

但是，在三国故事流传过程中，逐渐发生了变化。因为文丑是袁绍名将，又是在关羽斩杀颜良之后被杀，后世在演绎三国故事的时候，就把文丑被杀的功劳也记录在关羽头上。这样做，既可以使故事更加精彩，也可以让人物更加集中，所以流传开来之后，"关羽斩颜良诛文丑"成了家喻户晓的三国故事。

较早把关羽"斩颜良诛文丑"合并起来说的，是宋代洪迈，他在《容斋随笔》中说："关羽手杀袁绍二将颜良、文丑于万众之中。"②

到了宋元时期的《三国志平话》，已经把故事改为关羽斩杀文丑。袁绍任命颜良为大元帅，立文丑为典军校尉，进攻曹操。但关羽力斩颜良，袁绍大怒，迁怒于刘备。这时，文丑主动请缨，要为颜良报仇。"文丑引军前行，与曹军对阵。文丑叫曰：'胡汉出马！'关公不打话，便取文丑。交战都无十合，文丑败，拨马走。关公怒曰：'焉能不战！'急追三十余里，至渡口，名曰官渡。至近，关公轮刀，关公诛文丑，觑文丑便砍，连肩卸膊，分为两段。文丑落马死。曹相引众军杀袁绍军，十死七八。败军回见袁绍，具说关公杀了文丑。袁绍大惊：'去吾二臂！叵耐刘备故言关公不知所在，今损吾二将！'"③这里将颜良、文丑称为"二臂"，虽为小说，实际上也是袁绍发自内心的想法。

明代小说《三国演义》在改编此段故事的时候，直接改编为关羽斩文丑，也使文丑的故事更加丰满。

在《三国演义》中，文丑的表现十分精彩。《三国演义》第一次提及文丑，是在前述袁绍的感慨。之后，文丑屡立战功。孙坚私下藏匿玉玺，却被袁绍看破，袁绍与孙坚气急之下，拔刀相向，文丑与颜良见状，都拔剑出鞘，一身虎胆。在袁绍夺取冀州的时候，公孙瓒别驾关纯和长史耿武要

---

① 宋·司马光《资治通鉴·建安元年》，中华书局 1956 年版，第 2027 页。
② 宋·洪迈《容斋随笔》中华书局 2005 年版，第 353 页。
③《三国志平话》，上海古籍出版社 1994 年版，第 56 页。

刺杀袁绍，被文丑和颜良斩杀。文丑跟随袁绍参与磐河大战，文丑"策马挺枪，直杀上桥。公孙瓒就桥边与文丑交锋。战不到十合，瓒抵挡不住，败阵而走。文丑乘势追赶。瓒走入阵中，文丑飞马径入中军，往来冲突。瓒手下四员战将，一齐迎战；被文丑一枪，刺一将下马，三将俱走。文丑直赶公孙瓒出阵后，瓒望山谷而逃。文丑骤马厉声大叫：'快下马受降！'瓒弓箭尽落，头盔堕地；披发纵马，奔转山坡；其马前失，瓒翻身落于坡下。"①正当文丑举枪欲刺公孙瓒之时，遇到赵云前来相救。文丑又与赵云大战，由于两人都十分勇武，大战五六十回合却难分胜负。这时，公孙瓒援军赶到，两人各自罢手。在这里，文丑的表现极其英勇，面对强大的对手奋勇拼杀，勇不可挡。正如孔融对荀彧分析袁、曹对峙形势时所称赞的那样："颜良、文丑，勇冠三军。"②尽管荀彧嗤之以鼻，回答说："颜良、文丑，一夫之勇耳，可一战而擒也。"③但是，文丑的表现确实是可圈可点。官渡之战前，袁绍发布檄文，叱骂曹操，任命文丑为将军。官渡之战时，颜良被杀，文丑要为颜良报仇，被曹军打败，文丑退跑之时，被张辽、徐晃率军追赶，文丑瞅准时机，射伤张辽战马，又战败徐晃，取得了撤退途中的胜利，可谓临危不惧，智勇双全。最终，因为所骑战马没有关羽的赤兔马迅捷，被关羽追上杀死。

历史
印痕　寨子贾村有文丑墓和文丑庙。

寨子贾村处于磨石山与西峰山之间，地势低洼，东西狭长，南北窄短。这里距离文丑战死之地白马（今河南延津）十分遥远，文丑怎么会被安葬在这个地方呢？

据说，文丑战死之后，其后代将其尸首运到此处安葬，还建庙祭祀，文丑后人也筑寨定居下来。寨子贾村原名文家寨，就是因为文丑后人在此

---

① 明·罗贯中《三国演义》第五回，人民文学出版社2005年版，第56页。
② 晋·陈寿《三国志·魏书·荀彧传》，中华书局1959年版，第314页。
③ 晋·陈寿《三国志·魏书·荀彧传》，中华书局1959年版，第314页。

居住的原因。

之所以认定该村为文丑战死、后人为之立庙之地，除了本村原名为文家寨之外，还有几个关键的地名，这些地名串联起来，很好地解释了文丑生前死后的基本过程。这几个地名是：老关营、白马坡、颜里、马坟、马血蹄、晃甲庙、歇马岗（又叫黑马岗）、擂鼓庙等。

白马坡是村南的一个大土坡，呈簸箕状，东高西低，方圆百亩。当地传说，这个地方就是当年文丑与关羽交战之处。也有传说，白马坡是文丑被关羽误杀的地方。说是刘备知道关羽在许都，就派颜良、文丑给关羽送信。当时关羽率军驻扎在许都西南的老关营（今禹州市小吕乡老关营），而颜良、文丑都是狂妄自大之人，就妄称是来捉拿关羽的。关羽十分生气，便与二人厮杀起来。二人抵挡不过，骑马向西南逃命。关羽追到白马坡，追上了文丑，先将文丑的白马马蹄斩掉，又手起刀落，将文丑斩于马下。关羽继续追赶颜良，追上颜良之后也将颜良杀死，后人将颜良被杀的地方叫颜里（今属郏县的一个地方）。

杀死文丑之后，关羽从文丑身上发现了刘备写给关羽的书信，关羽十分后悔。无奈，文丑已死，关羽只好厚葬文丑，给文丑建造了巨型墓冢，还安排文丑的家人来守墓。时间久了，人们就称文丑后人居住的地方为文家寨。①

关羽不仅给文丑、颜良建了墓冢，还给文丑的白马建造了马坟和马血蹄，以示纪念。

此外，距离白马坡不远有一个小庙叫做晃甲庙，据说是关羽斩杀文丑的时候，在此勒马晃动铠甲以示威武，后人为纪念此事而立庙。此庙直到民国末年才被毁掉。在白马坡西边半里地的地方，有一个大土丘名叫歇马

① 有关传说部分的资料采自：1. 贾国忠《关公斩颜良诛文丑之地，原来在咱禹州寨子贾》，见公众号《老家许昌》2017 年 6 月 15 日。2. 贾夫立《奇闻：河北名将文丑为何被关羽厚葬于许昌此村》，见公众号《老家许昌》2022 年 4 月 27 日。3. 其他网络文章，说历史的女人 2017 年 9 月 28 日文《关羽并没斩文丑，文丑死后墓穴灵验，成此寨保护神，吓退土匪》等。

岗（又叫黑马岗），说是当关羽与颜良、文丑交战时，张飞也赶来观战助阵，在此处停留歇息，所以叫歇马岗。歇马岗前面还有一个擂鼓庙，庙前有两面石鼓，高三尺、重千斤，是张飞给关羽擂鼓助阵的地方。因为后人经常在此处听到战鼓雷鸣，就建庙纪念。此庙毁于二十世纪五十年代，而两面石鼓在"文革"前还有。

实际上，关羽与文丑交战的白马坡不在此处，这样的说法应该是后人根据文丑墓和文丑庙演绎出来的。反过来看，有文丑墓、文丑庙和白马坡等地名，似乎可以印证文丑墓的真实性。

古寨
奇闻 | 明朝末年，文姓逐渐衰落，从邻近的郏县迁居而来的贾姓渐渐兴旺起来，村名也改为寨子贾村。

文丑是袁绍大将，埋葬于此受到了敬仰，当地人称呼他为文丑爷，逢年过节都要烧香祭祀，表达敬意，并祈求文丑的庇佑。当地传说，文丑曾经多次显灵保佑百姓。清末民初时候，军阀混战，土匪横行，到处烧杀抢掠，饿死的人、被杀的人，到处都是。而寨子贾村却平安无事，就是因为文丑在保佑大家。曾经有一个传得神乎其神的故事，说一伙土匪连续抢劫了几个村庄，当他们到达寨子贾村时，听见村子里战马嘶鸣，看见到处灯火辉煌，这伙土匪以为村子里有军队驻守，便绕村而过。实际上这是文丑显灵，将土匪吓唬跑了。还有一次，几个土匪化妆成做生意的，要绑架寨首的儿子，寨首的儿子跑到了一个胡同里，眼看无处躲藏时，一个黑脸武将出现，用手中的大刀轻轻将寨首的儿子托到了一丈多高的房坡上，土匪们吓得拔腿就跑。这个武将就是文丑。有一个在寨子贾村家喻户晓的真实故事，说是民国十四年四月，匪首魏国柱带着一千多人的土匪队伍，接连抢劫了坡街、鸿畅等寨子之后，向寨子贾村进发。寨子贾村的寨首梦见文丑向其发出警告，寨首立刻惊醒，急忙去做准备。第二天，寨首带领大家在寨墙上安装好土炮，想趁着土匪尚未进攻过来时试试土炮的威力，大家将大炮向北发射，结果土炮哑了，又向西南发射，土炮连续两炮成功，轰隆隆的炮声震耳欲聋。让谁也没想到的是，这两发试射的炮弹，正好落在刚刚冲击过来的土匪队伍里。突然遭受伤亡的土匪见状，立刻下令撤退，寨子贾村免遭了土匪洗劫。这神奇的抗匪战斗，让寨子贾村的村民再一次看到了祖先文丑的灵验。

建庙
祭祀 为了感谢文丑对村民的庇佑，民国十四年（1925）大家共同出资在村东高岗上给文丑修建了一座文丑庙，世世代代敬奉文丑。

文丑庙坐北朝南，为两间瓦房，砖石结构，长约七米，进深约三米。顶棚采取了传统的五脊六兽形式，装饰以各种动植物图案。室内青砖铺地。文丑像端坐主位，头戴缨盔，身披战袍，手握大刀，身材魁梧，威风凛凛。文丑周围墙壁上绘制的是千奇百怪的神仙妖魔。

庙前抱厦也为砖石结构，与主殿一样，装饰着各种花鸟图案。抱厦内立有一通石碑，镌刻着修庙时间、原因、建造者及捐款者的姓名等事项。

近年来，因民房增多，村庄扩大，文丑庙已被圈至村内。

墓中
珍宝 文丑墓位于村子南边，据说是道光年间修建的，距文丑庙约有三百米的距离，为一个大冢子，高约十米，周长约七十米，犹如一座大土山。正因为又高又大，才能在上面躲避洪水。据说民国时期的一个夏天，洪水突袭，村里到处都被水淹没，只有文丑墓平安无恙，大家纷纷来到文丑墓避水，可见文丑墓冢的高大。

据说原来的文丑庙就建在文丑墓上，文丑像是神胎也是"血胎"，即用文丑的血掺进泥土塑成文丑像，因为此种血胎非常珍贵，所以经常遭人偷盗，甚至还被郏县人偷走藏在县城的城门楼之内，村民知道后几经周折，还花了不少钱财，才将血胎要了回来。后来，为了避免再次被盗，村民便在墓冢上挖了个深坑，将血胎埋在了墓冢里边。

文丑墓本来保存得还算完好，墓冢巨大，占地数亩。但是，"文革"期间，大搞农田水利建设，村民就把墓冢的土挖走烧制砖瓦，最终把墓冢挖成了一个大坑。

在挖坑取土的时候，从里面挖出来不少文物，有铁剑、铁灯盏、石蛤蟆等。在墓冢地面以下两米处，有三道青石门，石门有一米多高、两米多宽。三道石门的门楣、门扇上，刻着各种花鸟虫鱼图案，还有一些无法识别的文字。

三道石门之后才是墓室，墓室用大青砖砌成，东西长约三米，南北宽约二米，高约二米。墓室被砖土填满，清理时，清理出了一个瓦缶(陶罐)，里面装有几十枚小铜钱，瓦缶上放置着一个重达几十斤的石雕大蛤蟆，蛤蟆的头上放着一个一斤多重的铁灯盏。可惜的是，这些东西后来要么被毁坏、变卖，要么丢失，不知所终，现在流传下来的只有几块青石板和铁灯盏。当时的破坏不仅如此，白马坡里的马坟、马血蹄两处古迹也因为分田到户毁掉了。

据说文丑墓在专家发掘之前曾经被盗，说是盗墓贼从墓室内盗走了许多钱财，正当他们高兴时，突然看到一个巨大的人头，盗墓贼吓得魂飞魄散，赶忙逃出去了。后来再也没有盗墓贼敢盗掘文丑墓了。实际上，这只是个传说，二十世纪六十年代，有学者到各地寻找文物、古迹时，听说了文丑墓的存在，勘测后确认是汉末的一座古墓，试发掘中，在三米土层下，发现了破碎的陶壶和有各种花纹的砖瓦，学者们认定这就是汉砖。但当专家发掘文丑墓时，并未发现盗掘的痕迹，说明从未有人进到过墓室。因此，人们推测，所谓盗墓贼看到的巨大人头，应该是当地人为了保护文丑墓而故意散播出来的消息。或许也正因如此，文丑墓才从未遭到盗挖。

有意思的是，在全国各地，甚至是世界上华人居住的地方，人们将关公视为顶礼膜拜的神灵，到处都有祭拜关羽的关公庙，而祭拜被关公杀死的文丑的庙宇大概只有这一处了。

七、许昌各村落关庙

许昌境内现存的关庙，除了前述灞陵桥关帝庙之外，尚有为数众多的各地村落关庙，这些关庙修建、复建时间不一，规模大小各异，但都反映了一个共同问题，就是关公崇拜。

1. 禹州市坡街关王庙大殿

坡街关王庙大殿位于禹州市文殊镇坡街村坡街中学院内，2013 年 5 月被国务院公布为全国重点文物保护单位。

该建筑为元代建筑，建于元至正十一年（1352），是许昌市发现的唯一元代建筑，也是河南省发现的第一座有准确建造日期的元代砖木结构建筑，在我国古代建筑研究领域具有重要意义。

据传，坡街关王庙原来具有相当的规模，占地二十余亩，庙宇气势宏伟，从前到后依次为山门、神道、大殿等建筑，两旁有配殿。

山门前为青石台阶，台阶两边有两只高大威猛的石狮，东边的石狮张着大口，怒目而视，西边的石狮则闭口而立。两只狮子的外侧分别矗立着一根八棱石碑。

关于关王庙的这只闭口石狮还有一个神奇的传说。说是有一个夜晚，这只狮子自己跑到了七里之外的火龙镇关帝庙村，村外有一条深沟，这只狮子跑到深沟旁边时，听到了雄鸡啼鸣，这也就意味着天亮了，这只狮子就停留在深沟边。第二天，坡街人跟随狮子留下的足迹，找到了它，就把它拉回来了。谁也没想到，第二天晚上，这只狮子又跑了，依然跑到了第一天晚上停留的地方。坡街人再次把这只狮子拉回来。但是，第三天晚上，狮子第三次"出逃"。坡街人感到十分奇怪，就遂了狮子的意，不再拉它回来。至于说这只狮子为何要半夜出逃，直到现在仍然是个谜。

再往前走，是面阔三间的过屋，屋内东西两边分别站立着一红一白两匹高头大马，红马昂首挺胸，鬃毛飘逸，一副腾空而起的态势；白马悠然站立，神态自若。关于这两匹马，也有一个耐人寻味的故事。传说有一天，在关帝庙后面的麦田里，麦田的主人发现麦苗被牲畜啃食了，十分生气，他拿着长矛，暗中一连观察了几天，在一个漆黑的夜晚，发现是两匹马来啃食麦苗，麦田主人举起长矛，用力刺中了其中一匹马的屁股。马因疼痛长啸而去。第二天一早，麦田主人顺着马匹留下的血迹，追查到了关帝庙里。他发现庙里白马的臀部有一个窟窿，立刻知道是怎么回事了。于是，他就用泥巴试图把这个窟窿涂上，但涂了几次也没成功。到了第二年，人们发现，凡是被白马啃食过的麦苗，都长得非常旺盛。麦田主人见状，知道是这两匹马在帮助自己，懊悔不已。

穿过过屋，是一个院落，院落内有一个八卦台，台内生长着一株老槐树，这棵槐树枝繁叶茂，树干粗壮，七八个人都难以合抱。根据民间"唐槐宋柏"的说法，村里老人推测，这棵树应该是唐朝时种植的。这棵老槐树一直生长到上个世纪五十年代。1953年，村里办学缺少课桌，就从长葛请来了伐树的人，因为老槐树实在太大，在当年全靠手工砍伐的情况下，他们一开始也感觉无从下手，后来他们想到了办法：先把老槐树的枝叶砍掉，然后用大锯直接把大树锯成木板，这才最终把大树伐倒。有了这棵大树，村里孩子们上课用的桌椅板凳就都有了。

槐树旁边还有一通蛟龙碑，据说碑上还有"圣旨"二字，可惜早已失传。

穿过院落，就是庙宇的主建筑关王庙大殿及其月台，也是整个庙宇目前仅存的建筑。

大殿建于高六七十厘米的高台之上，坐北朝南，面阔三间，9.56米，进深 8.62 米，平面近于方形。室内结构为三梁起架，也就是纵深也为三间房屋的结构。因此，整个大殿外观是三间房屋，实际上是九间房子。

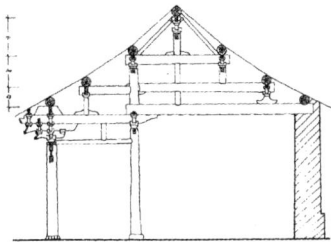

房屋架构示意图 ①

大殿为硬山建筑，风格古朴，墙体由青砖砌成，灰瓦屋顶，屋脊饰以琉璃。屋脊两端的琉璃脊筒上，装饰的是两条黑白相间的巨龙。依次向内，琉璃脊筒上的图案各不相同，有双凤、飞马、麒麟、奔鹿等珍禽异兽，活泼灵动，栩栩如生。

由于绿色琉璃釉剥落严重，一些图案已经无法辨识，另有一些图案明显为后人所补。根据王国奇等人的调查，可辨识者主要有："第一幅一人骑于飞奔的战马之上，转身向后，双手举一长矛，作回马出枪之势。第二幅为两人搏杀，其中一人左手执棒，右手拿盾牌状兵器，双腿叉开；另一人所执兵器难辨，身旁置一圆形物，系带，圆形物下边放两根一端为球状的短棒，这些可能为战鼓之属。第三幅为两人搏杀，其中一人左手举过头顶，所执兵器不可识，右手执一盾牌状物；另一人双手握一杆尾饰龙首的长矛。第四幅为一匹奔跑的战马，作回首状，背上似伏一人。第五幅在第四幅两侧，分别雕有仰莲和卷草图案。第六幅在脊的背面，雕有龙和凤凰图案，均残。"②

在河南明清建筑脊饰中，龙凤和卷草图案非常普遍，而骑乘搏杀的内容则极为少见。关王庙大殿兼有二者，尤其是其中骑乘搏斗图案，格调上

---

① 王国奇、牛宁《禹州市关王庙大殿调查记》，《中原文物》1990 年第 1 期。
② 王国奇、牛宁《禹州市关王庙大殿调查记》，《中原文物》1990 年第 1 期。

完全同元代作品一致，但在河南现存的其他元代建筑中尚未发现。

屋脊正中为一琉璃宝瓶，瓶口有一标识风向的小风车，在风力带动下哗哗作响，给人以耳目一新之感。

在两山墙的四面脊坡上，镶嵌着形象各异的人兽佣。人佣被称为"八大金刚"，他们或龇牙咧嘴，或怒目圆睁，或高翘胡须，或手舞利刃，或高举铁锤，惟妙惟肖。兽佣形态怪异，有舞鳍欲飞的龙鱼，有昂首疾驰的骏马，有双脚蜷曲、似羊似鹿的怪兽等。

这些人兽佣古朴美观，玲珑生动，充分展示了制作者异乎寻常的想象力和巧妙高超的制作技艺。

大殿屋顶前坡正中位置，所使用的琉璃筒瓦黄绿相间，拼接成了不同的菱形图案，给整个大殿古朴的风格点缀了一抹亮丽的色彩。

大殿内东西两边有两根木柱，东边一根木柱为荆木，西边一根为枣木，均为质地坚硬、经久耐用的木材，由自然弯材略作加工而成。两根木柱都有直径三四十厘米粗，尤其是荆木柱，如此巨大的荆树木实属罕见。

大殿前面屋檐为三重斗拱结构，展示了古代建筑精致、巧妙等突出特色。在梁头下方，有四根荷花底座的石柱，其中两端两根为红石柱，均镶嵌在山墙内；左侧檐柱自下而上雕有抱子母狮、荷叶、升龙和卧牛，右侧檐柱自下而上雕有狮子抱球、牡丹、升龙和小兔。柱的两侧窄面有线刻的云纹、卷草和圆环纹做边饰，两脚柱大部封于墙内，露于

外者无雕刻图案，但东端一根红石柱上端刻有铭文："孙阳保蒙古人毛伯颜，施坡下保关王庙石柱一根，伏望家眷康宁，本保张彦实、刘彦成、李三施后檐石柱三条。"①坡下保是元代坡街的名称，由此可见该庙宇的建造时间至少是在元代。中间两根石柱为四面体青石柱，正面呈椭圆形，雕刻有多种图案，有翘首的蛟龙、绽放的莲花、游动的鱼儿、望月的玉兔以及卧地休息的老牛等，图案生动形象，线条流畅，极具艺术美。大殿的架梁、斗拱等结构和做法绝大部分保留了元代建筑的特点。

大殿正中供奉的是关公，两旁侍立着关平、周仓。大殿左侧是黑龙庙，供奉的是龙王爷，主司风雨，为农业带来好收成；大殿右侧是老奶奶庙，主司送子，为世人带来绵延不断的香火。在东西两侧厢房内，供奉着财神、土神、火神等各路神灵，保佑百姓平安。

更为重要的是，在大殿和黑龙殿之间的神道右侧，刻有大殿建造和历代修复的文字，记载了关王庙的变迁史。在琉璃脊东端正面一块靠近大吻处，嵌有一块36厘米×32厘米的琉璃，上沿贴上弧形边饰，下部阴刻铭文："右仰修理起盖之后新，四时风调雨顺，保八方国泰民安，上下□□各赐吉祥，攻办使众普保安康。大元国至正十一年秋七月吉日。琉璃匠三信。"背面刻为"小郝四、小曹五、曹三、常居卿、常斌卿、常保新、程六、李振大"等人名。这是一个重要的时间标识，为后人了解、研究关王

---

① 王国奇、牛宁《禹州市关王庙大殿调查记》，《中原文物》1990年第1期。

庙留下了重要信息。

大殿前面有一月台，以石条青砖砌成，长 3.73 米，宽 11.26 米，高 1 米。①

坡街关王庙明清两代曾重修，从大殿的修复情况也可看出这一点。在两山墙的建造中，截掉了前檐尽头处，铺作外侧一半拱长和其上所置的小斗，这说明该殿原来为悬山建筑，后来可能因檩头糟朽而改为硬山构造。②

该庙宇建国前后发生了巨大变化。建国前的 1942 年，关王庙被征用为坡街保国民学校，直到建国初期，庙宇内建筑、造像保存基本完好。1957 年，由于学生数量增多，原有的庙宇空间已经不足以满足学校的教学需要，师生们便开始清理塑像。关公塑像是靠一根粗大的木桩支撑着，非常坚固，师生们花费了好大力气才将其推倒。教室空间增加了，室内却缺少光线，于是，学校又在后墙壁上开凿窗户，后来又将窗户改成大门。"文革"前几年，大殿后墙出现裂缝，师生从旁边涌泉河里搬运石头，用石头加固墙壁。"文革"期间，关王庙的结构、装饰等又遭受到了前所未有的巨大破坏，残存至今。

---

① 王国奇、牛宁《禹州市关王庙大殿调查记》，《中原文物》1990 年第 1 期。
② 资料来源：1. 王国奇、牛宁《禹州市关王庙大殿调查记》，《中原文物》1990 年第 1 期。2.《中国文物报》1989 年 6 月 9 日；3. 郑乾元《建于唐朝的文殊镇坡街村关王庙》，"禹州市三都文化"公众号 2017 年 4 月 4 日；4. 桑晓东《文殊镇坡街村元代建筑关王庙发现记》，"禹州市三都文化"2018 年 7 月 26 日。

当地郝国正老师凭记忆绘制的关王庙图

关王庙大殿是河南目前发现的唯一有明确纪年的元代木构建筑，对研究河南元代木构建筑的结构特征具有重要价值。

2. 禹州市神垕关帝庙

神垕关帝庙 ① 位于神垕古镇西大街，建于清乾隆十五年（1750），是由山西晋商会和神垕窑主出资所建，与窑神庙伯灵翁庙相毗邻。

神垕关帝庙由晋商出资兴建，首先反映了山西商人异地经商的经济实力。其次，关羽是山西人，晋商走遍全国各地，心中最为敬仰的就是这位被奉为神灵的祖先。所以，凡有晋商的地方，大多都会建庙供奉，以祈求关公保佑发财、平安。

晋商来到神垕经商，大约是在清代康熙、乾隆年间。当时，山西阳城、清徐、曲沃、太谷等地商人，或者是乡邻相互结伴，或者是兄弟一起同行，不辞辛苦，翻山越岭来到神

———————————
① 图片及部分文字资料选自神垕古镇景区官微 2020 年 7 月 19 日。

垕，并很快发展壮大起来。晋商来往贸易的主要商品有丝绸、茶叶、布匹，他们将这些商品带到神垕，再把神垕所生产的瓷器如大碗、茶壶、酒杯、盘碟、勺子等日用品带走，给两地百姓带来了极大的生活便利，更为两地的经济繁荣做出了巨大贡献。经过一段时间的发展，神垕的晋人商号达到近百家，其中比较大的商号有仁和义、裕兴公、义泰长、和盛隆、东合成、西合成等。

神垕关帝庙就是在这种情况下建造的，是晋商追求忠义、团结一心的象征。

与关帝庙毗邻的是著名的伯灵翁庙，伯灵翁庙是祭祀窑神的，因为神垕以烧制瓷器为主，供奉、祭祀窑神是必不可少的，伯灵翁庙就占据了主要地位。关帝庙建在伯灵翁庙旁边，也与在祭祀窑神的时候，同时祭祀关公相关。

神垕关帝庙由戏楼、钟楼、鼓楼、牌楼、主殿等组成。

关帝庙的正前方是一座木质牌楼，又叫钟鼓楼，两侧分别放置钟、鼓。值得注意的是这座钟鼓楼所使用的斗拱。一般地，斗拱是地位和权势的象征，皇家建筑用九层斗拱，象征着皇帝"九五至尊"的地位，而此处的牌楼所使用的斗拱是十三层，也就是说，超过了帝王的规格。这是因为关羽被奉为"关帝""关圣"，所以地位超越了封建皇帝。

斗拱造型别致，工艺精巧，虽然历经百年，却依然完美如初，可见当时制作的质量之高。

牌楼下方两边的墙基上，巨大的"忠""义"二字彰显着关公精神的核心。

3. 禹州市郭连关帝庙

郭连关帝庙位于禹州市郭连镇中心学校内。

由于年久失修，庙宇已成危房。学校考虑到安全问题，在关帝庙的周围围上了红色围栏。

关帝庙原来处于一条大街旁边，现在关帝庙与大街之间被新建的高楼遮挡。

郭连是三国时期曹操的著名谋士郭嘉的故里。

郭嘉（170—207）字奉孝，东汉颍川阳翟（今河南省禹州市）人，三国时期著名的谋略家。曹操迎献帝都许，广揽人才。郭嘉韬略非凡，26岁时受本郡荀彧举荐，被曹操表为司空军祭酒，成为曹操核心幕僚。在曹操战吕布、击刘备、灭袁绍、征乌桓等历次战斗中，郭嘉屡出奇谋，功勋卓著。可惜，郭嘉英年早逝，让曹操痛惜不已。郭嘉死后，曹操上表汉献帝，追谥郭嘉为贞侯，其子郭奕袭其爵位。

郭连关帝庙具体建造、修复时间不详，现为禹州市第三批文物保护单位。

4. 禹州市磨街关帝庙

磨街关帝庙位于磨街乡政府所在地西北的关庙村，该庙始建于宋代末年，后代屡次修缮。庙宇总建筑面积为4200平方米，地面用青石铺成，四面墙壁由青砖垒砌，是典型的北方民居建筑风格。屋内大梁上雕刻有各种动物图案，生动形象。

关帝庙现有房屋12间，围成一完整院落，院内有一颗五角枫树，树龄达千年之久。庙内原有一批石碑被村民作为建房用的石头毁掉，现存五通完整的清代石碑。

关庙村因毗邻关帝庙而得名。该村地处禹州、郏县、汝州交界位置，四周梯田环绕，山峦起伏，风景优美。村内古树、古井、石磨、石碾等随处可见，将山村点缀得古朴、典雅，村边的古河道仍有潺潺流水，颇有世外桃源之韵味。该村也因保存了久远的民风民俗而在 2016 年被公布为河南省第四批传统村落。

5. 禹州市花园路关帝庙

禹州市花园路关帝庙位于禹州市区花园路，庙宇为三间瓦房，虽然极为简陋，但是，庙前香炉内香火不断，尤其是年节时候，香火更旺，可见民众对关公的信奉。

6. 禹州市梁北关帝庙

梁北关帝庙位于禹州市梁北镇梁北村北，建于清代。2009 年被公布为第三批许昌市级文物保护单位。

该庙也是一座佛教寺院，因建筑老化正在修缮。与佛寺相比，关帝庙（关圣阁）的规模很小。

梁北关帝庙（网络图片）

7. 禹州市十三帮会馆关帝殿

禹州十三帮会馆是各地药材商人在禹州兴建的会馆。禹州药材名满天下，是古代四大中药材集散地之一。据记载，禹州的药材贸易从唐代就开始了，随着药商的增多，帮会也出现了，有了帮会，会馆就成了必需。比较著名的会馆除十三帮会馆外，还有如怀帮会馆、江西会馆、山西会馆等。这也是禹州独特的药文化现象，这些会馆是药商议事的重要场所。

十三帮会馆坐北朝南，始建于清乾隆十七年（1762），历经嘉庆、道光、咸丰、同治，到光绪二年（1876）才全部建成。原占地面积两万余平方米，中轴线上主要建筑有山门、九龙壁、戏楼、关帝庙等，东西厢房配有药王殿、火神殿等。

　　会馆中的关帝殿是祭拜关公的主殿，始建于清乾隆十七年（1762），为十三帮会馆最早建造的建筑，位于中轴线的北端，面阔三间，进深三间，悬山殿顶，覆绿色琉璃瓦件。关帝殿内梁架上的彩绘极具特色，内容丰富，有人物、花卉、器物、故事等，甚至还有同仁堂的银票和算盘，切合了药商经商的主题。

　　关帝殿由于是在十三帮会馆之内，所以布局精巧，庄重肃穆。面阔为三间，进深也是三间，殿内外的配饰兽件、神仙等形象造型逼真，栩栩如生，风格上，以明代风格为主，显然是经过明代修复之后形成的。

　　8. 禹州市顺店镇后刘庄关帝庙

　　后刘庄关帝庙位于禹州市顺店镇后刘庄。

　　根据 2003 年《关圣帝君庙修复碑记》载，该庙始建年代不详，清康熙三十年（1691）、雍正二年（1724）曾经两次修复。

　　9. 禹州市火龙镇关帝庙

　　位于禹州市火龙镇关帝庙村。原名"火龙庙"，始建年代不详。乾隆十二年

（1747）《禹州志》记载："火龙庙，在州西十八里。"据该庙所残存碑碣记载，该庙曾在康熙三十年（1691）和雍正二年（1724）两度重修。庙内正殿供奉关羽。该庙为 2003 年复修。

10. 禹州市花石义勇武安王大殿

花石义勇武安王大殿位于禹州市西北 30 公里的花石乡白北村，1963年被公布为河南省第一批重点文物保护单位。大殿始建于元代至正九年（1349），面阔三间，进深三间，九脊歇山式，绿琉璃瓦覆顶，脊上饰盘龙、仙人、兽形等。明初重修。坐北朝南，东临颍河，西靠五旗山，南面是一望无际的开阔地，北边是白沙水库大坝。

义勇武安王是关羽在元代的封号，由殿名可以看到大殿的初建时间。

关羽死后，由于统治者对关羽的重视，历代封号由侯、王逐渐向帝、圣发展。最早封谥关羽的是杀了他的孙权，孙权在建安二十四年（219）封关羽为忠义侯。四十一年后，即蜀汉景耀三年（260），后主刘禅封关羽为壮缪侯。之后的几百年里，除了民间的祭祀之外，关羽没有引起官方的任何注意。唐德宗建中三年（782），关羽作为配享神灵，与张飞、周瑜、邓艾、陆逊、吕蒙等一同被供奉于武成王姜太公庙。北宋时期，关羽在众神中的地位得到了巨大的改变。宋神宗、宋哲宗开始重视关庙的修建。宋徽宗崇宁元年（1102），封关羽为"忠惠公"，次年又封关羽为"崇宁真君"。大观二年（1108），徽宗封关羽为"昭烈武安王"，关羽的爵位由公爵晋升为王。宣和五年（1123），徽宗又封关羽为"义勇武安王"。到了南宋，高宗赵构在公元 1127 年建立南宋王朝，次年（建炎二年，1128）封谥关羽为"壮缪义勇武安王"。宋孝宗赵眘于淳熙十四年（1187），加封关羽为"壮缪义勇武安英济王"。

明武宗朱厚照（1506—1521 年在位）在正德四年（1509）封关羽为"忠武"，下令将全国各地的关庙一律改称为"忠武庙"。神宗万历十年（1582），关羽被封为"协天大帝"。万历十八年（1590），关羽又被封为"协天护国忠义帝"（一说为"协天大帝护国真君"）。万历二十二年（1594 年，一说为二十三年，1595 年），神宗应解州崇宁宫道士张通元的请求，将关羽正式晋爵为帝，关庙也由"忠武"改为"英烈"。万历四十二年（1614）十月十日，神宗派遣司礼李恩，捧旒袍封关羽为大帝，即"三界伏魔大帝神威远镇天尊关圣帝君"，使关羽成为道教的最高神灵，从此以后，关羽被称为"关帝"，关羽庙也被称为关帝庙。清廷入关以后，立即在北京建关庙崇奉，清顺治九年（1652），封关羽为"忠义神武关圣大帝"。整个清代，除了康熙帝没有直接表示外，几乎历朝皇帝都要给关羽一个新封号。雍正八年（1730），朝廷下诏改关帝庙为武庙，并定于五月十三日"关羽诞辰日"举行特祭。雍正十二年（1734），御制关帝庙后殿《崇祀三代碑文》，明确以"神"之名称呼关羽。

清乾隆三十三年（1768），封关羽为"忠义神武灵佑关圣大帝"。之后历代皇帝不断加封，关羽最终的封谥成了"忠义神武灵佑仁勇威显护国保民精诚绥靖翊赞宣德关圣大帝"。

由上述内容可知，"义勇武安王"是宋徽宗给关羽的封号，所以该殿的建造时间应该是宋元时期，也就是在关羽开始被封为"帝"的明代之前。

关于该殿的建造还有一个传说，据说当年关羽拜别曹操后一路西行，来到第一关东岭关，守关的将领孔秀前来阻拦，关羽一气之下，刀劈孔秀，护送二皇嫂强行过关而去。后来这个故事在当地广为传颂。到了宋徽宗宣和五年（1123）的时候，关羽被封为"义勇武安王"，当地百姓为了庆贺关羽封王，同时也为了纪念当年刀劈孔秀的故事，就建造了"义勇武安王大殿"。

11. 襄城县五虎殿

襄城五虎殿位于襄城县双庙乡化行村，为清代建筑。2009年，五虎殿被列入许昌市级文物保护单位。

襄城五虎殿面阔三间，琉璃瓦顶，檐下施五彩斗拱，殿内供奉着刘备的"五虎将军"，即关羽、张飞、马超、黄忠、赵云，所以称为"五虎殿"。"五虎"之说源自《三国演义》，后被广为传颂。

12. 长葛市老城三佛寺关帝庙

三佛寺关帝庙位于长葛市老城镇北街村北。2001年公布为许昌市第二批文物保护单位。

三佛寺关帝庙始建于元至正三年（1343），康熙年间重修。此处原有三佛寺、岳王庙和关帝庙。三佛寺位于东边，在西边相邻的是南北并列的岳王庙和关帝庙，关帝庙在前，岳王庙在后。二十世纪五十年代，关帝庙的东墙被拆，与三佛寺合为一个院落，被作为医院使用。关帝庙照壁在二十世纪八十年代被拆，碑石遗失。

据当地传说，三佛寺关帝庙的建造与关公显灵有关。原来老城并没有建造关帝庙，有一次，老城城北遭到土匪围攻，官员就亲自到城南的尹家堂关帝庙祈祷，希望关公帮助打跑土匪。结果关公登上城墙显灵，土匪惊慌而逃。为了感谢关公的帮助，当地就建造了关帝庙。

三佛寺关帝庙现正在重修。

13. 长葛市王买关帝庙

王买关帝庙位于长葛市后河镇王买村，始建于清嘉庆年间，后屡经修缮。2010年被公布为长葛市文物保护单位。

该庙院落较小，有正殿三间和东西厢房，正殿供奉着关公，并绘有三国内容的壁画，东西厢房都十分破败。正殿前立有两通嘉庆年间的石碑，字迹大多已无法辨识。

14. 建安区徐庄白胡子关帝庙

白胡子关帝庙位于建安区将官池镇徐庄村西200米，因庙内关羽像为白胡子而得名。就全国关庙来看，"白胡子"关庙只此一处。

其他关庙的关公都是长长的黑胡子，为何此庙关公为白胡子？据传说，这与关羽"土山三约"之后，跟随曹操来到许都有直接关系。

建安五年（200），关羽被曹操打败，跟随曹操来到许都，走到许都东面十里官亭的时候，关羽就不想再往前走了。好朋友张辽问他为何不走，关羽回答说："在下邳，我与曹公有土山三约，我进了曹营，曹公反悔怎么办？"为了让曹操兑现承诺，关羽执意要求曹操把土山三约之事上奏献帝，让天下人都知道，否则，决不再往前走一步。张辽答应将此事禀报曹操。

胸怀天下的曹操很爽快地答应了关羽的要求，献帝也立刻下诏让关羽前来许都。于是，第二天，曹操与张辽一起到官亭迎接关羽，让他们没想到的是，他们见到的关羽却变得须发皆白。原来，在张辽走后，关羽担心自己和两位皇嫂的安危，唯恐曹操反悔，彻夜未眠，竟然愁得头发、胡子全白了。

看到曹操和张辽一起迎接自己，关羽方才放心前往许都。这件事被许都百姓知道后，都被关羽的忠义所感动，就在关羽休息的地方建造了一座庙宇纪念关羽，还将关羽的胡子做成白色，人们都称这座庙宇为"白胡子关庙"。

据说，来到许都之后，是华佗给关羽治疗，才又把白胡子变成了黑胡子。

关羽白胡子的来历，还有另外一种说法。关羽保护着甘、糜两位皇嫂前行，没想到在土山遭到曹操军队的围困，曹操派张辽劝降，关羽却誓死不从。面对霸道、强势的曹操，关羽不知如何是好，更担心两位皇嫂的安全，竟然一夜之间愁白了头发、胡子。

也有传说，关羽的白胡子是关羽在见到曹操之前，住在颍阴县城（今许昌市魏都区）东门外，因过度思念刘备，一夜之间须发全白。

不管哪一种说法，都是对关羽忠义思想的褒扬，体现了许都百姓对关羽的崇敬之情。

该庙原名"土山关帝庙"，始建年代不详，但庙中所存残碑《关王辞曹书记》显示为明代正德年间（1506—1521）刻立，另据该庙所存光绪二年（1876）"本郡国子监太学生范铎"《重修土山关帝庙碑记》[1]载："土山关帝庙，许东名刹也。正殿三间，前置拜厦，正殿前东为七星殿，西为广生祠，中为山门。正殿后正中为三义阁，西北为大神殿。"其中还记载了其父范志仁曾于嘉庆庚辰（1820）重修该庙。由此可见，该庙原来规模巨大。另一通碑《重修地藏王菩萨殿及金妆圣像碑记》，落款重修时间为乾隆十一年（1746）菊月（九月）立，可见时间更早。

该庙今存正殿三间、西厢房三间。正殿供奉白胡须关羽坐像，左手拿《春秋》，右手轻抚白须，神态端详。

据传说，该庙附近还有"接关亭"，原为"接官亭"，是官员来往必经的驿站，后来因迎接关羽进入许都而更名为"接关亭"。今已不存。

15. 建安区周店关帝庙

周店关帝庙位于建安区桂村乡周店村，区级文保单位。

该庙始建于清乾隆十一年（1746），清嘉庆十五年（1810）重修。

据2006年《重修关帝庙碑记》载：庙宇原来建筑齐全，有山门、大殿、东西厢房等。二十世纪六十年代，山门及东西厢房被毁，现存建筑只有大殿。2006年有本地有识之士捐资重修。

大殿门口有一株200年树龄的松树，至今仍然枝繁叶茂，郁郁葱葱。

---

[1] 该碑立于白胡关帝庙山墙处。

2011 年被公布为县级（区级）文物保护单位。

附表：许昌各村落关庙一览表

序号	关庙名称	位置	始建朝代	保护级别及时间
1	坡街关王庙大殿	禹州市坡街乡坡街中学院内	元	国家级
2	神垕关帝庙	禹州市神垕镇西大街	清	省级
3	郭连关帝庙	禹州市郭连镇一中院内	清	县级 2003
4	磨街关帝庙	禹州市磨街乡关庙村		
5	花园路关帝	禹州市花园路		
6	梁北关帝庙	禹州市梁北镇梁北村北	清	市级 2009
7	十三帮会馆关帝殿	禹州市文卫路中段	清	省级 2006
8	后刘庄关帝庙	禹州市顺店镇后刘庄		
9	火龙镇关帝庙	禹州市火龙镇关帝庙村		
10	义勇武安王大殿	禹州市花石乡白北村	明	省级 1963 年
11	五虎殿	襄城县双庙乡化行村	清	市级 2009
12	三佛殿关帝庙	长葛市老城镇东北隅	民国	市级 2001
13	王买关帝庙	长葛市后河镇王买村	清	县级
14	白胡子关帝庙	建安区将官池镇徐庄村西	现代	县级
15	周店关帝庙	建安区桂村乡周店村	清	县级 2011

第三章　故事传说类

一、射鹿台

射鹿台位于许昌城东北25公里的许昌市建安区陈曹乡许田村西。南距汉魏许都故城遗址17.5公里。相传为汉献帝与曹操、刘备等狩猎射鹿处。《许昌县志》载："（许田）西有射鹿台，为汉献帝东狩射鹿之所。"①

许田，春秋时为许田邑，属鲁国。五代时改许昌县为许田县，治所在今许田村。

精彩
故事　献帝许田射鹿的故事源自《三国演义》第二十回"曹阿瞒许田打围"，建安三年（198），曹操东征徐州，白门楼斩吕布后，刘、关、张三兄弟投奔曹营，献帝认刘备为皇叔。谋士荀彧担心此事对曹操不利，谋士程昱劝操说："今明公威名日盛，何不乘此时行王霸之业？"曹操接受程昱建议，"吾当请天子田猎，以观动静"。于是便奏请献帝带领刘、关、张等文武大臣许田狩猎：

> 玄德与关、张各弯弓插箭，内穿掩心甲，手持兵器，引数十骑随驾出许昌。曹操骑爪黄飞电马，引十万之众，与天子猎于许田。军士排开围场，周广二百余里。操与天子并马而行，只争一马头。背后都是操之心腹将校。文武百官，远远侍从，谁敢近前。当日献帝驰马到许田，刘玄德起居道傍。帝曰："朕今欲看皇叔射猎。"玄德领命上马，忽草中赶起一兔，玄德射之，一箭正

①《许昌县志》，民国二十二年编。

中那兔。帝喝采。转过土坡，忽见荆棘中赶出一只大鹿，帝连射三箭不中，顾谓操曰："卿射之。"操就讨天子宝雕弓、金鈚箭，扣满一射，正中鹿背，倒于草中。群臣将校，见了金鈚箭，只道天子射中，都踊跃向帝呼"万岁"。曹操纵马直出，遮于天子之前以迎受之。众皆失色。玄德背后云长大怒，剔起卧蚕眉，睁开丹凤眼，提刀拍马便出，要斩曹操。玄德见了，慌忙摇手送目。关公见兄如此，便不敢动。①

这个故事的重点是突出曹操的僭越，许田打猎的目的是曹操要借机观察大臣动静，所以一开始曹操就与献帝并马而行，以显示自己和天子具有同等的地位。接着，当群臣误以为是天子射中猎物而高呼"万岁"的时候，曹操径直站在天子前面接受群臣的恭贺。这种忤逆之举导致大家极度惊恐，也让关羽盛怒之下要杀掉曹操，在刘备的阻止下，关羽才罢手。

这是小说《三国演义》要表现的主题。

事件
辨析　这个故事在史书中也有依据，《三国志·关羽传》裴注引《蜀记》记载：

初，刘备在许，与曹公共猎。猎中，众散，羽劝备杀公，备不从。及在夏口，飘摇江渚，羽怒曰："往日猎中，若从羽言，可无今日之困。"备曰："是时亦为国家惜之耳；若天道辅正，安知此不为福邪！"②

这是曹操占领荆州之后，刘备慌忙逃窜之时，关羽想起了当年的这件往事，生气地埋怨刘备当时没有听从自己的话杀掉曹操，才导致今天的狼狈。刘备只好勉强解释是为了国家才这样做的。

《三国志》中，曹操并没有僭越、忤逆之举，相反，当时刘备、关羽

---

① 明·罗贯中《三国演义》，人民文学出版社1973年版，第173页。
② 晋·陈寿《三国志·关羽传》，中华书局1959年版，第940页。

都寄居在许都，曹操对待他们不但没有失礼，反而尊崇有加。曹操认为刘备、关羽都是人才，所以想把他们收纳到自己麾下，这才对他们百般照顾，唯恐有不周到的地方。因此，无论是刘备还是关羽，从个人角度说，完全没有要杀掉曹操的理由。正是基于这种道理，何焯说："《蜀记》语多浅妄，恐不足信。"[1]

为《三国志》作注的南朝宋人裴松之认为，刘备杀曹操并非为国家，而是为个人。他说：

> 备后与董承等结谋，但事泄不克谐耳，若为国家惜曹公，其如此言何！羽若果有此劝而备不肯从者，将以曹公腹心亲戚，实繁有徒，事不宿构，非造次所行；曹虽可杀，身必不免，故以计而止，何惜之有乎！既往之事，故托为雅言耳。[2]

意思是说，刘备要杀掉曹操是出于私心，他后来与董承合谋要杀曹操就说明了这一点，只不过没有成功罢了。当时他没有杀掉曹操，是担心自己的安危，并非为国家考虑。刘备的这个回答只不过是冠冕堂皇的解释，并非事实。

那么，退一步说，如果《蜀记》的记载属实，关羽杀曹操的直接原因应该是看出了曹操"挟天子以令诸侯"的端倪，这就是《三国演义》无限发挥的"大义"。

为了充分体现曹操的奸诈与阴险，彰扬关羽的正直与忠义，《三国演义》把《三国志》中的这段记录演绎成了一个完整的"许田射鹿"故事，这个故事完全符合《三国演义》"拥刘反曹"的主题思想。

所以，清代毛宗岗在评价这一事件时说：

---

[1] 卢弼《三国志集解》，中华书局1982年版，第778页。
[2] 晋·陈寿《三国志·关羽传》，中华书局1959年版，第940页。

> 云长之欲杀操，为人臣明大义也。玄德之不欲杀，为君父
> 万全也。君侧之恶，除之最难。前后左右，皆其腹心爪牙，杀之
> 而祸及我身，犹可耳；杀之而祸及君父，则不为功之首，而反为
> 罪之魁矣，可不慎哉！……曹操无君之罪，至许田射鹿而大章明
> 较著矣。①

在毛宗岗看来，两人的做法都很正确。关羽想杀掉曹操，是"大义"
的体现；刘备不杀曹操，是为献帝的安全考虑。想杀掉曹操不容易，献帝
周围都是曹操的爪牙，如果采取行动，自己死了没有什么，但假如连累了
天子，自己就成了罪魁祸首。曹操眼中没有国君，通过许田射鹿已经表现
得非常清楚了。

毛宗岗的观点代表了后世对曹操"白脸奸臣"评价的基本认识。

许田积雪　许田所在的位置，当时被茂密的森林所覆盖，古树参天，虎鹿
成群，所以才修建了高台，既用于打猎，又具有军事演习的作用。因距离
许都城不远，所以献帝、曹操等时常到许田打猎。

据地方志等资料记载，原有台基三十亩，台阶层层通到台顶。台上建
有高高的亭阁，巍峨壮观，主要用于狩
猎或军事演习观察，也可用作官员的临
时休息场所。

据说，二十世纪中叶，台上还建有
十三层高塔，站在塔上，可西望许昌，
尤其夜晚，许昌城美丽的夜景可一览无

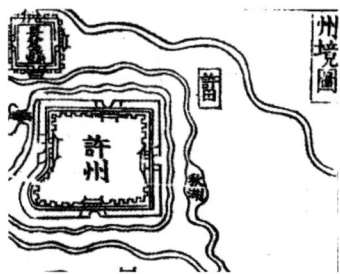

嘉靖《许州志》"州境图"中许田的位置

余，十分壮观。

现台呈不规则长方形，高约五米，面积约一千五百平方米。台上建筑
早已被毁。

---

① 清·毛宗岗评改、沈伯俊整理《三国演义》，中州古籍出版社 1992 年版，第 193 页。

　　射鹿台前有两通石碑，一为清康熙年间许州吏目滕之瑚书"射鹿台"，另一为清乾隆十二年（1747）立，碑文有"许田射鹿其事，不见经史，岂陈寿辈为曹讳也！然关侯尝语先主曰：许田猎下，若从某言，必无今日之厄，是则实其事矣。"记录了许田射猎的史实。该碑"文革"期间被一村民埋入地下，才免遭劫难。据说，台下有一条藏兵洞直达许都城内，还有人在许田镇中心发现了入口。

　　由于射鹿台四周田野茫茫苍苍，辽阔无垠，每当瑞雪初降之时，银装素裹，蔚为壮观，故被后世赞誉为"许田积雪"，为许昌十景之一。清代画家王治安画有《许田积雪图》，知州甄汝舟赋诗云："雪后偏宜玩物华，封条古树尽飞花。直登射鹿台遥望，万顷琼田糁玉沙。"

　　射鹿台不仅是三国文化遗迹，它还是古文化遗址。据调查，台下文化层可分三层：上层是耕土和挠土，约1.5米厚；中层是汉墓，已破坏，出土有大量的空心画像砖和殉葬陶器，其中有一画像砖上一人手握长矛，左上方有隶书"冻元亭长"四字；下层是龙山文化层，厚3—5米，出土有陶器及圆口尖唇黑陶罐等，为研究早期人类活动提供了实物资料。该台1980年被许昌县（今建安区）人民政府公布为县级文物保护单位；2001年6月被许昌市人民政府公布为市级文物保护单位。

　　射鹿台因《三国演义》的影响而广为人知，与《三国演义》的主题一致，后世不少文人在歌咏射鹿台的时候，也是以"拥刘反曹"的主题为主，如甄汝舟《射鹿台》诗："汉帝狩许田，阿瞒争射鹿。满腔不臣心，三军齐瞩目。从兽筑高台，游畋能几回？于今台畔生荒草，一世之雄安在哉！"清代朱又廉《射鹿台》诗也说："游畋为有阿瞒陪，遗迹犹留射鹿台。满腔不臣萌逆志，三军瞩

射鹿台遗址

目畏雄才。"都把许田射鹿故事视为曹操阴谋篡汉的有力证据予以批判、讽刺，甚至咒骂。

泪水
成泉

在许田当地，射鹿台还有一个美丽动人的传说。据说，曹操白门楼斩杀吕布后，貂蝉刚生一子，曹操念其诛杀董卓有功，便将其母子带回许都设宴款待。没想到，酒席间貂蝉却慷慨激昂，极力夸赞吕布才是真英雄，言语间贬低曹操。曹操十分生气，要挥剑斩杀貂蝉，被谋士程昱劝阻，曹操才作罢。有一天，曹操到射鹿台观看打猎，貂蝉也随行。他们正在台上向远处观望的时候，突然从树丛中跑出一只母鹿，身后还跟着一只小鹿，曹操眼疾手快，一箭射出，母鹿应弦而倒。正当他欲再次发箭射向小鹿时，善良的貂蝉放声大哭，泪如雨下。曹操回头看去，只见貂蝉跪在自己身边，祈求曹操放过小鹿。曹操答应了貂蝉，貂蝉立刻奔跑到母鹿身旁，将母鹿抱起，又令人抬回许都，求神医华佗医治，最终母鹿起死回生，母子团聚。据说射鹿台中间有一汪清泉，就是貂蝉的眼泪汇集而成的。[①]

【链接】许田射猎：一个添枝加叶的经典故事

许田射猎的故事在历史上确实发生过，只不过史书所载较为简略：

有一次，曹操与刘备、关羽等众人一同打猎，当大家相互散开之后，关羽劝刘备找机会杀掉曹操，刘备没有听关羽的话。后来，刘备、关羽从荆州逃往夏口，被曹操追得无处躲藏，关羽还十分生气地责备刘备说当年如果听了他的话，也不至于今日如此狼狈。刘备解释道："我当年也是考虑到曹操是匡扶汉室的重臣，杀了他太可惜啊。"

根据这段记载，刘备是从国家利益考虑没有让关羽杀死曹操，这种解释当然是刘备给自己找了一个冠冕堂皇的理由。裴松之就对这种说辞予以批驳，他说，刘备不久之后又与董承等人合谋杀害曹操，但是事情同样没有成功。如果许田射猎时是为国家考虑，怎么很快就又与董承结谋再次谋

---

① 参李彬凯《风萧马鸣射鹿台》，许昌市志编纂委员会《许都揽胜》，第76页。

杀曹操呢？显然刘备说的不是实话。在裴松之看来，刘备当时之所以没有同意关羽的意见，是因为事情太过匆忙，根本就没有时间考虑出一个万全之策，如果仓促之间杀了曹操，自己同样也难免一死。这才是刘备没有采纳关羽趁乱杀死曹操意见的主要原因。裴松之说得很有道理。

关羽建议刘备杀死曹操，确实是缺乏深思熟虑。这时的曹操，已经不是轻易就能被杀死的人，而且，更为关键的一个问题是，曹操对刘备、关羽一直很好，视为上宾，刘备好像也找不出一个充分的理由来杀死曹操。如果从国家考虑，之前的献帝被董卓及其部将带来带去，狼狈、饥饿、露宿荒野，真可谓寝食不安。曹操"挟天子以令诸侯"之后，献帝来到许都，生活迅速安定了下来，作为皇帝的尊严、威望也在不断提高。这一切大家都看到了，刘备当然也十分明白。所以，他对关羽所提的建议，从内心来说也应该是反对的。

相对来说，关羽考虑问题就比较简单。

那么，关羽为什么会劝刘备杀死曹操呢？在《三国志》的《先主传》和《关羽传》中都很难找到答案，倒是《华阳国志·刘先主志》中，透露出了个中原因。《华阳国志·刘先主志》记载了曹操答应将秦宜禄之妻许给关羽又食言之后说：后来刘备与曹操打猎，关羽想在打猎过程中杀死曹操，刘备为天下考虑，没有听关羽的话，所以关羽内心常常担忧。这段故事把曹操食言和打猎联系在一起，说明关羽要杀死曹操是因为"夺妻之恨"。

许田射猎可以看做是关羽欲向曹操报一箭之仇，只是刘备还算明智，没有轻易答应他。

关羽内心的这种想法，很难被大家所接受，所以，在拥刘反曹的《三国演义》中，许田射猎就有了一个很好的解释。

《三国演义》中的许田射猎，不仅舍弃了关羽因秦宜禄之妻耿耿于怀的原因，反而突出了曹操目无献帝的僭越，表现了刘备顾全大局的做法，在因果关系上更为合理，情节上更为生动、丰富。

二、灞陵桥

灞陵桥，原名八里桥，位于许昌城西清泥河上，占地 162 亩，明嘉靖《许州志》记载："八里桥在州西八里，相传为曹操送关羽之所。"①

灞陵桥原为明代建筑，砖石结构三孔桥，东西横跨在石梁河上，桥长 17 米，高 2.8 米，桥面宽度足够并行两车，桥面两侧有石栏板护围，每侧有八根望柱，望柱上雕刻有石狮、石猴等动物，姿态各异，栩栩如生。

灞陵桥关羽像

灞陵桥原桥 1962 年毁于洪水，后因兴修水利将其全部拆除，今仅存《辞曹图》石刻一块。现在的灞陵桥为 20 世纪 80 年代新建，桥长 121 米，宽 6.2 米，桥体为单拱排柱式仿汉石桥，外用青石浮雕栏板，配以辟邪护柱，两侧有螭首吞口伸出。桥头塑有关羽骑马塑像。

现为河南省重点文物保护单位。

故事渊源　"灞陵桥关公挑袍"是一个久负盛名的三国故事，说的是关羽知道刘备的下落之后，就毫不犹豫地辞别曹操。关羽临走，并没有面见曹操，而是给曹操留下了一封书信，然后直奔袁绍大营而去。

《三国志》《三国志平话》和《三国演义》都记载了大致相同的事件，不同的是，《三国志》记载简略，而《三国志平话》已经增饰了不少，再经过元杂剧《关云长千里独行》的充分渲染，到《三国演义》故事描述得就更加详细、精彩。

据《三国志·关羽传》谓："及羽杀颜良，曹公知其必去，重加赏赐。

---

① 《许州志》，上海古籍书店 1961 年 12 月据天一阁藏影印，卷二第 19 页。

羽尽封其所赐，拜书告辞，而奔先主于袁军。"①

可以看到，史书中只是提到了曹操"重赏"关羽，关羽却"封其所赐"，将曹操所赐之物尽皆返还，然后留下一封书信，告别而去。

《三国演义》第二十七回"美髯公千里走单骑"对曹操、关羽两人的言行、心理都有较为细腻的刻画：

> 操见关公横刀立马于桥上，令诸将勒住马匹，左右排开。关公见众人手中皆无军器，方始放心。操曰："云长行何太速？"关公于马上欠身答曰："关某前曾禀过丞相。今故主在河北，不由某不急去。累次造府，不得参见，故拜书告辞，封金挂印，纳还丞相。望丞相勿忘昔日之言。"操曰："吾欲取信于天下，安肯有负前言。恐将军途中乏用，特具路资相送。"一将便从马上托过黄金一盘。关公曰："累蒙恩赐，尚有余资。留此黄金以赏将士。"操曰："特以少酬大功于万一，何必推辞？"关公曰："区区微劳，何足挂齿。"操笑曰："云长天下义士，恨吾福薄，不得相留。锦袍一领，略表寸心。"令一将下马，双手捧袍过来。云长恐有他变，不敢下马，用青龙刀尖挑锦袍披于身上，勒马回头称谢曰："蒙丞相赐袍，异日更得相会。"遂下桥望北而去。②

这段"关公挑袍"故事，主要表现关羽担心曹操使诈的内心活动，突出表现的是曹操的奸诈与阴险。这种"反曹"思想，在《三国志平话》中说得更为直接，更为明白。说关羽要辞别曹操，曹操故意不见，关羽无奈，只好将曹操屡次封赠金银之物封好，径直离开。曹操得知之后非常生气，就事先安排好许褚生擒关羽，无奈关羽挑袍而去：

> 却说曹相怒曰："想云长如此重用，终不肯守我，却于袁绍处去！"曹相闭门三日不开，先知关公欲往袁绍处寻觅皇叔；内

---

① 陈寿《三国志》卷三十六《关羽传》，中华书局 1959 年版，第 940 页。
② 罗贯中《三国演义》，人民文学出版社 2005 年版，第 227 页。

有心腹人，都是曹公耳目。相府不开三四日。曹相共众官商议，有智囊先生张辽曰："先使军兵于灞陵桥两势埋伏。如关公至，丞相执盏与关公送路；关公但下马，用九牛许褚将关公执之。如不下马，丞相赠十样锦袍；关公必下马谢袍，九牛许褚可以执之。"曹操深喜。先于灞陵桥埋伏军兵。曹操、许褚、张辽都至灞陵桥上等候。

不移时，关公至。丞相执盏。关公曰："丞相不罪，关羽不饮。"亦不下马。又将锦袍令许褚奉献，又不下马；关公用刀尖挑袍而去。关公曰："谢袍，谢袍！"前后无数十人，唬曹公不敢下手。[①]

在元代杂剧《关云长千里独行》中，曹操的阴险、狡诈表现得十分突出。在关羽临行前，张辽帮助曹操制定了对付关羽的三条计策：

丞相领兵赶上云长，则推与他送行。丞相若见云长，丞相先下马，关云长见丞相下马，他必然也下马来。若是云长下马来，叫许褚上前抱住云长，着众将下手。第二计，丞相与云长递一杯酒，酒里面下上毒药。第三计，丞相把那西川锦征袍，着许褚托在盘中。丞相赠与云长。云长见了，必然下马来穿这袍。可叫许褚向前抱住，众将下手。恁的方可擒的云长。[②]

曹操对此计大加赞赏说：

张文远此计大妙，料想云长出不的我这三条计也。则今日领兵十万，赶云长走一遭去。我驱兵领将逞英豪，我这三条妙计他决难逃。擒住云长必杀坏，方显曹公智量高。[③]

戏曲用"下马、递酒、赐袍"三条毒计，突出了曹操的残忍奸诈，这个形象成为后世三国戏曲中曹操的经典形象。

---

① 《古本小说集成·三国志平话》，上海古籍出版社1990年版，第58页。
② 隋树森《元曲选外编》，中华书局1959年版，第761页。
③ 隋树森《元曲选外编》，中华书局1959年版，第761页。

相反，《关云长千里独行》把刘、关、张兄弟三人"桃园结义"作为最突出的情感来赞颂，"俺兄弟三人在桃园中结义，宰白马祭天，宰乌牛祭地，不求同日生，只愿同日死"。把"义"看得比生命还重要，有了兄弟三人的同生共死，他们身上就寄寓了百姓日常生活中最珍贵的情感。

从《三国志》到《三国志平话》，再到《关云长千里独行》《三国演义》，曹操的形象、关羽的形象各自形成了一条完整的线索，为我们了解三国人物形象的变化提供了具体的范例。

事件
辨析 关羽挑袍的故事，之所以成为三国故事中最为经典的故事之一，主要是因为后世"拥刘反曹"的思想起到了重要作用。

"拥刘反曹"思想形成的原因非常复杂，其核心是关于"正统"与否的论争。

大体说来，统一的封建王朝"尊曹抑刘"，而分裂的封建王朝则反之，是"尊刘抑曹"。如西晋、北宋等统一王朝，陈寿作《三国志》、司马光作《资治通鉴》，视曹魏政权为正统；东晋、南朝各代、南宋等分裂王朝，偏安一方，习凿齿作《汉晋春秋》、朱熹作《通鉴纲目》，则以蜀汉为正统。清代史学家章学诚《文史通义·文德》说：

> 陈氏生于西晋，司马氏生于北宋，苟黜曹魏之禅让，将置君父于何地！而习与朱子，则固江东南渡之人也，惟恐中原之争天统也。诸贤易地则皆然。①

《退庵随笔》卷十六引翟晴江（灏）曰：

> 陈寿《三国志》纪魏而传蜀，习凿齿《汉晋春秋》继汉而越魏，非其识有高下也，时也；陈撰志于晋武受禅之初，晋受魏禅，魏之见废，蜀已破亡，安得不尊魏？习著《春秋》于晋元中兴之后，蜀以宗室而存汉绪，犹元帝以藩庶而复晋统，安得不尊

① 清·章学诚《文史通义》，叶瑛校注，中华书局1985年版，第278页。

蜀？司马公《通鉴》作于北宋受周禅时，安得不以魏为正统？朱子《纲目》作于南渡偏安之后，安得不以蜀为正统？陈与习，司马与朱子，易地而皆然。①

此外，"拥刘反曹"也是百姓拥护"明君"、憎恶"暴君"愿望的体现。

在《三国演义》中，曹操和刘备是两个对比鲜明的人物形象，作者有意识地将他们放在一起进行对比，形成了两个截然不同的君主形象。刘备以宽厚仁爱待民，曹操以残忍暴虐害民；刘备对待士人以诚信和义气，曹操做事则使用权术和机诈。

"以人为本""上报国家，下安黎庶"是刘备一生行事的基础和原则，他任职安喜县尉时，"与民秋毫无犯，民皆感化"；投靠刘表驻扎在新野时，也得到了老百姓的拥戴："新野牧，刘皇叔，自到此，民丰足。"刘备时时处处展示的是一个仁君的形象。他自己也深知此点，他曾说："操以急，吾以宽；操以暴，吾以仁；操以谲，吾以忠。每与操相反，事乃可成。若以小利而失信于天下，吾不为也。"

而曹操则大为不同，曹操的做事原则是"宁教我负天下人，休教天下人负我"，这是极端利己主义者的处世哲学。曹操到处滥杀无辜，残暴、奸诈。军中缺粮，他先命令粮官王垕用小斛发军粮，然后又"借"王垕的头来平息众怒；为了追查在许都纵火的耿纪余党，他竟用讹诈手段把站在红旗下面的三百多人全部斩杀；为父报仇、征讨陶谦，他令无数无辜百姓惨遭杀戮。曹操诡谲阴险，奸计迭出，甚至心思独到、手法奇特，无所不用其极。清代毛宗岗评点《三国演义》中的曹操时说：

曹操一生，无所不用其借：借天子以命诸侯，又借诸侯，以攻诸侯。至于欲安军心，则他人之头亦可借；欲申军令，则自己之发亦可借。借之谋愈奇，借之术愈幻，是千古第一奸雄。②

① 叶瑛校注《文史通义校注》引，中华书局1985年版，第284页。
② 《毛宗岗批评本三国演义》第十七回总批，岳麓书社2015年版，第229页。

刘备和曹操形象的巨大反差，正是一般百姓拥护明君、仁君，反对暴君、奸臣愿望的体现。

"关公挑袍"的故事，就是在这一政治背景和思想影响下形成的具有明显政治倾向和鲜明思想倾向的三国故事，其目的是用以表现曹操之"奸"与"诈"，从而塑造出曹操"白脸奸臣"的形象。

实际上，按照当时曹操对待关羽的心情推测，关羽的担心完全是多余的。首先，曹操爱才，从内心来说并不想加害关羽；其次，此时的关羽，寄居在曹操身边，没有任何防范能力，曹操要想杀掉关羽，易如反掌，完全没有必要在众目睽睽之下，落下个心狠手辣的骂名；再次，这个故事，反而表现了关羽心胸狭窄、狐疑猜忌，原本在曹操面前堂堂正正的大丈夫形象打了折扣，也与日后华容道"义释"曹操的行为特点不相吻合。

曹操的做法得到了后世史学家的好评。南朝宋代裴松之在《三国志》注中就说："曹公知羽不留而心嘉其志，去不遣追以成其义，自非有王霸之度，孰能至于此乎？斯实曹公之休美。"[1] 裴松之认为，曹公知道关羽留不下来，虽然遗憾，但内心却非常赞赏关羽这种做法。他不把关羽追回来就是为了成就关羽的大义，如果没有王者的胸怀与气魄，谁能够做到这样呢！这种行为才是曹公最了不起的人格所在。曹操是在成就关羽的义名，这也正是后人大肆渲染关羽之义的关键。卢弼《三国志集解》引述唐庚的话说：关羽被曹操厚待，却不忘其君主，可以称作贤人了，然而战国时期的士人也能做到这一点；曹公得到关羽之后，没有杀掉他，而是厚待他，发挥他的作用，也可以称得上是贤君了，然而战国时期的国君也能够做到这一点；至于说关羽一定要报效曹公，之后封还曹操赐予自己的所有礼物，留下书信告辞而去，这种表现雍容大度，足以让人叹为观止，就不是战国时期的士人所能做到的了。曹公知道关羽一定会离开他，所以临别时重重地赏赐给他财物让他带回去，还告诫手下不要追赶他，说是各为其

---

① 晋·陈寿《三国志》，中华书局1959年版，第940页。

主。具有这样非凡气量的曹操，对内来说，能够平抑关羽离去而引起的郁闷之气，进而不把关羽离开这件事放在心上，表现出特有的豁达；对外来说，能够成就关羽的忠义，全力施展自己的才力。曹操的这些作为，依然保留着古代先贤的遗风。我曾经评价过曹公说，这个人能够大力做善事，但却不能不做恶事。能够做善事，所以能够享有国家；不能不做恶事，所以不能够取得天下。①

唐庚的这段话，很好地阐释了关羽、曹操二人的关系及为人。

辞曹石刻　关公挑袍的故事尽人皆知，如今的灞陵桥文化园区，围绕关公与曹操的故事增添了大量的三国故事。

进入园中，首先映入眼帘的，是矗立在广场中央的青铜塑《关羽辞曹丞相书》简称《辞曹书》，共154字，内容是关羽向曹操表达不得已的辞别之意，以及对刘备的思念之情。语气诚恳，不卑不亢，表现了关羽既重情又重义的坦荡情怀。

灞陵桥园区关公辞曹雕塑

《辞曹书》的后面是大型雕塑"曹丞相拜送关羽之图"，利用艺术手法展现了曹操送别关羽的历史场面。雕塑通高6.2米，长20米，由红石堆砌而成。采用线雕、浅浮雕、深浮雕和圆雕相结合的艺术手法，自远而近，层层叠叠。左边部分为曹操率许褚、张辽、于禁、李典等文臣武将，风尘仆仆，一路追赶至灞陵桥，给关羽送行。右边部分是骑马站在桥头的关羽，护送着两位皇嫂的车驾已走过桥西，看到曹操追来，回头勒马横刀，与曹操拱手相见。整个雕塑场

① 见卢弼《三国志集解》，中华书局1982年版，第777页。

面宏大，主题突出，艺术地再现了两位英雄在这一特殊历史时刻的特殊关系。

青梅煮酒 再往前是"青梅亭"，曹操与刘备"煮酒论英雄"的地方。"青梅煮酒论英雄"是《三国演义》中极为精彩的故事，在《三国志》中也有部分描写：

自从都许之后，朝政大权总归曹操，曹操在朝中独断专行，天子被架空，文武百官也都唯曹操之命是从。天子内心极为不满，于是，就秘密召见董承，让董承联结天下义士共同诛杀曹操。董承暗中找到刘备、长水校尉种辑、将军吴子兰、王服等人，称自己接受了天子藏在衣带中的密诏，要除掉曹操。他们聚在一起，商议除掉曹操的计划。刘备时刻在暗中观察，寻找着机会。在这关键时刻，曹操不慌不忙地与刘备交谈了起来。曹操说："当今天下英雄，只有你和我算是了，袁本初之流，不能算数。"刘备正拿着筷子吃饭，听到曹操的话，担心曹操识破了自己将来称霸天下的雄心，再加上有接受衣带诏之事，害怕曹操不会放过自己，突然间惊慌失措，一下子把筷子滑到了地下，恰巧此时天上响起了轰轰的震耳雷声，刘备赶紧趁机解释道："圣人所谓'突然听到迅雷声和狂风，都会惊惧变色'，果然如此啊。"值得庆幸的是，曹操并未看穿刘备的心思，刘备总算是遮掩了过去。①

《三国演义》将此故事进行了更为充分地描写，使故事更加生动、形象：

玄德只得随二人入府见操。操笑曰："在家做得好大事！"唬得玄德面如土色。操执玄德手，直至后园，曰："玄德学圃不易！"玄德方才放心，答曰："无事消遣耳。"操曰："适见枝头梅子青青，忽感去年征张绣时，道上缺水，将士皆渴。吾心生一计，以鞭虚指曰：'前面有梅林。'军士闻之，口皆生唾，由是不渴。今见此梅，不可

① 故事见《三国志》卷三十二《先主传》。

不赏，又值煮酒正熟，故邀使君小亭一会。"玄德心神方定。随至小亭，已设樽俎，盘置青梅，一樽煮酒。二人对坐，开怀畅饮。

酒至半酣，忽阴云漠漠，骤雨将至。从人遥指天外龙挂，操与玄德凭栏观之。……"玄德久历四方，必知当世英雄。请试指言之。"玄德曰："备肉眼安识英雄?"……操曰："既不识其面，亦闻其名。"玄德曰："淮南袁术，兵粮足备，可为英雄?"操笑曰："冢中枯骨，吾早晚必擒之。"玄德曰："河北袁绍，四世三公，门多故吏。今虎踞冀州之地，部下能事者极多，可为英雄?"操笑曰："袁绍色厉胆薄，好谋无断；干大事而惜身，见小利而忘命，非英雄也。"玄德曰："有一人名称八俊，威镇九州：刘景升可为英雄?"操曰："刘表虚名无实，非英雄也。"玄德曰："有一人血气方刚，江东领袖：孙伯符乃英雄也。"操曰："孙策藉父之名，非英雄也。"玄德曰："益州刘季玉，可为英雄乎?"操曰："刘璋虽系宗室，乃守户之犬耳，何足为英雄?"玄德曰："如张绣、张鲁、韩遂等辈皆何如?"操鼓掌大笑曰："此等碌碌小人，何足挂齿!"玄德曰："舍此之外，备实不知。"操曰："夫英雄者，胸怀大志，腹有良谋，有包藏宇宙之机，吞吐天地之志者也。"玄德曰："谁能当之?"操以手指玄德，后自指曰："今天下英雄，惟使君与操耳!"玄德闻言，吃了一惊，手中所执匙箸，不觉落于地下。时正值天雨将至，雷声大作。玄德乃从容俯首拾箸曰："一震之威，乃至于此。"操笑曰："丈夫亦畏雷乎?"玄德曰："圣人迅雷风烈必变，安得不畏?"将闻言失箸缘故，轻轻掩饰过了。操遂不疑玄德。后人有诗赞曰：勉从虎穴暂趋身，说破英雄惊杀人。巧借闻雷来掩饰，随机应变信如神。①

---

① 明·罗贯中《三国演义》第二十一回"曹操煮酒论英雄"，人民文学出版社2005年版，第182页。

灞陵桥关羽"始出五关"牌坊

经过《三国演义》的精彩描写，"青梅煮酒论英雄"的故事家喻户晓。

在园区内前往灞陵桥的道路上，有一个"活"字门，这是十分有名的曹操与杨修的故事。据《世说新语》记载，杨修做曹操主簿（相当于文书）时，要修建相府的大门，刚刚把所需要的椽子架上，曹操就出来查看施工情况，看到大门后，曹操没有说话，只在门上题了一个"活"字就离开了。杨修看到后，立刻令人拆除大门。拆完后，杨修才解释说："门中一个'活'字，不就是'阔'吗？丞相正是嫌建造的相府大门太大了。"①

走过灞陵桥，在园区的西部，关帝庙前，新建了一处"始出五关"牌坊，牌坊通高 12.16 米，宽 10.69 米，是三间四柱五楼式建筑，上边分别以圆雕、深浮雕、浅浮雕等雕刻手法雕刻出了狮子滚绣球、关帝传说、关羽过五关斩六将、华容道义释曹操等故事。牌坊的正、背面均有楹联，正面楹联为：要讲曹操赠金赐袍当解其人其志　欲提关羽过关斩将切记此地此桥；背面楹联是：灞陵桥畔驻游人皆言忠义传千古　关帝庙前思故事但抚碑碣念一人。

在关帝庙的对面是一处戏楼，戏楼是根据庙内所留碑刻记载复建起来的。戏楼为复合歇山式建筑，通高 13.1 米，中间柱联写着：戏剧如人生或

---

① 见徐震堮《世说新语校笺》，中华书局 1984 年版，第 317 页。

可以惩恶扬善，人生即戏剧唯不能语言彩排；两侧也有柱联：依月高歌阆苑三千蓬岛外，临风吐韵霓裳一曲紫云端。

灞桥
颂歌 灞陵桥是关羽辞别曹操的地方，也是过五关斩六将、追寻结义兄长刘备开始的地方，是关羽忠义思想的另一种象征，历来受到人们的由衷赞颂。清代道光年间傅梓之《许州记》载甄汝舟诗云："野水四堤浸柳条，道边残碣记前朝。长髯勒马横刀处，万古英风八里桥。""八里桥"即灞陵桥。灞陵桥关帝庙内的一副对联也很好地诠释了关羽的仁义和勇猛："兄玄德，弟翼德，仇孟德，力战庞德；生解州，出许州，战荆州，威震九州。"还有据说是冯玉祥所题的对联也说："曹公待己厚矣，上书辞去岂是绝情，此际心中存汉；金房无可弃也，班师归来原非素志，当下君命敢违。"

【链接】关羽"过五关"是绕了一个大圈子

小说《三国演义》描写关羽带着两位皇嫂离开许昌、投奔刘备时，"过五关斩六将"，经历了惊心动魄的场面，十分精彩。但是关羽走的路线却是"绕弯子"走路：

关羽一行离开许都，首先来到一处关隘，名叫东岭关，把关的将领是孔秀。孔秀得知关羽要走，向关羽索要通关文凭，但是，关羽却没有。于是二人在马上厮杀，只一回合，孔秀被关羽斩于马下。

第二关是洛阳关，由洛阳太守韩福把守。韩福和部将孟坦设计擒拿关羽，二人商定，孟坦伴败诱使关羽来追，韩福暗中拦截，用箭射杀关羽。但是二人计谋失败，反被关羽杀死。

第三关是汜水关，把关的将领叫卞喜，善使流星锤。卞喜表面欢迎关羽，暗中却在镇国寺中埋伏了三百刀斧手，试图趁关羽不备，将关羽杀死。镇国寺僧人普静是关羽同乡，知道卞喜阴谋，暗中示意关羽，关羽立刻明白了普静的意思，大声斥责卞喜，双方厮杀，最终，卞喜被关羽斩杀。

第四关是荥阳关，守关将领是荥阳太守王植。王植与韩福是两亲家，知道韩福死于关羽之手，便决心为韩福报仇。王植命令从事胡班趁着晚上关羽休息时候，放火烧毁关羽馆驿，试图将关羽烧死在馆驿之中。结果，胡班烧毁馆驿之前，放走了关羽，等到王植追赶过来，关羽回头一刀，将王植拦腰斩为两段。

第五关是黄河渡口，把关的是夏侯惇的大将秦琪。秦琪向关羽索要丞相公文，关羽大怒，双方于马上交战，关羽手起刀落，秦琪被斩于马下。

这样，关羽单枪匹马闯过了曹军镇守的五个关隘，斩杀了曹军六员大将，威震八方。这也是《三国演义》描写的关羽一生中最为辉煌的故事。"过五关斩六将"成了英雄关羽的象征，也成了他决心反抗曹操、忠于皇叔刘备，与曹操势力势不两立的最坚决斗争。从此以后，关羽与曹操分属两个阵营，在漫长的政治、军事生涯中，两人不断地进行着直接或间接的较量。

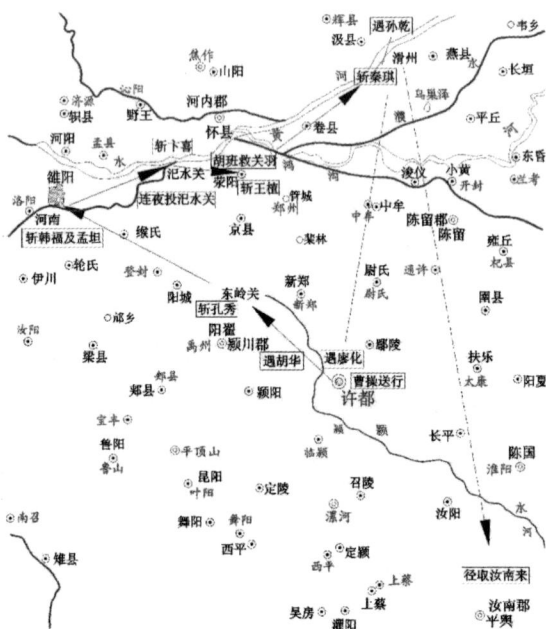

关羽过五关路线图（许盘清绘）

根据《三国志·先主传》记载："曹公与袁绍相拒于官渡，汝南黄巾刘辟等叛曹公应绍。绍遣先主将兵与辟等略许下。关羽亡归先主。"①另据《三国志·曹仁传》记载："太祖与袁绍相持于官渡，绍遣刘备徇隐强（今河南临颖东）诸县，多举众应之。自许以南，吏民不安，太祖以为忧。"②

可见，曹操与袁绍在官渡相持的时候，双方都在寻找机会消灭对手。这时，汝南黄巾军领袖刘辟等人背叛曹操，与远在河北的袁绍遥相呼应。为了扰乱曹操的部署，袁绍立即派遣刘备带领部队与刘辟联合侵扰许都，曹操也随即展开反骚扰，派遣曹仁带兵袭击刘备，刘备无力应对曹仁的袭击，匆忙退回到袁绍军队之中。就是这次出兵许都，让关羽找到了刘备，并回到了刘备身边。

很明显，关羽应该是在许昌附近找到刘备的。退一步说，即便是刘备已经退回到河北袁绍处关羽才找到他，那么，关羽的行动路线也应该是从许昌出发，一直向北。但是，《三国演义》所描述的"过五关斩六将"的路线图，却是从许昌西出发，向着西北方向前行，第一关东岭关就在许昌西北通往洛阳的途中，而第二关洛阳关，就在洛阳附近。第三关汜水关又往洛阳东面偏北方向转，一直走到第四关荥阳关，是不断向东走。然后向东北方向到达第五关黄河渡口。这时，关羽才听孙乾说刘备在汝南，于是，关羽一行向汝南而去。

本来，关羽听说刘备在河北，应该是一直向北走的，但是，他却向西北走，绕了一个大大的弯道，最终才来到黄河渡口。这种放弃直线不走，而走曲线的做法，应该是《三国演义》的作者有意为之，目的是描写关羽在各个关隘的非凡表现，进而突出关羽的英雄本色。所以才"不惜"让关羽多走了许多的"冤枉"路。

需要说明的是，关羽这段极其精彩的故事，没有任何历史依据，完全是虚构。

---

① 晋·陈寿《三国志》卷三十二，中华书局1959年版，第876页。
② 晋·陈寿《三国志》卷九，中华书局1959年版，第274页。

三、议事台遗址

议事台又名议台，也被称为曹操议事台，位于鄢陵县马栏镇议事台村。据传说，此台是曹操召集文武大臣、幕僚商议国家大事的地方。《嘉靖鄢陵志》记载："议台，在西营南保，世传曹操所筑，尝集官僚议事于此。"①

《鄢陵县志》也记载："议台，相传为曹操所筑，在县南议台村西，台高5米，周长300米，为一椭圆形高台。解放前，台上筑有土寨，四角盖有炮楼，下挖深壕，上设吊桥。解放后，上建小学一座，现为议台学校所在地。"②

早在1982年2月，议事台就被列为县级重点文物保护单位；2008年，又被公布为省级文物保护单位。

议事台周围三面环水，如今尚有一条小河叫红淤沟从台的西面由北向南流过。当曹操与众将官在台上商议军国大事时，周围安排有卫兵护卫，现在台的西面有个村子叫岗口，就是当年站岗的哨口。据议台小学郑富平校长讲述，这个岗口村处在当时议事台周围"护城河"的外围，是个岗哨卡口，从岗口进出，都要经过一座吊桥。民国时期这条河还存在，现在被当地村民建房屋填平了。在岗口村的西北面，有两个村子，分别叫前营、后营，应该就是当年曹魏屯田大军驻扎的军营。在议台东南稍远的地方，有郭营村，西北稍远处有任营村，临近的只乐乡还有小营、大营等，这些村落反映了当年曹操军队开垦屯田的军营部署情况。议台所在的马栏镇的"马栏"村，是曹操养马的地方。离马栏村西南2.5千米的地方，有一处荒

---

① 《嘉靖鄢陵志》卷七，天一阁1963年影印本。
② 鄢陵县地方志编纂委员会编《鄢陵县志》，南开大学出版社1989年版，第444页。

坡，水草茂盛，当地人俗称"马荒"，应该是曹军当年放马的荒坡。离马荒不远处有马停庄，也是曹操军队牧马的地方。

议事台附近是曹操部下韩浩率军开垦屯田的地方。韩浩字符嗣，河内（今河南武陟县）人，是曹操大将夏侯惇的部下，屯田制度的倡议者，深为曹操所赞许。《三国志·武帝纪》记载："是岁用枣祗、韩浩等议，始兴屯田。"[1]《夏侯惇传》也记载："时大议损益，浩以为当急田。太祖善之，迁护军。"[2]可见，韩浩在曹魏屯田制开始实施时的作用。

传说当年曹操从许都到鄢陵督促、商议屯田事宜，但是到了军营之后，竟然找不到商议事情的地方，这时，韩浩下令每个军士用所穿衣服包土，因为屯田兵士众多，很快便堆起了一个高台，曹操就与这些

郑富平校长（左一）向作者一行讲述议事台历史

文武大臣在台上商议军国大事，这个台子也被称为议事台。

议事台充满了神奇色彩。据说，议事台上有三个奇特之处：一是土质特别，台上土质是莲花土，而台周围三四公里内的土质都是黑胶泥土；二是蚊子极少，一到夏季，台的周围有很多蚊子，唯独台上蚊子很少，据说，一个夏天的晚上，曹操在台上读书，被蚊子扰乱，曹操心里很烦，就赶跑了蚊子，以后蚊子再也不敢到台上来了；三是没有青蛙鸣叫声。每年夏季，议事台周围的其他河沟里都有很大的青蛙鸣叫声，而围绕台子的小河里却极少。民间传说，曹操与群臣在台上商议事情，青蛙不停的鸣叫声干扰了曹操，曹操烦躁地说不让青蛙叫，青蛙果然都停止了鸣叫。

---

[1] 晋·陈寿《三国志》卷一《武帝纪》，中华书局1959年版，第14页。
[2] 晋·陈寿《三国志》卷九《夏侯惇传》裴注引《魏书》，中华书局1959年版，第269页。

也有传说，曹操在台上曾经与太白金星变成的老者交谈，太白金星给曹操出主意，说要想统一天下，就要广屯田，解决军队和老百姓的粮食问题。曹操采纳了太白金星的建议。因为曹操与太白金星在台上商议国家大事，此台便被称为议事台。

议事台历史悠久，古代有不少文人雅士在议事台咏古伤今，抒发情怀。

明代孙子良有诗《鄢陵怀古》道："鄢陵原上草连坡，匹马行行奈远何？百里桑麻沾雨足，满园桃李得春多。篯铿遗冢烟霞里，曹操荒台麋鹿过。更向郭中寻故事，邑人偏解说甘罗。"① 诗歌将曹操与鄢陵少年名相甘罗作对比，认为当地人更喜欢谈论甘罗。

被保护起来的议事台遗址

相对于《鄢陵怀古》，明代刘昌的诗歌《登曹操议事台》态度更为极端："荒台倚平野，巍巍切高寒。西风披蔓草，冷露展未干。缅当汉献时，纪纲不复完。伊谁为厉阶，侵攘构兵端。缚虎既就殛，效尤及曹瞒。整旅向京洛，欺天号迎銮。还复坐此台，集议图所安。指顾汝颍间，已筑受禅坛。卑辞款之绍，师考致坐观。苟生昧先几，磬折投彼欢。北海慷慨士，杀身不为难。斑斑盗汉迹，粉饰惭儒冠。遂令登台者，千古滋浩叹。"② 这首诗是站在明代"拥刘反曹"的立场上写的，直呼曹操为"曹瞒"，骂曹操"欺天"，很明显是受到小说《三国演义》的影响。

据郑校长介绍，随着国家重视文化建设政策的实施，鄢陵县计划将议事台上的学校迁出，恢复这座具有悠久历史和重要文物价值的台子，并借此弘扬三国文化，发展旅游事业。

---

① 鄢陵县地方志编纂委员会编《鄢陵县志》，南开大学出版社1989年版，第601页。
② 鄢陵县地方志编纂委员会编《鄢陵县志》，南开大学出版社1989年版，第602页。

【链接】曹操的颍川谋士

曹操迎帝都许后，颍川士人大量涌现，被曹操逐一选用，成为曹操政治、军事事业中的得力助手。较早的有戏志才、荀彧、郭嘉等。《三国志·郭嘉传》载："颍川戏志才，筹画士也，太祖甚器之。早卒。太祖与荀彧书曰：'自志才亡后，莫可与计事者。汝、颍固多奇士，谁可以继之？'彧荐嘉。召见，论天下事。太祖曰：'使孤成大业者，必此人也。'嘉出，亦喜曰：'真吾主也。'"①荀彧作为曹操得力的谋士，在曹操身边发挥的作用更大，"彧德行周备，非正道不用心，名重天下，莫不以为仪表，海内英隽咸宗焉。司马宣王常称书传远事，吾自耳目所从闻见，逮百数十年间，贤才未有及荀令君者也。前后所举者，命世大才，邦邑则荀攸、钟繇、陈群，海内则司马宣王，及引致当世知名郗虑、华歆、王朗、荀悦、杜袭、辛毗、赵俨之俦，终为卿相，以十数人取士不以一揆，戏志才、郭嘉等有负俗之讥，杜畿简傲少文，皆以智策举之，终各显名。荀攸后为魏尚书令，亦推贤进士。太祖曰：'二荀令之论人，久而益信，吾没世不忘。'"②

荀彧给曹操推荐人才不拘一格，这与曹操"唯才是举"的用人思想一致，所以大量的人才来到许都，为曹操所用。在这些人中，颍川籍士人又占有相当一部分，如赵俨、辛毗等，"初，俨与同郡辛毗、陈群、杜袭并知名，号曰辛、陈、杜、赵云"。③

曹操谋士集团，魏国建立以前有三十五人，魏国建立以后有九十三人，其中颍川籍有十一人。曹操谋士集团骨干成员有九人，即荀彧、荀攸、贾诩、钟繇、程昱、郭嘉、董昭、刘晔、蒋济。其中荀彧、荀攸、钟繇、郭嘉为颍川籍。④

---

① 晋·陈寿《三国志》卷十四《郭嘉传》，中华书局1959年版，第431页。
② 晋·陈寿《三国志》卷十《荀彧传》裴松之注引《彧别传》，中华书局1959年版，第318页。
③ 晋·陈寿《三国志》卷二十三《赵俨传》，中华书局1959年版，第671页。
④ 参张大可《三国史》，华文出版社2003年版，第104页。

四、钟繇洗砚池

洗砚池为楷书鼻祖三国时期书法家钟繇①学书洗砚处。

钟繇（151-230），字元常，颍川长社（今河南长葛东北）人，三国时期曹魏重臣、著名书法家。

功高德茂 钟繇出身于东汉望族，祖先数世以德行著称。钟繇是曹魏政治集团的核心人物，历仕曹操、曹丕、曹叡各朝，在政治、军事方面都建有不凡功勋。死时明帝曹叡穿孝衣凭吊，下诏赞其"功高德茂"。其子钟毓、钟会在历史上也具有很大影响。其所在的颍川长社，成为海外钟氏认祖朝拜地。

早年举孝廉，除尚书郎、阳陵令，以疾去。辟三府，为廷尉正、黄门侍郎。曹操任兖州牧时，要派遣使节到长安上书献帝，而李傕、郭汜祸乱朝廷，断绝了与关东各地的联系，钟繇劝李、郭二人说曹操才是忠于汉室者，李傕、郭汜听从了钟繇的话，曹操才得以与朝廷取得联系。在极其混乱的状态下，经过钟繇的不懈努力，献帝才能够从长安城出来。

清顾沅辑《古圣贤像传略》钟繇像

① 钟繇事载《三国志·魏书》卷十三《钟繇传》。

建安元年（196），钟繇因屡建功勋，被拜为御史中丞，迁侍中、尚书仆射，封为东武亭侯。

马超、韩遂在关中相争时，钟繇以侍中守司隶校尉，持节督关中诸军，钟繇到长安后，劝马超、韩遂明白祸福，二人立刻派遣儿子到朝廷侍奉，实际是作为人质被扣押在朝廷。

官渡之战时，钟繇送给曹操一千余匹战马，①曹操十分感动，给他回信说："收到你送来的马匹，给我解了燃眉之急。关右平定了，朝廷没有了西顾之忧，这是足下的功劳。当年萧何镇守关中，给高祖刘邦提供了足够的粮食和军人，你的功劳和萧何是一样的。"

不久，匈奴在平阳（今山西临汾）扰乱，钟繇率军包围了他们，但是没有将他们消灭。河东太守郭援也率领大军到达平阳，钟繇部将建议立刻撤军，钟繇知道郭援刚愎自用，趁郭援在渡汾河的时候将其击破，斩杀郭援，迫降单于，大获全胜。后来，河东卫固作乱，钟繇又派兵平定。这些战役，消灭了诸多不安定因素，大大稳定了西北局势。天子被胁迫西迁后，洛阳人口减少，钟繇将关中百姓迁往洛阳，几年之间，人口明显增长，经济得到逐步恢复，曹操征讨关中时，得以依靠这些物资。

魏国初建时，钟繇任大理之职，又迁魏相国。时为太子的曹丕特意赐给钟繇五熟釜（一种炊具，釜内分为若干格子，可以分煮不同食物），亲自撰写铭文，还给钟繇写了一封信，可见曹丕对钟繇的敬重。

曹操死后，曹丕继位魏王，钟繇仍为大理，曹丕称帝建魏，任钟繇为廷尉、太尉，封钟繇为崇高乡侯、平阳乡侯。这时的钟繇名重朝廷，文帝曹丕曾经在罢朝后对左右大臣说：钟繇与司徒华歆、司空王朗三人"乃一代之伟人也，后世殆难继矣"！②

太和四年（230）四月，钟繇去世，享年八十岁。明帝身着素服，亲临

---

① 《三国志》宋本、元本"一"作"二"，《三国志·武帝纪》建安五年裴注引《钟繇传》亦云"送马二千余匹以给军"，可见钟繇送给曹操的马匹为两千匹左右。
② 晋·陈寿《三国志》卷九《夏侯惇传》裴注引《魏书》，中华书局1959年版，第395页。

葬礼哀悼。有司在审议钟繇谥号的时候，认为钟繇任职廷尉时，辨理刑狱，决嫌明疑，民无怨者，就像汉代于定国、张释之一样（《汉书·于定国传》载："朝廷称之曰：张释之为廷尉，天下无冤民；于定国为廷尉，民自以不冤"①），所以谥为"成侯"。明帝下诏说："太傅功高德茂，位为师保，论行赐谥，常先依此，兼叙廷尉于、张之德耳。"乃策谥曰"成侯"。

钟繇在政治、军事上成就卓著，且历仕武帝曹操、文帝曹丕、明帝曹叡三朝，可谓德高望重。

书史留芳 钟繇还是著名书法家，在书法史上具有很高的历史地位。尽管《三国志》及裴注都没有记载钟繇的书法成就，正如清代梁章钜所疑惑的那样："《太祖纪》详叙师宜官、梁鹄之工书，而元常书法妙绝古今，传中既不载，注亦无一字及之，何也？"② 其实，钟繇的书法成就在晋代卫瓘的《书断》中有详细记载：

> 繇少从刘胜入抱犊山学书三年，遂与魏太祖、邯郸淳、韦诞等议用笔，繇乃问蔡伯喈笔法于韦诞，诞惜不与，乃自捶胸呕血，太祖以五灵丹救之得活。及诞死，繇令人盗掘其墓，遂得，由是繇笔更妙。繇精思学书，卧画被穿过表；如厕，终日忘归。每见万类，皆书象之。繇善三色书，最妙者八分。③

还说：

> 繇师曹喜、蔡邕、刘德升，真书绝世，刚柔备焉。点画之间，多有异趣，可谓幽深无际，古雅有余，秦、汉以来一人而已。若

① 汉·班固《汉书》卷七十一《于定国传》，中华书局1962年版，第3043页。
② 卢弼《三国志集解·钟繇传》引，中华书局1982年版，第372页。
③ 卢弼《三国志集解·钟繇传》引，中华书局1982年版，第373页。

其行书，则羲、献之亚，草书则卫、索之下，八分则有《魏受禅碑》，称此为最也。元常书有十二种，意外巧妙，绝伦多奇。①

钟繇的书法是从小就跟人学习的，而且极为执着，甚至不惜盗掘坟墓获取方法。平时练习也极为刻苦，躺在床上以手指在被子上书写，以致时间长了被子都划破了。上厕所时也因为太过专注而忘记返回。看到什么东西都用笔去描摹，所以最终取得了极高的成就。

根据《晋书·卫恒传》，钟繇还作有《隶势》(即《隶书势》) 一书，《初学记》卷二十一引文相同。但《蔡中郎集》认为是蔡邕作。具体辨析参考卢弼《三国志集解》。②

钟繇在书法方面的成就极高，影响巨大，他擅长篆、隶、真、行、草等多种书体，尤其是楷书 (小楷)，后世尊钟繇为"楷书鼻祖"，与书圣王羲之并称"钟王"。他的书法被评为"上品之上"(南朝庾肩吾)、"神品"(唐张怀瓘《书断》)。

资料记载 钟繇洗砚池位于长葛市老城镇内福泉井旁。池呈长方形，长80米，宽30米。③水深约3米，水墨青，久旱不涸。池边有一水井，名叫"福泉"，池前立有1920年《重修洗砚池碑记》，记述了钟繇的书法成就。池边有一高台，相传为钟繇习字台。据清乾隆十二年 (1747)《长葛县志》载："长葛城有钟繇台，台上有亭，亭后有殿堂，池边有垂柳。"民国十九年《长葛县志》还记

钟繇书法《宣示表》(局部)

载道："洗砚池，在钟繇台下，繇尝学书台上，洗砚于池，池水尽黑，黝然可鉴。民国十四年，经张农部蔚蓝发起，范营长锡海、张知事金铭击各绅

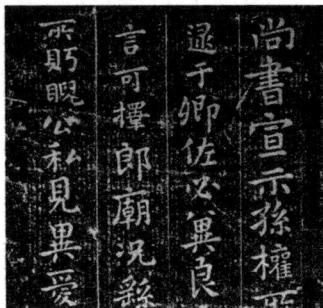

---

① 卢弼《三国志集解·钟繇传》引，中华书局1982年版，第373页。
② 卢弼《三国志集解·钟繇传》引，中华书局1982年版，第373页。
③ 参孙长锋、张铁聚《钟繇台与洗砚池》，《档案管理》1993年第2期。

董等捐资，委王会长瑞桐等监修亭榭，曲桥通之，遂成胜境。"①

据当地传说，青少年时期的钟繇常常邀请胡昭于习字台上练字。久而久之，由于洗笔洗砚，满池清水被染成黑色。

钟繇习字台是"长葛八景"之一。

钟繇洗砚池受到历代文人雅士的喜爱。据记载，明代永乐进士、翰林院庶吉士孙子良，成化进士、浙江布政司左参议车明理，天顺举人、江苏盐城训导张纶，正德二年长葛教谕李义，清康熙十六年（1677）长葛知县郑维飚，康熙二十五年（1686）长葛知县何鼎，乾隆九年（1744）长葛知县阮景咸等，都曾留下赞叹钟台的诗篇。张纶的诗写道：

> 钟繇台筑是何年，三国时成在县前。四面巍峨形势胜，一家法帖古今传。银钩铁画书尤巧，染翰操觚墨更鲜。有日登高闲张望，恍然身在半空悬。②

墨池传说 关于钟繇学书"池水尽黑"之说，显系传说，在古代书法家故事中多有"池水尽墨"的故事，其渊源出自东汉的书法家张芝练习书法的故事。

《后汉书·张奂传》："长子芝，字伯英，最知名。"唐代李贤注引北朝北魏人王愔《文志》曰："芝少持高操，以名臣子勤学，文为儒宗，武为将表。太尉辟，公车有道征，皆不至，号张有道。尤好草书，学崔、杜之法，家之衣帛，必书而后练。临池学书，水为之黑。下笔则为楷则，号匆匆不暇草书，为世所宝，寸纸不遗，韦仲将谓之'草圣'也。"③卫恒《四体书

---

① 长葛县志编纂委员会《长葛县志》（民国十九年），中州古籍出版社1987年版，第41页。
② 孙长锋、张铁聚《钟繇台与洗砚池》，《档案管理》1993年第2期。
③ 南朝·宋·范晔《后汉书》卷六十五《张奂传》，中华书局1965年版，第2144页。

势》谈到张芝刻苦学习时说:"弘农①张伯英者,因而转精其巧,凡家之衣帛,必先书而后练之。临池学书,池水尽墨。"②

张芝墨池在唐代还有遗迹,唐玄宗开元二年(714)九月,"正议大夫使持节沙州诸军事行沙州刺史兼豆卢军使上柱国杜楚臣赴任到府,询问张芝学业之处,到于池边,其时未有庙也。"③可见此时还有池。《沙州都督府图经·张芝墨池》记载:"张芝墨池,在(敦煌)县东北一里,效谷府东南五十步。右后汉献帝时,前件人于此池学书,其池尽墨,书绝世,天下名传。因王羲之《书论》云:'临池学书,池水尽墨,好之绝伦,吾弗及也。'又草书出处张芝,时人谓之(草)圣。其池年代既远,并磨灭,古老相传,在前件所。去(应为至)开元二年九月,正议大夫使持节沙州诸军事行沙州刺史、兼豆卢军使、上柱国杜楚臣赴任,寻坟典,文武俱明,访诸此池,未获安惜。至四年九月,敦煌县令赵智本到任,其令博览经史,通达九经,寻诸古典,委张芝、索靖俱是敦煌人,各捡古迹,具知处所。其年九月,拓上件池中得一石砚,长二尺,阔一尺五寸,乃劝诸张族一十八代上柱国张仁会……令修葺墨池,中立庙及张芝容。"④

墨池和张芝庙受到文人墨客热捧,成为敦煌重要的人文景观。敦煌遗书《敦煌古迹二十咏》第十三《墨池咏》诗赞道:"昔人精篆素,尽妙许张芝。圣草雄千古,芳名冠一时。舒笺观鸟迹,研墨染鱼缁。长想临池处,兴来聊咏诗。"⑤张芝之后,"墨池"甚至成了张氏的郡望,称为"墨池张氏"。如《敦煌呜人名胜邈真赞·张兴信邈真赞》云:"敦煌甲族,墨池张氏……处职辕门,功名莫比。"《沙州释门张僧政赞》:"敦煌甲族,墨池张氏,神假精灵,天资秀气。"⑥

---

① 张芝的籍贯有二说:一为甘肃敦煌渊泉(今甘肃酒泉),一为河南弘农(今河南灵宝)。学术界偏向于前说。
② 唐·房玄龄等《晋书》卷三十六《卫瓘传》附《卫恒传》,中华书局1974年版,第1065页。
③ 敦煌遗书伯3721号《瓜州两郡史事编年并序》。
④ 敦煌遗书伯2005号《沙州都督府图经》。
⑤ 敦煌遗书伯3929号《敦煌古迹二十咏》。
⑥ 敦煌遗书伯4660号《敦煌呜人名胜邈真赞》。

王羲之学书的故事中，也说王羲之洗砚于池，致使池水尽黑。"池水尽黑"出自王羲之自己的书信，他曾经给人写信，谈到张芝"临池学书，池水尽黑"①；敦煌遗书有《秋日过龙兴寺观墨池》诗："独登仙宫欲从谁，闻者王君旧墨池。苔藓已侵行履迹，洼坳犹是古来规。竹梢声认挥毫日，殿角阴疑洗砚时。叹倚坛边红叶树，霜钟欲尽下山迟。"②歌咏临川王羲之墨池。

与钟繇洗砚池一样，张芝墨池、王羲之墨池今天也难觅踪影。

墨池习书被认为是刻苦学习的象征，所以后人即把此语用到了每一个苦练书法技艺的人身上，并且敷衍出洗砚池等故事。

钟繇在书法上能够成为大家，与他刻苦的练习分不开。当地人流传着一个钟繇苦练书法的故事，说钟繇练习书法不分昼夜，有时在睡觉时也不知不觉地用手比画着写字。有一次，躺在床上朦朦胧胧地在用手指写字，无意间写在妻子的肚子上。他发现后，不好意思地把手收了回来，这时妻子却说，没事，你只管练你的。妻子本意是鼓励他继续练习，不要顾及别人，而钟繇却听出了妻子话语中的另外含义：只管练习自己的。他认为，妻子的话很有道理，练习书法为什么要模仿别人呢！从此，他练习书法不再走别人走过的老路，最终独创一体，完成了书法史上壮丽的一页。

洗砚池旁立的《重修洗砚池碑记》，2009 年被公布为许昌市级文物保护单位。

另有记载，还有一处钟繇台，"在县治前，繇尝筑台读书于其上"。③

【链接】钟繇之"繇"的读音

关于钟繇之"繇"的读音，历来多有歧读、误读、误解。盖言之，读音有二：

---

① 唐·房玄龄等《晋书》卷五十《王羲之传》，中华书局 1974 年版，第 2100 页。
② 敦煌遗书伯 3866 号《李翔涉道诗》。
③ 《嘉靖许州志》卷八，上海古籍书店 1961 年影印。

1. 读 yáo

读 yáo，取皋繇之"繇"义，其字"元常"也取自《皋陶》"彰厥有常"之"常"，名与字相互关联。钟繇名、字当有仰慕前贤之义。

卢弼《三国志集解》云：

> 曾廷枚《香墅漫钞》卷二曰：钟繇字元常，取《皋陶》"彰厥有常"之义。繇同陶，非由音也。潘眉曰：繇，音遥。《史记·东越传》"繇君丑"《索隐》"音摇"。《吴太伯世家》"子周繇立"《正义》"音遥"。《汉书》"徭役"字，悉作"繇"，《国志》亦多作"繇"，其作"徭"者，后来俗本所改。杨升庵曰：钟繇字元常者，取《皋繇陈谟》"彰厥有常"之义。今多以"繇"音"由"，非也。《晋世说》：庾公谓钟会曰："使以久望卿，遥遥不至。"盖举其父讳以嘲之。[1]

民国学者李详说：

> 钟会父繇，魏时自音"繇"（遥），非如今时音"由"也。[2]

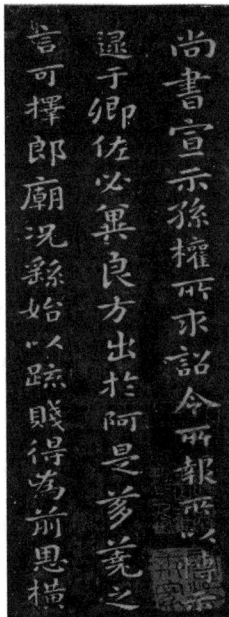

钟繇《宣示表》(局部)

当代学者也多有主张依古音读为 yáo 的，如郑茵《钟繇的"繇"应该怎么读》[3]认为"应当维持原状读'遥'。"也有学者从另外一个角度解释钟繇名与字的关系，支持这一说法，如王少元《钟繇的"繇"字读音》[4]认为：繇读作 yáo 时，意义为花草盛貌。其名与字出自《老子》："夫物芸芸，各复归其根。归根曰静，是曰复命，复命曰常。"取万物繁盛循环恒久不易之义。河上公注曰："芸芸者，华（花）叶盛。"于是可知，

---

① 卢弼《三国志集解》，中华书局 1982 年版，第 366 页。
② 李详《世说新语笺释稿》。
③ 郑茵《钟繇的"繇"应该怎么读》，《咬文嚼字》2008 年第 4 期。
④ 王少元《钟繇的"繇"字读音》，《联合日报》2017 年 2 月 14 日第 A02 版。

"繇"义与"芸芸"之义相合。"字"是对"名"的相辅。因而名"繇"与字"元常"有着意义上的关联。若读 yóu 时,则与"字"的意义没有多大关系。据此推断,钟繇的"繇"应读作 yáo,不能读 yóu。

2. 读 yóu

颍川钟氏家族在起名时,同辈分之人一般都会按照大体相同的含义起名。钟繇祖父名字叫钟皓(字季明),钟繇的叔祖名字叫钟皎,二人名字中的皓、皎都有洁白明亮的意思;钟繇的父亲名字叫钟迪,叔伯名字叫钟敷,二人名字中的迪(意为开导)、敷(意为铺开),都有"开"的意思。据此,有学者认为,锺繇(字元常)及兄弟钟演(字仲常)字中的"常"(意为恒久)、"演"(意为长流)意思相通。在繇读 yáo 时,无恒久之意;在读 yóu 时,与"猷"通假(古代"繇""猷""由"经常互为通假),意为"大道"(《诗经·小雅·巧言》:"秩秩大猷,圣人莫之",钟氏族人看到的版本或为"秩秩大繇,圣人莫之"),大道是恒久长远的。故此认为钟繇名字中的"繇"字应该读"yóu"。

余嘉锡《世说新语笺疏》引清代姚范《援鹑堂笔记》三十云:

盖旧读繇为遥,以其父名为戏也。今皆读为由音。①

吉常宏等《古人名字解诂》说:

《汉书·叙传上》"近者陆子优繇"王先谦补注"繇与游同"(马按,师古曰:"繇读与由同。"),《文选》作游。《说文·㫃部》:"游,旌旗之流(旒)也。"……《释名·释兵》:"常,九旗之名,日月为常,画日月于其端,天子所建,言常明也。"繇、常义近,故以"常"应"繇"。②

---

① 余嘉锡《世说新语笺疏》,中华书局 1983 年版,第 917 页。
② 吉常宏等《古人名字解诂》,语文出版社 2003 年版,第 278 页。

第四章 名人墓冢类

一、愍帝陵

愍帝陵位于许昌市东14公里张潘镇，为汉献帝衣冠冢。据《许昌县志》载："汉愍帝陵，在城东三十里张潘镇北门外。"①

末代至尊 汉献帝刘协②（181—234），字伯和，汉灵帝刘宏次子，东汉最后一任皇帝，从灵帝中平六年（189）九月九岁时即皇帝位，到延康元年（220）十月四十岁时逊位，共当了三十二年皇帝。有初平（190—193）、兴平（194—195）、建安（196—220）、延康（220）四个年号。在山阳公位上，又生活了十四年（220—234）。

献帝早年深受父亲宠爱，《后汉书》李贤注引《张璠记》曰："灵帝以帝似己，故名曰协。"又引《帝王纪》曰："协字伯和。"③可见，灵帝给他起名"协"，正是因为他"像自己"。九岁时被封为渤海王，不久又徙封为陈留王。九月，董卓废掉少帝刘辩，立刘协为皇帝。

央视电视连续剧《三国演义》中的汉献帝

作为东汉的末代皇帝，献帝从被扶上皇帝宝座的那一刻起，就意味着

① 《许昌县志》，民国二十二年（1933）编。
② 参南朝·宋·范晔《后汉书》卷九《献帝纪》，中华书局1965年版，第327页。
③ 南朝·宋·范晔《后汉书》，中华书局1965年版，第367页。

要在急剧动荡的历史舞台上，经历巨大的人生磨难。

献帝的一生可以分为三个时期：都许之前、都许之后、山阳公时期。

都许之前他是在宦官和外戚的争斗中，历经波折。初平元年（190）正月，袁绍率各路诸侯讨伐董卓，董卓将都城由洛阳迁往长安，又将洛阳皇宫、庙宇及大片住宅烧毁。董卓死后，部将李傕、郭汜发生矛盾，兴平二年（195），李傕劫持献帝到自己军营，焚烧了长安宫殿，郭汜胁迫公卿，两人相攻连月，死者上万人。六月，张济出面调解李傕、郭汜矛盾，二人和解后，想把献帝迁到弘农（今河南灵宝），献帝也思念旧京，派使者请求东归，献帝使者往返了十次，二人才同意。七月，献帝东归洛阳，车骑将军郭汜、后将军杨定、兴义将军杨奉、安集将军董承等一起护送献帝。张济为骠骑将军，驻扎在陕县（今河南省三门峡市陕州区）。八月，一行人历尽艰辛，浩浩荡荡走到新丰（今陕西新丰），到华阴县的时候，献帝还不得不露宿在路旁。十二月，献帝车驾东进到达弘农。张济、李傕、郭汜等人与护卫献帝的人董承、杨奉等在弘农东涧发生大战，李傕、郭汜获胜，杀死了献帝身边的众多军政官员，朝廷所用御物、符策、典籍等大量丢失。献帝走到曹阳时，不得不露宿在田野中。走到陕县时，已经夜半，天子身边护卫的虎贲、羽林不满百人。

一行人夜渡黄河，天子与公卿大臣步行出营，皇后由哥哥伏德挽扶，伏德另一只手还挟持着十匹丝绢，艰难前行。到达黄河岸边的时候，因河岸陡峭，高十余丈，他们用丝绢裹起天子，让人背着走在前面，其他人匍匐而下，有些人干脆直接跳了下去，把衣冠都摔破了，异常狼狈。到了河边，士卒争着到船上去，董承、李乐用戈击打这些士兵，结果，大量士兵们的手指被击断。天子终于坐到了船上，同行的只有皇后和杨彪以下的官员几十个人，宫女和其他随行人员无法渡过黄河者，都遭到追兵的掠夺，衣服被抢，头发也被截断，加上天寒地冻，大量人员被冻死。

建安元年（196）正月，献帝在安邑祭祀上天，大赦天下，改元建安。

杨奉、董承、韩暹胁迫天子回旧京洛阳，途中粮食匮乏，难以前进，张杨及时送来了粮食，一行人得以继续前行。六月，献帝到达闻喜县（今山西闻喜县），七月，到达洛阳。至此，献帝从长安到洛阳走了一年半之久。

到达洛阳之后，献帝君臣的苦难日子并未结束，没有吃的，没有住的，甚至君臣都没有安全保证，好在不久之后，曹操带着具有强大战斗力的军队来洛阳护驾，献帝的生活环境得到了彻底的改变。

这时的中原地区军阀混战，其中袁绍的力量占据着绝对的优势，曹操后来居上，力量逐渐强大。同时，孙策在江东站稳了脚跟，形成了盘踞一方的实力。在南方的荆州，社会安定，刘表聚集了大量人才，富甲一方。刘璋占领益州，割据西南。在西北，韩遂、马超占有凉州，东北则由公孙度称霸。在这种情况下，曹操敏锐地捕捉住了时机，将献帝奉迎到许都，取得了"奉天子以令不臣"的特权，为自己的政治生涯打下了极为坚实的基础。

都许之后，刘协虽然仍然是一个没有实权的皇帝，但是，一方面，他是至高无上的皇帝，在他身上，体现着无限的权威和尊严，这样的外衣对别人来说也是一种威慑；另一方面，在他周围，聚集了一个忠心耿耿的拥汉群体，这个群体在不同的时间、不同的地点鼓噪呐喊，甚至不惜牺牲性命地捍卫他所代表的君权，这就使他的威慑力得到了大大的扩张。因此，献帝在许都的二十五年里，他和曹操之间的关系既是弱主和军阀之间的关系，更是君臣关系，献帝在曹操的眼皮底下，小心翼翼地发号施令，行使着属于自己独有的君权，而曹操则站在封建皇帝这面大旗之下，横刀立马，耀武扬威，献帝既无力遏制曹操，曹操更不敢取而代之。两人都在极力寻找共有的契合点，这个契合点就是维系君臣平衡的支点。

在这漫长的二十五年里，曹操的权势不断升高，最后，除了皇帝的称号之外，帝王所拥有的一切他都有了；而献帝除了皇帝的称号之外，其他几乎没有了，所以，拥汉派朝臣屡屡以身犯险，要为献帝争回这口气。曹操则处变不惊，从容应对，双方较量的结果可想而知，蚍蜉是无力撼动大树的。

曹操去世之后，这个平衡点迅速被打破，支点渐渐消失，结果，献帝拱手让出了皇冠，少壮派曹丕登上了皇帝的宝座，建立了新兴的大魏政权。不过，他对献帝表现出了超出常规的宽容，不像以往改朝换代的历代帝王那样斩草除根、斩尽杀绝，而仅仅是剥夺了他皇帝的名号，皇帝拥有的一切，献帝在山阳公的公国内照样拥有。

据《后汉书·献帝纪》载：献帝降为山阳公之后，"邑一万户，位在诸侯王上，奏事不称臣，受诏不拜，以天子车服郊祀天地，宗庙、祖、腊皆如汉制，都山阳之浊鹿城。四皇子封王者，皆降为列侯"。[1] 这样的待遇在包括以后的封建王朝中是不多见的，或许可以视为是曹丕对其父生前给献帝造成的不公进行的补偿吧。

山阳公时期的献帝由皇帝变成了一个悬壶济世的医生，他利用自己所掌握的医术，走村串户给山阳的百姓治病，民间称呼他和曹皇后为"龙凤医家"，至今当地仍然留下不少与他们有关的故事和传说。据说，当地民间称呼外公、外婆为"魏公""魏婆"，就与他们有关。农村针灸、拔罐从不收费，治病用的中草药都可以赊欠，但从不还价，这些据说都是献帝留下的规矩。

献帝在山阳生活了十四年之后，于青龙二年（234）三月病逝，享年五十四岁。明帝曹睿用汉朝天子的礼仪规格为他举行了葬礼，给献帝的一生画上了一个还算圆满的句号。

不仅如此，正如史学家范晔所说："天厌汉德久矣，山阳其何诛焉！"[2] 意思是说，大汉王朝气数已尽，不能因为汉朝的灭亡而去责备献帝。范晔还极为同情地评价了献帝说："献生不辰，身播国屯。终我四百，永作虞宾。"[3] 说献帝生不逢时，不得不辗转奔波，国家又遭逢厄难，以至于终结了大汉王朝四百年的基业，自己也失去了国主的地位，成了魏国的宾客。

① 南朝·宋·范晔《后汉书》卷九《献帝纪》，中华书局1965年版，第390页。
② 南朝·宋·范晔《后汉书》卷九《献帝纪》唐·李贤注引《续汉书》，中华书局1965年版，第391页。
③ 南朝·宋·范晔《后汉书》卷九《献帝纪》，中华书局1965年版，第392页。

或许是献帝的德行感动了天地，他的子孙承袭他的爵位一直持续到八十年后的西晋末年永嘉（307—313）时期。

孝愍皇帝　"愍"是刘备追谥献帝刘协的尊号。曹丕代汉称帝以后，刘备听说献帝被害，就在距离遥远的益州给献帝追封了这个谥号。据《三国志·蜀书·先主传》载："（建安）二十五年（220），魏文帝称尊号，改年曰黄初。或传闻汉帝见害，先主乃发丧制服，追谥曰孝愍皇帝。"[1]

实际上，曹丕称帝建立魏国时，并没有将献帝杀死，而是降为了山阳公。因此，这个谥号是误谥。不过，也有人说，刘备这样做是有目的而为之，如果献帝不死，他这个口口声声尊奉献帝的铁杆拥汉派怎么好意思称帝呢？只有让献帝"死"了，他才能在遥远的益州再建立一个汉朝，以汉室继承人的身份，毫无愧色地登上皇位。

不过，对于许昌人来说，为献帝建立一个衣冠冢，却是实实在在地表达出对这位昔日天子的真情怀念。

愍帝陵原来叫献帝陵，明宪宗成化二十年（1684），江苏无锡人邵宝中进士后授予许州知州官职，邵宝具有明显的"拥刘反曹"思想，到任后对许昌境内的三国文化遗址进行了全面改造，其中之一就是将"献帝陵"改为"愍帝陵"。《明史》记载道：邵宝"举进士，授许州知州。月朔，会诸生于学宫，讲明义利公私之辨。正颍考叔祠墓。改魏文帝庙以祠汉愍帝，不称献而称愍，从昭烈所谥也"。[2]可见，他认为昭烈帝刘备所定的谥号才是对的，而对魏明帝曹睿为献帝所谥之"献"予以否定。历史上，称"愍"或"献"表明的是一个人的政治态度，即是以谥"愍"的刘备为正统，还是以谥"献"的曹丕为正统的问题。这个问题在历史上也存在过争议，卢弼《三国志集解》引述了一段有关争议问题说：

---

① 卢弼《三国志集解》，中华书局 1982 年 12 月版，第 736 页。
② 清·张廷玉等《明史》卷二百八十二《儒林·邵宝传》，中华书局 1974 年版，第 7244 页。

李清植曰：《纲目》既以蜀汉为正统，则当以此谥为正。今《纲目》不书"愍"，而书"献"，盖犹沿《通鉴》之误。周寿昌曰：献帝殂于魏明帝青龙二年，此尚是建安二十五年，山阳公尚存也。故国兵争，传闻无实，此谥自然不得据为典要，故《纲目》特取孝献之谥以纪实，后世因之，并非沿误。①

可见，"拥刘反曹"还是"拥曹反刘"之争无处不在。《三国志集解》还引述道：

梁章钜曰：本书《甘皇后传》及《晋书·刘元海载记》并称"孝愍"，此外无闻。②

说明大多数人认可的是"献"而非"愍"。

现愍帝陵为一长方形土台，高10米，长22米，宽20米，作为市级文物保护单位，2009年公布的保护区面积500平方米。

汉愍帝陵遗址

虽为一抔黄土，愍帝陵却承继了近两千年来许昌百姓对这段辉煌历史的记忆，透过它古朴、沧桑的外表，我们看到的是沉甸甸的情感和深厚隽永的文化。

禅陵
今昔 据《后汉书》《三国志》等资料记载，献帝于魏青龙二年（234）去世，葬在山阳公封地（今河南修武），因为他是将皇位禅让给了曹丕，所以，陵墓取名为禅陵。当地百姓为了纪念他，把禅陵旁边的小山称作古汉山，并在山上修建了山阳公庙宇。现在禅陵所在的村子名字就叫做古汉村。

① 卢弼《三国志集解》卷三十二《后主传》，中华书局1982年版，第736页。
② 卢弼《三国志集解》卷三十二《后主传》，中华书局1982年版，第736页。

当时，禅陵建造的规格非常高，规模非常大。《后汉书·献帝纪》李贤注引《帝王纪》记载说：

禅陵在浊鹿城西北十里，在今怀州修武县北二十五里。陵高二丈，周回二百步。①

另外，从献帝的葬礼规模也可以看出陵墓的规制。什么样的葬礼才是天子的葬礼规格呢？李贤注引《续汉书》说：

天子葬，太仆驾四轮辆为宾车，大练为屋幪。中黄门、虎贲各二十人执绋。司空择土造穿，太史卜日，将作作黄肠、题凑、便房，如礼。大驾，大仆御。方相氏黄金四目，蒙熊皮，玄衣朱裳，执戈扬楯，立乘四马先驱。旗长三刃，十有二旒曳地，画日、月、升龙。书旒曰"天子之枢"。谒者二人，立乘六马为次。太常跪曰哭，十五举音，止哭。昼漏上水，请发。司徒、河南尹先引车转，太常曰请拜送。车著白丝三纠，绋长三十丈，围七寸；六行，行五十人。公卿巳下子弟凡三百人，皆素帻，委貌冠，衣素裳，挽。校尉三人，皆赤帻，不冠，持幢幡，皆衔枚。羽林孤儿、《巴俞》耀歌者六十人，为六列。司马八人，执铎。至陵南羡门，司徒跪请就下房，都导东园武士奉入房，执事下明器，太祝进醴献。司空将校复土。②

《三国志·明帝纪》也记载，献帝死时，明帝曹睿还亲自身着素服，为献帝治丧：

青龙二年（234）三月庚寅，山阳公薨，帝素服发哀，遣使持节典护丧事。己酉，大赦。

四月……丙寅，诏有司以太牢告祠文帝庙。追谥山阳公为汉孝献皇帝，葬以汉礼。③

---

① 南朝·宋·范晔《后汉书》，中华书局 1965 年版第 391 页。
② 南朝·宋·范晔《后汉书》，中华书局 1965 年版，第 391 页。
③ 晋·陈寿《三国志》，中华书局 1959 年版，第 101 页。

裴注引《献帝传》记载得更为详细：

> 献帝传曰：帝变服，率群臣哭之，使使持节行司徒太常和洽吊祭，又使持节行大司空大司农崔林监护丧事。①

《献帝传》还记载了明帝在祭奠献帝的葬礼上颁布的诏令，诏令把汉魏禅代之事称作"舜事尧之义"，在《告祠文帝庙》文中，也称其为"陶唐懿德之事也"，说："今追谥山阳公曰孝献皇帝，册赠玺绶。命司徒、司空持节吊祭护丧，光禄、大鸿胪为副，将作大匠、复土将军营成陵墓，及置百官群吏，车旗服章丧葬礼仪，一如汉氏故事"，"立其后嗣为山阳公，以通三统，永为魏宾"。"八月壬申，葬于山阳国，陵曰禅陵，置园邑。葬之日，帝制锡衰弁绖，哭之恸。适孙桂氏乡侯康，嗣立为山阳公。"②

可见，献帝告别人生的一幕，魏明帝曹睿给他演绎得还是比较奢华的，献帝也应该带着他最后的微笑而去。

魏元帝景元元年（260），也就是献帝死后二十六年，曹皇后去世，两人合葬在一起。至此，这对苦命夫妻终于在九泉之下会面了。

如今的禅陵苍凉、冷落，笔者2017年早春二月前往拜谒的时候，看到的是满目的荒凉。一堆高大的黄土寸草不生，好像刚刚被人堆积而成，顿生疑窦。询问村人得知，陵墓即将被重修，心中这才得以稍慰。陵墓之前，有清雍正九年（1731）九月立《汉禅陵基址碑记》石碑和乾隆五十二年（1787）立《汉献帝陵寝》碑。再往南，是一间小小的万善寺，寺前立有《汉献帝禅陵》碑和《汉献帝禅陵》文物保护石牌。

《汉献帝禅陵》碑

---

① 晋·陈寿《三国志》，中华书局1959年版，第102页。
② 晋·陈寿《三国志》，中华书局1959年版，第103页。

根据保护石牌的介绍，禅陵北依太行，南望黄河，靠山近水，钟灵毓秀。墓冢为覆斗方形，高二丈余，周回二百步，神道两旁栽种着两行二十八株柏树。二百步象征着东汉王朝的二百年统治，二十八株柏树寓意东汉光武帝刘秀的二十八员大将，又象征两汉的二十八位皇帝。

陵区还有献帝的孙子刘康和曾孙刘瑾墓。

禅陵是豫北地区唯一保存完好的帝王陵墓，北面是百家岩避暑胜地，南连海蟾宫、浊鹿城遗址，规制宏大，是研究汉魏文化不可多得的实物资料，具有较高的历史价值。

位于修武县的汉献帝禅陵

【学术争鸣】曹操"挟天子"还是"奉天子"？

曹操将天子汉献帝刘协迁都到许县，不仅后人对这件事有不同说法、持不同态度，当时的人说法就已经不一样了。

兴平二年(195)冬，沮授劝袁绍西迎天子，说：

> 今州城初定，宜迎大驾，安宫邺都，挟天子而令诸侯，畜士马以讨不庭，谁能御之！ [1]

建安三年(198)五月，曹操征张绣，袁绍叛卒对曹操说：

> 田丰使绍早袭许，若挟天子以令诸侯，四海可指麾而定。 [2]

以上两条史料是对袁绍"挟天子"的记录。

曹操在任兖州牧的时候，毛玠给曹操建议："宜奉天子以令不臣，修耕植，畜军资，如此则霸王之业可成也"。 [3]

《郭嘉传》裴注引《傅子》说：

---

[1] 晋·陈寿《三国志》卷六《袁绍传》裴注引《献帝纪》，中华书局1959年版，第195页。
[2] 晋·陈寿《三国志》卷一《武帝纪》裴注引《献帝春秋》，中华书局1959年版，第16页。
[3] 晋·陈寿《三国志》卷十二《毛玠传》，中华书局1959年版，第375页。

是时，太祖奉天子以号令天下，方招怀英雄以明大信，未得从嘉谋。①

建安四年 (199) 春，渔阳田豫说太守鲜于辅曰：

曹氏奉天子以令诸侯，终能定天下，宜早从之。②

建安四年 (199)，沮授对袁绍说：

曹操奉天子以令天下，今举师南向，于义则违。③

官渡之战前，贾诩劝张绣归降曹操，说：

曹公奉天子以令天下，其宜从一也。④

建安七年 (202)，傅干说马腾曰：

曹公奉天子诛暴乱，法明国治，上下用命，有义必赏，无义必罚，可谓顺道矣。⑤

以上六条皆云"奉天子"，说话者都是曹操部下或对曹操有好感、对曹操的未来抱有很大希望的人。

建安元年 (196)，袁绍拒绝太尉任职，说：

曹操当死数矣，我辄救存之，今乃背恩，挟天子以令我乎！⑥

建安九年 (204) 张承对袁术说：

今曹公挟天子以令天下，虽敌百万之众可也。⑦

建安十二年 (207)，诸葛亮对刘备说：

今操已拥百万之众，挟天子而令诸侯，此诚不可与争锋。⑧

建安十三年 (208) 九月，曹公入荆州，刘琮举众降。孙权召集部下问计，议者都说：

---

① 晋·陈寿《三国志》卷十四《郭嘉传》，中华书局 1959 年版，第 433 页。
② 宋·司马光《资治通鉴》卷六十三，中华书局 1956 年版，第 2013 页。
③ 宋·司马光《资治通鉴》卷六十三，中华书局 1956 年版，第 2015 页。
④ 晋·陈寿《三国志》卷十《贾诩传》，中华书局 1959 年版，第 329 页。
⑤ 晋·陈寿《三国志》卷十三《钟繇传》裴注引司马彪《战略》，中华书局 1959 年版，第 393 页。
⑥ 晋·陈寿《三国志》卷六《袁绍传》裴注引《献帝春秋》，中华书局 1959 年版，第 195 页。
⑦ 晋·陈寿《三国志》卷十一《张范传》，中华书局 1959 年版，第 337 页。
⑧ 晋·陈寿《三国志》卷三十五《诸葛亮传》，中华书局 1959 年版，第 912 页。

曹公豺虎也，然讬名汉相，挟天子以征四方，动以朝廷为辞，今日拒之，事更不顺。①

以上四条皆云"挟天子"，来自曹操的对立一方。

其实，不管是说"奉天子"还是"挟天子"，只不过是情感不同而已，从董卓之乱开始，天子已经是被胁迫了，这个事实大家都很清楚，所以，袁绍谋士沮授劝袁绍西迎天子时，说的也是"挟天子"，并不忌讳。曹操都许之后，将献帝的威望与尊严一点点恢复起来，与过去天子的颠沛流离、任凭他人做主完全不同，再加上曹操表面上对天子是毕恭毕敬，一点儿也不敢僭越礼仪的，天子俨然成了天下之主，并未受到胁迫，所以才有了"奉天子"的说法，但是，在敌方眼中，曹操完全凌驾于天子之上，和过去董卓、李傕等人胁迫天子并无二致，所以，依然视为"挟天子"。

① 晋·陈寿《三国志》卷五十四《周瑜传》，中华书局1959年版，第1261页。

二、伏皇后墓

伏皇后墓位于今许昌市西南 15 公里的蒋李集镇刘庄村东北隅（刘庄村原名冢刘村，即因伏皇后墓而得名），为汉献帝的皇后伏寿之陵墓。

福寿皇后 ┃ 伏皇后（？ —214）名寿，琅琊东武（今山东诸城）人。父亲伏完，东汉大司徒伏湛八世孙。深沉有大度，袭爵不其侯，官至侍中。母亲是桓帝的女儿阳安公主。

伏寿，谐音"福寿"，既有福，又长寿，一个寄托着良好祝愿的名字。可惜，伏寿却不是这么回事，她生逢乱世，生活在风雨飘摇的汉末，又处于国家权力的核心，虽然贵为皇后，却整天胆战心惊，在三十四五岁就匆匆走完了自己的生命历程。

初平元年（190），伏完跟随献帝西迁长安，伏皇后进入掖庭为贵人。当董卓逼迫献帝迁都长安的时候，伏寿也跟着西行。兴平二年（195）伏寿被立为皇后，父亲伏完也升迁执金吾。不久，献帝东归洛阳，董卓部将李傕、郭汜等人紧追其后，率兵追赶献帝。李傕、郭汜等人在曹阳打败了献帝的护卫军，献帝不得不连夜偷偷渡过黄河逃走，献帝身边跟随的六宫女子也都步行逃出军营。这时，伏皇后随身带着几匹缣帛。献帝有一个贵人姓董，她的父亲叫董承，董承看到伏皇后拿着的几匹缣帛，就让符节令孙徽拿着刀剑去抢夺。伏皇后周围的侍者上前阻止，却被孙徽砍死，鲜血溅到了伏皇后的衣服上，伏皇后惊恐万状。孙徽杀死伏皇后身边的侍者后，夺走了缣帛。献帝君臣好不容易逃到安邑（今属山西夏县），到了安邑的时候，身上的衣服早已经污浊不堪，难以蔽体。饮食也只能吃些大枣、栗子等野果。"御服

穿敝，唯以枣栗为食”，① 十分狼狈。

建安元年（196），献帝拜伏完为辅国将军，享受与三公相同的礼仪。这个时候，伏完认为朝政完全掌握在曹操手中，难以有所作为，同时，因为自己是皇后的父亲，担心地位过于尊显而招来祸端，所以，就把辅国将军的印绶上交了，改任中散大夫，不久又迁任屯骑校尉。

献帝自从建安元年迁都许昌以来，虽然生活上已经不再像过去那样颠沛流离，也逐渐恢复了皇帝的威严，但是，因为朝政大权都掌握在曹操手中，献帝也只是有个皇帝的宝座罢了，他周围的护卫侍从，没有不是曹操的亲信的，大臣都不敢在献帝面前议论任何政事，议郎赵彦曾经给献帝谈论时下治国方略，曹操恼怒地将他杀害了。类似这样的事情，在朝廷内外还有很多，大多数人都被曹操诛杀。

曹操的所作所为让献帝极为不满。有一次，曹操有事去面见献帝，献帝看到曹操后，久已压抑的怒火终于爆发了，他对曹操说：“你如果还把我当作皇帝辅助我，就请你宽厚一些，否则，就请你大发慈悲把我废掉！”曹操一听，大惊失色，连连叩头，惊惶而退。在曹操的心目中，他虽然没有给献帝执掌国家大事的权力，但是，他还是很尊重献帝的，他绝对没有想着要把献帝废掉。所以，他听到献帝这样说，知道献帝对他的行为十分不满，他内心异常惊恐。按照朝廷规矩，三公带兵朝见皇帝时，在通道两边要站立手持刀剑的虎贲卫士护卫，当曹操走出来的时候，看到两旁站立的威严的虎贲卫士，顿时汗流浃背，自此以后，他再也不敢到殿中见献帝了。对于曹操的专权，献帝也在力所能及的情况下进行反抗，建安五年（200），献帝暗中与董贵人的父亲董承商议除掉曹操，董承以收到献帝密诏为名，联合多人策划杀掉曹操，不料事情没有成功，董承等人反被曹操杀掉。杀了董承之后，曹操还要杀掉董贵人，他要献帝交出董贵人，献帝以董贵人

---

① 范晔《后汉书·皇后纪》，中华书局1965年5月版，第453页。

已怀有身孕为由，一再请求曹操放过她，但是最终曹操也没有答应献帝，还是把董贵人给杀死了。

董贵人被杀，伏皇后亲眼看见，从此心怀恐惧，坐不安席。她便给父亲伏完写了一封书信，叙说曹操专权、肆无忌惮，残忍地逼死董贵人的情况，对曹操极为不满，甚至恶言相加，她让父亲想办法暗中除掉曹操。

伏完接到女儿的信之后，也很害怕，不敢采取任何行动。事情就这样过去了，一直到几年后伏完去世，也没有人知道这件事。

建安十四年（209），伏完去世。

不料，建安十九年（214），也就是伏完去世五年之后，伏皇后给父亲写的信被人揭露了出来，曹操得知情况大怒。他立刻找到献帝，逼迫献帝废掉伏皇后。曹操假借献帝颁布诏册说："皇后伏寿，出身卑贱，荣登显耀极尊大位，自从她被立为皇后开始，到现在已经二十年了，但是，她既没有古代周文王母亲太妊、周武王母亲太姒那样美好的德行，又缺乏谨言慎行、恪守礼仪的天赋，却暗中怀有妒贤害能之心，包藏祸心，这样的人不可以秉承天命、奉祀祖宗。现在派遣御史大夫郗虑带着皇帝符节传达诏令，要伏寿交出皇后玺绶，离开后宫，迁居到别的馆舍。呜呼伤哉！这是伏寿自取其祸，不按刑律究治其罪，她已经十分幸运了。"

然后，曹操又命令尚书令华歆作为郗虑的副手，带兵进入后宫收押伏寿。伏寿吓得赶紧关闭房门，藏在室内的墙壁夹层之中，但还是被华歆找到，将她拖了出来。

这时，献帝在外殿，正招呼郗虑坐在自己身边。伏皇后披散着头发，光着脚，哭着走了过来。经过献帝面前时，伏皇后对献帝绝望地哀求道："你难道不能救救我吗？"献帝伤心地说："我也不知道还能活几天啊！"说

完，他回头对郗虑说:"郗公，天下难道还有这样的道理吗?"

最终曹操将伏后"下暴室，以幽崩"①，即关闭到宫中监狱，幽禁而死。伏皇后所生的两位皇子也被毒杀。

伏皇后最终被投进宫中的监狱暴室，幽禁而死，年仅三十余岁。受到株连的，还有伏皇后的兄弟及宗族一百余人，两个孩子也被毒死。母亲等十九人被流放到涿郡。死后，曹操宣称伏皇后是暴病而死，仍按皇后礼仪厚葬。

生逢乱世事不期，皇室困窘寄藩篱;伏寿难享福禄寿，莫若转蓬自漂移。伏皇后名为伏寿，却无福无寿。

荒郊
孤冢｜伏皇后墓位于当年许都南郊，如今仍然孤零零地独处于荒郊野外，好在其后人、刘庄村百姓不断有人为其守墓，奉祀伏皇后的在天之灵。

如今的伏皇后墓高10米，周围125米，占地1700平方米。墓冢前原有二位皇子墓，"文革"时期遭人为破坏。当时从墓中挖出刻有画像的石门一扇，石门上还雕有朱雀衔环，所幸石门现存刘庄村，保存完好。

伏皇后墓

伏皇后墓现为省级文物保护单位。

① 范晔《后汉书·皇后纪》，中华书局1965年版，第454页。事又见陈寿《三国志·武帝纪》及裴注引《曹瞒传》。

三、董贵妃墓

**董妃
其人** 董贵妃，即汉献帝妃嫔董贵人，车骑将军董承之女。

董承（？—200），陇西临洮（今甘肃岷县）人。汉灵帝母董太后的侄子。"于献帝为丈人，盖古无丈人之名，故谓之舅也。"①

董承原为董卓女婿牛辅的部将，董卓失败后被夷灭三族，而董承幸免。兴平二年（195）秋，汉献帝车驾东回洛阳，董承为安集将军。十二月，李傕、郭汜等人追击献帝，并在弘农东涧打败护卫献帝的部队。献帝无奈只好露宿于曹阳田中，董承、白波将军、匈奴左贤王等与李傕、郭汜作战，击败敌军。车驾继续东行，董承在后护卫。君臣历尽艰辛，一直到建安元年（196）八月，才到达洛阳。献帝任董承为辅国将军。这时，曹操在许县，派曹洪迎奉献帝，遭到董承与袁术部将苌奴的拦截，曹洪被迫返回。但是，看到献帝身边的韩暹骄横专权，董承又暗中联系曹操，曹操即刻发兵洛阳，到洛阳后，曹操向献帝奏陈韩暹、杨奉罪行，二人畏罪出逃。献帝命曹操领司隶校尉、录尚书事，曹操封董承等十三人为列侯。曹操将都城迁于许县。

**衣带
密诏** 建安四年（199），董承为车骑将军。看到曹操势力越来越大，董承称接到了献帝的衣带密诏，与刘备商议诛杀曹操计划，又联合长水校尉种辑、将军吴子兰、王服等共同谋划。董承对王服说："郭多有几百名士兵，却打败了李傕数万人，现在就看你和我能否同心了。过去，吕不韦的地位，要靠抬高子楚的势力之后才能提高，②现在我和你的关系就是这样

---

① 晋·陈寿《三国志》卷三十二《蜀书·先主传》裴注，中华书局1959年版，第875页。
② 据《史记·吕不韦列传》，吕不韦在邯郸经商，遇到了秦国的质子子楚，认为"奇货可居"，便对子楚说，我可以帮助你提高地位，子楚不屑地说："你先提高你自己的地位再说吧。"吕不韦说："我的地位的提高，要靠你的地位提高以后。"吕不韦的意思是说，我的地位不高，但是我可以帮助你回到秦国、恢复秦国王子的身份，然后再靠你来提高我的地位。

的。"王服说："你的话让我内心惶恐，更何况手中兵力太少。"董承说："事情成了（指把曹操杀了）以后，得到曹操现成的兵力，还担心兵力少吗？"王服问道："现在京城中还有其他人可以信任吗？"董承回答说："长水校尉种辑、议郎吴硕是我的心腹，可以一同做事。"①就这样，诛杀曹操的计划就确定下来了。

没想到，建安五年（200）正月，董承的计划泄露了，曹操十分震怒，处死了董承等人，夷灭三族。

《后汉书·献帝纪》载：

> （建安）五年春正月，车骑将军董承、偏将军王服、越骑校尉种辑受密诏诛曹操，事泄。壬午，曹操杀董承等，夷三族。②

《三国志·先主传》也记载道：

> 先主未出时，献帝舅车骑将军董承辞受帝衣带中密诏，当诛曹公。先主未发。是时曹公从容谓先主曰："今天下英雄，唯使君与操耳。本初之徒，不足数也。"先主方食，失匕箸，遂与承及长水校尉种辑、将军吴子兰、王子服等同谋。会见使，未发。事觉，承等皆伏诛。③

可见，刘备也参与了这件事，但事后，刘备竟然没有被株连。

《后汉书·董卓传》载：

> 自都许之后，权归曹氏，天子总己，百官备员而已。帝忌操专逼，乃密诏董承，使结天下义士共诛之。承遂与刘备同谋，未发，会备出征，承更与偏将军王服、长水校尉种辑、议郎吴硕结谋。事泄，承、服、辑、硕皆为操所诛。④

衣带诏事件株连到了董承的女儿、献帝的嫔妃董贵人。曹操要诛灭董

---

① 事见晋·陈寿《三国志》卷三十二《蜀书·先主传》裴注引《献帝起居注》，中华书局1959年版，第875页。
② 南朝·宋·范晔《后汉书》卷九《献帝纪》，中华书局1965年版，第381页。
③ 晋·陈寿《三国志》卷三十二《先主传》，中华书局1959年版，第875页。
④ 南朝·宋·范晔《后汉书》卷七十二《董卓传》，中华书局1965年版，第2343页。

承三族，自然也包括董贵人。当时，董贵人已怀有身孕，献帝苦苦请求曹操放过她，但是，曹操没有答应。《后汉书·皇后纪》载："董承女为贵人，操诛承而求贵人杀之。帝以贵人有妊，累为请，不能得。"①

衣带诏事件发生在曹操身边，说明了在曹操权势日益增强的情况下，一些拥汉派人士试图加以遏制。这是曹操都许以来首次遇到的重大政治事件。

衣带诏事件的谋泄时间是建安五年正月，那么，开始谋划、献帝传诏又是什么时间呢？史书中并未明确记载，张淑容教授对此推断说：《三国志·先主传》笼统地说"先主未出时"，也就是说，是刘备还没有离开许都、逃往徐州之前。根据《三国志·武帝纪》，曹操在建安三年十月进军下邳，一个月后擒杀吕布，带刘备回许都。也就是说，刘备最早是建安三年十一月到达许都，而衣带诏事件发生在建安五年正月，那么，献帝传诏给董承就发生在这段时间内。另据《三国志·先主传》"先主方食，失匕箸"，裴注引《华阳国志》说：

于时正当雷震，备因谓操曰："圣人云'迅雷风烈必变'，良有以也。一震之威，乃可至于此也！"②

接着，"遂与承及长水校尉种辑、将军吴子兰、王子服等同谋。会见使，未发。事觉，承等皆伏诛"。可见，此时为雷雨季节。根据许昌以及中原地区的气候现象，建安三年十一月到建安五年正月，发生雷雨的季节一般是夏秋之时。所以，根据以上推断，献帝向董承传衣带诏应该是建安四年（199）的夏秋之时。③

但是也有人对衣带诏事件表示怀疑，《三国志》虽然在《先主传》中予以记载，但《武帝纪》中谈到这件事时只是说："备之未东也，阴与董承等谋反"，说明作者是有所怀疑的。《资治通鉴》记载的是董承"称受"衣带诏，

① 南朝·宋·范晔《后汉书·皇后纪》，中华书局1965年版，第453页。
② 晋·陈寿《三国志》卷三十二《蜀书·先主传》裴注引《华阳国志》，中华书局1959年版，第875页。
③ 张淑容《三国演义人物考》，吉林人民出版社2005年版，第58页。

说:"初,车骑将军董承称受帝衣带中密诏,与刘备谋诛曹操。"① 可见也持有一定的保留态度。袁弘《后汉纪》甚至根本没提衣带诏事件。在这些历史文献中,只有《后汉书》言之凿凿。

那么,"衣带诏事件"真伪如何呢?

其一,从董承的身份来看,他是董卓女婿牛辅的部将,董卓被杀,他侥幸得免,虽然在献帝东迁许都的过程中,他护驾东行有功,但是,未必得到献帝足够的信任,以至于把如此重要的密诏通过他传递出来。此外,也有人怀疑董承是董卓的支属:

> 赵一清曰:"董承,故董卓婿牛辅部曲将。皇甫郦谓李傕曰:'近董公内有董旻、承、璜以为鲠毒。'旻,卓弟;璜,亦卓兄子,则承必其支属。其后有功,献帝又以其女为贵人,故谓之舅邪。裴以承为董太后之侄,恐非。"钱仪吉曰:"曹操之弑伏后,范书伏后纪备载其事。其杀董承,夷三族,董后纪不书。盖承非后族也。"弼按:范书伏后纪"董承女为贵人,操诛承而求贵人杀之。帝以贵人有妊,累为请,不能得"。本传称舅者,盖以女为贵人也。至云承为董后之侄,董卓之支属,均未知何据。②

果真如此,董承就更不可信了。

其二,献帝都许之后,在曹操的辅佐下,一切政治秩序正在恢复正常,献帝对曹操处于比较信赖的时期,此时诛除曹操可能性不大。

其三,从《三国志·先主传》记载的"董承辞受帝衣带中密诏"和《资治通鉴》"董承称受帝衣带中密诏"来看,"辞受""称受"都是指董承宣称接受了献帝的密诏,董承有点自说自话,可信度不高。

其四,《后汉书》成书于南北朝时期,此时曹操的负面评价逐渐增多,与《三国志》相比,《后汉书》对曹操贬抑程度更高,所以,肯定"衣带诏

---

① 宋·司马光《资治通鉴》,中华书局 1956 年版,第 2023 页。
② 卢弼《三国志集解》,中华书局 1982 年版,第 724 页。

事件"应与这种背景有关。另外，《后汉书》晚于《三国志》百年左右，史料的真实性上也比不上《三国志》。

著名历史学家吕思勉说：

> 董承本来是牛辅的余孽，哪里是什么公忠体国的人？他叫曹操进京，也不过是想借曹操的力量，排除异己罢了，哪里会真和曹操一心？所以后来，又有奉到什么衣带诏，说献帝叫他诛灭曹操之说。从董卓拥立之后，到曹操进京之前，这一班拥兵乱政的人的行径，献帝还领教得不足吗？就是要除曹操，如何会讨托董承呢？这话怕靠不住罢？ [1]

在《三国演义》中，董贵妃被杀的故事记述得更为生动：

> 且说曹操杀了董承等众人，怒气未消，遂带剑入宫，来弑董贵妃。——贵妃乃董承妹 [2]，帝幸之，已怀孕五月。——当日帝在后宫，正与伏后私论董承之事至今并无音耗。忽见曹操带剑入宫，面有怒容，帝大惊失色。操曰："董承谋反，陛下知否？"帝曰："董卓已诛矣。"曹操大声曰："不是董卓，是董承！"帝战栗曰："朕实不知。"操曰："忘了破指修诏耶？"帝不能答。操叱武士擒董妃至。帝告曰："董妃有五月身孕，望丞相见怜。"操曰："若非天败，吾已被害，岂得复留此女，为吾后患！"伏后告曰："贬于冷宫，待分娩了，杀之未迟。"操曰："汝欲留此逆种，与母报仇乎？"董妃泣告曰："乞全尸而死，勿令彰露。"操令取白练至面前。帝泣谓妃曰："卿于九泉之下，勿怨朕躬！"言讫，泪下如雨。伏后亦大哭。操怒曰：

---

[1] 吕思勉《三国史话》，辽宁教育出版社2001年版，第50页。
[2] 按，此处以董贵妃为董承之妹，误。

"犹做儿女态耶！"叱武士牵出，勒死于宫门之外。后人有诗叹董妃曰："春殿承恩亦枉然，伤哉龙种并时捐。堂堂帝主难相救，掩面徒看泪涌泉。"[1]

贵妃游园 董贵妃墓位于许昌市东城区，墓高约十米，周围八十米，占地近五百平方米。墓基用砖石砌成，周围皆以白色大理石作护栏，护栏板上饰有凤凰、仙鹤、飞燕、山石、牡丹等，墓冢南北分别有古代的祥瑞之兽辟邪、天禄镇守，四周有青龙、白虎、朱雀、玄武四灵守护，庄严肃穆。

董贵妃墓原来规模较大，但因未加以保护，年久失修，规模逐渐缩小。墓曾被盗挖，墓室在墓冢东缘，内有左右二道单扇雕刻石像石墓门，左道墓门镌刻铺首衔环，有鸟首龙身图，右道墓门镌刻朱雀铺首衔环。整个墓室装饰典雅，小巧玲珑。

董贵妃墓园因位于东城区中心地带，东面为商业区，西邻许昌迎宾馆，南面与许昌市政府相对，北面为居民区，现已辟为贵妃游园，占地约四十八亩。周围绿树成荫，环境优雅。2009 年被许昌市人民政府公布为市级文物保护单位。

董贵妃墓

---

[1] 罗贯中《三国演义》，人民文学出版社 1973 年版，第 206 页。

四、八龙冢

八龙冢是东汉朗陵侯相荀淑的墓冢，位于许昌城北。荀淑有八个儿子，死后相继葬在荀淑墓旁，墓冢上有八棵巨大的柏树，所以，又称为八龙冢、八柏冢。

名贤
荀淑 荀淑（83—149），字季和①，颍川颍阴（今河南许昌）人，战国时期荀子的十一世孙。

荀淑少年时期便品行高洁，学识渊博，见识不凡，被州里称为"智人"。历任郎中、当涂县县令，不久离职还乡。因名声甚高，当世名贤李固、李膺等都以荀淑为宗师。梁太后临朝，诏公卿举贤良方

许昌西湖公园"陈荀两家相会"雕塑

正，对策时，讥刺贵幸梁氏等，为大将军梁冀所忌，出补朗陵侯相。荀淑莅事明理，被誉为"神君"。不久再辞官归乡，闲居养志。荀淑性情慈爱仁善，每当家产增多时，就赠予宗族知友。桓帝建和三年（149），六十七岁时去世。②

荀淑德行极高，因曾任当涂长，与钟皓（林虑长）、韩韶（嬴长）、陈寔（太丘长）并称为"颍川四长"。《后汉书·循吏传序》云："自章、和以后，其有善绩者，往往不绝。如鲁恭、吴祐、刘宽及颍川四长，并以仁信笃诚，使人不欺……斯皆可以感物而行化也。"③

---

① 荀淑事迹见南朝·宋·范晔《后汉书》卷六十二，中华书局1965年版，第2049页。
② 按，《三国志》卷十《荀彧传》裴注引张璠《汉纪》云荀淑"出补朗陵侯相，卒官"。与《后汉书》所载不同。
③ 南朝·宋·范晔《后汉书》卷七十六，中华书局1965年版，第2458页。

荀氏
八龙　荀淑有八个儿子，分别叫作荀俭、荀绲、荀靖、荀焘、荀汪、荀爽、荀肃、荀旉（又作荀敷），八人都有很高的名声，当时人称之为"八龙"。

荀氏最早居住的地方叫西豪里，颍阴令苑康认为，过去高阳氏有才子八人[1]，如今荀氏也有八个儿子，所以就将西豪里改名为高阳里。

"荀氏八龙"中，较为有名的是荀靖、荀爽。

荀靖字叔慈，一生没有进入仕途，被誉为高士。早年就有俊才，举止彬彬有礼，与弟弟荀爽都以才华为人称道。有人问汝南人许章[2]说："荀爽与荀靖谁更贤能？"许章回答说："两人都是如玉石一般的人，荀爽外表清朗，荀靖内涵丰厚。"荀靖死后，才学之士都为他感到痛惜，前往哀悼者有二十六人。颍阴令丘祯追号荀靖为玄行先生。[3]

荀爽（128—190），字慈明[4]，一名谞。自幼好学，十二岁就能通晓《春秋》《论语》，太尉杜乔称赞他说"可为人师"。荀爽笃思经学，不管喜庆还是哀悼之事概不参与，官府征召置之不理。颍川人极为钦佩他的品格，说"荀氏八龙，慈明无双"。

直到三十七岁时，荀爽才因至孝被举荐拜官郎中，后来党锢之祸发生，荀爽先后隐居于海上、汉水之滨等地，前后十余年。在此期间，他一心著述，被世人称为硕儒。党锢之祸后，仍不愿为官。先后又被大将军何进、董卓征召，由郎官直升为平原相、光禄勋，三天后拜司空，九十五天内由布衣官至三公。随董卓迁都长安后，荀爽见董卓残忍暴虐日甚一日，认为必然会危及社稷，就大量征召才略之士到朝中任职，希望共同消灭

①《后汉书·荀淑传》李贤注曰："《左传》曰：'昔高阳氏有才子八人：苍舒、隤敳、梼戭、大临、尨降、庭坚、仲容、叔达。'"中华书局1965年版，第2050页。
②《三国志·魏书》卷十《荀彧传》裴注引皇甫谧《逸士传》："或问许子将，靖与爽孰贤？子将曰：'二人皆玉也，慈明外朗，叔慈内润。'"中华书局1959年版，第307页。
③ 荀靖事见《后汉书·荀淑传》李贤注引《高士传》，中华书局1965年版，第2050页；另见《三国志·魏书》卷十《荀彧传》裴注引张璠《汉纪》。
④ 荀爽事见《后汉书·荀淑传》，另见《三国志·魏书》卷十《荀彧传》裴注引张璠《汉纪》。

董卓，还与司徒王允、董卓长史何颙等联合谋划诛除董卓事宜。但遗憾的是，不久荀爽病故，享年六十三岁。

荀爽著述颇丰，经学著作有百余篇，如《礼》《易传》《诗传》《尚书正经》《春秋条例》等，又搜集可以作为鉴戒的汉代成败故事，名为《汉语》，又作《公羊问》及《辩谶》，与其他内容合在一起题为《新书》。可惜这些著述后世大多散佚。

英才辈出　荀氏家族为世代书香，英才辈出，除了"八龙"之外，还有不少名贤显宦，从东汉到南北朝数百年间，绵延十数代，在许昌历史上，蔚为壮观。

仅东汉、三国时期，荀氏主要人物就有荀昱、荀昙、荀彧、荀悦等。

荀昱字伯条，荀昙字元智，二人都是荀淑哥哥的儿子①，荀昱为沛相，荀昙为广陵太守。兄弟二人刚正不阿，嫉恶如仇，在东汉后期宦官当权的污浊环境中，毫不畏惧，立志铲除阉宦。凡是宦官支党在沛国、广陵郡者，哪怕抓住他们一点小错，也一定诛杀。荀昱后来在与大将军窦武合谋诛杀宦官时，与名士李膺一起被杀。荀昙也被终身禁锢。

荀悦（148—209），字仲豫，"八龙"中老大荀俭之子。荀俭早卒。荀悦十二岁就能够解读《春秋》。家里贫穷买不起书，他就趁着人家读书的空闲时间，迅速阅览默记，好在他记忆力超强，诵读一遍就能牢牢记在心里。

荀悦性情沉稳，喜爱安静，姿容美丽，特好著述。汉灵帝时，宦官专权，士人大多退居偏僻之处，荀悦也托病隐居。

后来，荀悦先被镇东将军曹操征召到府中，又入朝为黄门侍郎。献帝非常喜欢文学，荀悦就与堂弟荀彧、少府孔融在宫中侍讲，从早到晚，高谈阔论。后累迁秘书监、侍中。这时，朝中政令掌握在曹操手中，荀悦志

① 荀昱、荀昙事迹参马宝记著《两汉颍川太守研究》，人民出版社2017年版，第160页。

在朝政兴废，所以谋无所用，于是他写成了《申鉴》五篇，呈奏献帝，献帝看过之后，很是欣赏。

献帝很喜欢典籍，常常感觉到班固《汉书》文辞繁赘，难以理解，于是就下令让荀悦依照《左氏传》体例创作了《汉纪》三十篇，辞约事详，论辩多美。又著《崇德》《正论》及诸论数十篇。建安十四年（209），荀悦六十二岁时去世。

异才
荀彧　荀彧（163—212），字文若①，"八龙"中"二龙"荀绲之子。荀彧是东汉末年著名政治家、谋略家，也是曹操的重要谋士，在曹操统一北方的政治、军事行动中，立下了汗马功劳。

荀彧早年被誉为具有"王佐才也"，初举孝廉，董卓之乱后弃官归乡，因颍川为四战之地，荀彧率领宗族投奔冀州，袁绍待其以上宾之礼。荀彧弟弟荀谌及同郡的辛评、郭图，都深受袁绍重用。但荀彧认为袁绍最终难成大事，便在初平二年（191）投奔在东郡转战的曹操。曹操与荀彧谈话之后极为高兴，说荀彧是"吾子房也"。二十九岁的荀彧被曹操任为司马，从此，荀彧成为曹操身边的重要谋士，为曹操出谋划策二十余年，直至去世。

兴平元年（194），曹操东征陶谦，让荀彧留守鄄城。张邈、陈宫在兖州叛迎吕布，面对突发事件，荀彧沉着冷静地分析了形势，一面部署防御，一面派人迅速召回东郡太守夏侯惇，夏侯惇很快平息了叛乱。荀彧又说服率兵数万来到城下的豫州刺史郭贡撤兵而走，与程昱等一起保全了鄄城、范县、东阿三城。

陶谦死（194）之后，曹操计划先取徐州，再灭吕布。荀彧认为徐州一时难以攻克，提出了巩固兖州、稳定西北，先败吕布、再灭袁绍的战略。

---

① 荀彧事见南朝·宋·范晔《后汉书》卷七十，中华书局1965年版，第2280页；另见晋·陈寿《三国志·魏书》卷十，中华书局1959年版，第307页。

建安元年（196），对于曹操提议奉迎献帝的问题，荀彧认为这是"奉主上以从民望，大顺也；秉至公以服雄杰，大略也；扶弘义以致英俊，大德也"。坚决支持曹操的想法。迎帝都许后，天子拜曹操为大将军，荀彧为汉侍中，守尚书令。从此，荀彧成为曹操的左膀右臂，"常居中持重，太祖虽征伐在外，军国事皆与彧筹焉"。

曹操、袁绍官渡对峙期间，荀彧以度胜、谋胜、武胜、德胜来强调曹操所具有的优势，曹操大喜。在曹操难以坚守的关键时刻，荀彧劝曹操顽强坚持，说："情见势竭，必将有变，此用奇之时，不可失也。"最终迎来了重要的转机，一举消灭袁绍，取得了战术、战略上的重大胜利，彻底奠定了曹操在政治、军事上的优势地位。

之后，建议曹操暂时搁置分置九州，稳定民心。时机成熟时，荀彧又提出迅速占领荆州的意见，曹操抓住战机，挥军南下，逼降刘琮。

荀彧还善于发现人才，先后向曹操举荐了钟繇、荀攸、陈群、杜袭、戏志才、郭嘉等大量人才，显示出了其独有的慧眼。

可以说，曹操之所以能够取得政治、军事方面的巨大成就，荀彧居功至伟。因享有崇高的威望，被称为"荀令君"。

但是，荀彧的思想深处，是希望曹操全力辅佐献帝，对于曹操那些凌驾于皇帝之上的做法甚为不满，曹操提议重置九州扩大自己的势力范围、晋爵魏公提升自己的政治地位，荀彧都委婉表达了不满，这也导致他与曹操之间的隔阂日深，最终在建安十七年（212）曹操征讨东吴的途中，五十岁的一代谋略家忧郁而死。关于荀彧的死因，史料记载各有不同。《三国志》本传云："太祖军至濡须，彧疾留寿春，以忧薨。"[1] 说荀彧是忧郁而死。而裴松之注却引《魏氏春秋》说："太祖馈彧食，发之乃空器也，于是饮药而卒。"[2] 言荀彧是饮药自杀。《后汉书》采用了裴注的观点[3]，《资治通鉴》

---

[1] 晋·陈寿《三国志》卷十《荀彧传》，中华书局 1959 年版，第 317 页。
[2] 晋·陈寿《三国志》卷十《荀彧传》，中华书局 1959 年版，第 317 页。
[3] 南朝·宋·范晔《后汉书》卷七十《荀彧传》，中华书局 1965 年版，第 2290 页。

也基本采用的是裴注的说法，不过说荀彧是有病在先："操军向濡须，彧以疾留寿春，饮药而卒"。①

司马光在《资治通鉴》中高度评价了荀彧：

> 建安之初，四海荡覆，尺土一民，皆非汉有。荀彧佐魏武而兴之，举贤用能，训卒厉兵，决机发策，征伐四克，遂能以弱为强，化乱为治，十分天下而有其八，其功岂在管仲之后乎！管仲不死子纠而荀彧死汉室，其仁复居管仲之先矣！②

**师表
荀攸**　荀攸（157—214），字公达③，是荀彧的侄子（荀彧的祖父荀淑与荀攸的曾祖父为亲兄弟）。荀攸早年就有不凡见识。祖父荀昙死后，他的部下张权请求为荀昙守墓，十三岁的荀攸看到这个人很值得怀疑，就将想法告诉了叔叔荀衢，荀衢经过查问，果然发现张权是个杀人亡命之徒。

建安元年（196）荀攸归依曹操，曹操极为高兴，对荀彧、钟繇说："公达，非常人也，吾得与之计事，天下当何忧哉！"④任用荀攸为军师。后来在曹操长期的政治军事行动中，荀攸屡出奇计，显示出了非凡的才能。

建安三年（198），曹操要征讨张绣，荀攸认为，张绣靠刘表提供军粮，这种关系不会长久，一旦军粮断了，我们就可以将张绣诱降过来，以逸待劳；如果现在进攻张绣，刘表定会出兵相救，所以时机不成熟。曹操没有听进去，导致失败。曹操对荀攸说："没有听从你的话才失败的啊。"进攻吕布时，因为连续作战，士卒疲乏，曹操意欲撤军，荀攸和郭嘉一道劝阻曹操坚持，曹操听从了，最终擒获了吕布。

建安五年（200）二月，曹操率军救援被袁绍大将颜良等人围困的刘延，面对数量远超过自己的敌人，荀攸建议曹操分兵应敌，伺机突袭。曹操派

① 宋·司马光《资治通鉴》卷六十六，中华书局1956年版，第2115页。
② 宋·司马光《资治通鉴》卷六十六，中华书局1956年版，第2116页。
③ 荀攸事迹见《三国志》卷十本传。
④ 晋·陈寿《三国志》卷十《荀攸传》，中华书局1959年版，第322页。

张辽、关羽为前锋，一举击败袁军，斩杀颜良。接着，荀攸又劝曹操用辎重引诱敌军，在敌军争抢财物时，曹操派骑兵奋力冲杀，再次大破袁军，斩杀文丑。

官渡之战前，许攸来降，众大将都表示怀疑，只有荀攸和贾诩劝曹操相信许攸，结果，在曹操精心部署下，取得了官渡之战的重大胜利。战后，袁绍大将张郃来投降，与荀攸一起驻守许都的曹洪因怀疑张郃而不敢接受，荀攸劝说曹洪果断予以接受，使曹军又多了一员大将。

建安八年（203），曹操正要发兵征讨刘表，遇到袁谭派来的辛毗，原来，袁谭、袁尚争夺冀州，袁谭力量薄弱，派辛毗向曹操求助，曹操想借机消灭袁氏兄弟。曹操部将大多认为应该先消灭力量更加强大的刘表，袁氏兄弟不足担忧。荀攸却不这么看，他认为，应趁袁氏兄弟内斗的大好时机，一举歼灭他们，一旦他们联手，就更加难以对付。曹操采纳了荀攸的建议，答应了袁谭的请求，然后先击败袁尚，不久，袁谭背叛曹操，曹操毫不犹豫地歼灭了袁谭，最终平定了冀州。

冀州平定后，曹操表封荀攸说："军师荀攸，自初佐臣，无征不从，前后克敌，皆攸之谋也。"并封荀攸为陵树亭侯。荀攸的功劳得到了充分肯定。

作为曹操重要谋士，荀攸深知保守机密的重要性，从不向任何人透露计谋。他的表兄弟辛韬曾向他询问曹操夺取冀州的经过，荀攸回答："辛毗来替袁谭求降，魏王亲自带兵平定，我怎么会知道！"以后辛韬和内外亲属都不敢再询问军国大事了。

曹操对荀攸极为赏识，曾屡屡称赞荀攸说："公达外愚内智，外怯内勇，外弱内强，不伐善，无施劳，智可及，愚不可及。"[1]对荀攸予以高度评价。

曹操还要求世子曹丕礼敬荀攸，说："荀公达，人之师表也，汝当尽礼敬之。"[2]荀攸有病时，曹丕前往探视，看到荀攸卧病在床，曹丕在荀攸的

---

[1] 晋·陈寿《三国志》卷十《荀攸传》，中华书局1959年版，第325页。
[2] 晋·陈寿《三国志》卷十《荀攸传》，中华书局1959年版，第325页。

病床前恭敬礼拜，极为尊敬。

建安十九年（214），五十八岁的荀攸跟随曹操征讨孙权，死于途中。荀攸死后，曹操每每提到荀攸，就会不自觉地伤心流泪。

八龙冢位于许昌市魏都区高桥营街道办事处俎庄村东500米处，明《嘉靖许州志》载：

> （八龙冢）在州城北八里，汉荀氏兄弟所葬。按，冢八号龙，以今所见，小大余数十亿者，荀氏之族皆葬于是，八号特其著名耳。旧志诗：伟哉荀淑子，善积庆流长，兰蕙庭阶茂，文章日月光。八龙昭令誉，一窆倚高冈。寂寂幽扃闷，清风擅八方。[1]

《许昌县志》也载有《西濠旧里》诗：

> 高阳才子八龙生，荀氏西濠旧识名。百里贤人天象著，千秋颍水德星明。樱桃带雨村村熟，竹树临风面面清。闲云花郊穷眺望，绿荫深处鸟鸣嘤。[2]

"八龙冢"今仅存其一，高五米，围约一百米，占地九百平方米。冢的南部建有28层步梯，可以拾级而上。冢顶建有一庙，庙周围原有八株巨大的古柏，相传为荀淑的八个儿子所植。八株古柏历经两千年的风雨一直巍然耸立，直到20世纪三四十年代，有三株遭到损毁，今存五株。1993年许昌市人民政府将其公布为市级文物保护单位。

八龙冢上的柏树

---

[1] 明嘉靖《许州志》卷八，上海古籍书店1961年据天一阁藏本影印。
[2]《许昌县志》，1924年编。

五、王允墓

王允墓位于许昌市魏都区南堰口东清潩河西岸，世传为汉献帝迁都许昌后为王允所立之衣冠冢。

王允（137—192）①，字子师，太原祁（今山西祁县）人，家族世代在州郡为官。王允早年就被人视为奇才，同郡人郭林宗初次见到王允时就惊奇地说："王生一日千里，王佐才也。"对王允大加称赏。

王允少有大志，希望建功立业。所以，他经常习诵经传，从早到晚练习骑马射箭。

刚正果断 十九岁时，王允在郡府做小吏，小黄门赵津贪婪蛮横，暴戾恣睢，成为一县的祸害，王允果断将他拘捕斩杀。同郡还有一个叫路佛的人，自小就缺少品行，但是太守王球却招他做了候补官吏，王允不惜冒犯太守，表达自己的反对意见，王球大怒，将王允抓了起来，想处死王允。这时，刺史邓盛听说了王允的事情，就立刻用驿车征召王允为别驾从事。王允由此名声大振。

临死不惧 灵帝中平元年（184），黄巾起义爆发，王允被特选拜为豫州刺史，率军征讨黄巾军，大获全胜，与左中郎将皇甫嵩、右中郎将朱俊等接受了数十万黄巾军投降。王允还在投降的黄巾军中，搜到了中常侍张让的宾客与黄巾军交往的书信，王允将这些内外勾结的阴谋行为都报告给了灵帝，灵帝愤怒斥责张让。张让由此恼恨王允，他借故中伤王允，以至于王允被投进了监狱。好在很快遇到大赦，王允官复原职。但仅仅隔了十来天，王允再次被捕。司徒杨赐知道王允品行很高，不想让他受屈辱，就劝他自杀，还有人痛哭流涕给他送来了毒药。王允见状，厉声说道："作为臣

---

① 王允事迹见《后汉书》卷六十六《王允传》。

子，国君要治我的罪，我只有接受处罚以向天下人谢罪！哪里有喝毒药而死的道理！"他扔掉装有毒药的杯子，坦然走向槛车。这时，大将军何进、太尉袁隗、司徒杨赐共同上疏为王允求情，王允才没有被处死。

第二年出狱后，王允感到宦官专权，随时都有可能获罪而死，他便改名换姓，辗转于河内郡、陈留郡之间以躲避迫害。

虚与
委蛇　献帝初年先后任太仆、尚书令、司徒，董卓迁都长安，王允悉数收集了兰台、石室中各种重要、秘密的图书文献跟随。到了长安，王允分门别类将这些文献典籍上奏，还把能够使用的汉代过去的典章制度一并上奏。这些典籍能够被保存下来，王允有着重要的功劳。

董卓当政时，王允留驻洛阳，朝政大小都由王允来处理，当遇到需要与董卓周旋时，王允假意逢迎，致使董卓对王允十分信任。就这样，在王允的极力扶持下，东汉王朝的统治在极度混乱的局面中，得以继续维持下去。

王允看到董卓的毒害越来越深，已出现了篡权忤逆的征兆，就秘密与司隶校尉黄琬、尚书郑公业等谋划共同诛杀董卓。于是，他上表让护羌校尉杨瓒行左将军事，执金吾士孙瑞为南阳太守，让他们一同出兵从武关出发，名义上是讨伐袁术，实际上是暗中分派各路部队征讨董卓，然后将天子接回洛阳。没想到，董卓起了疑心，将他们留置了下来，结果计划功亏一篑。王允只好改变计划，推荐士孙瑞入朝为仆射，杨瓒为尚书。

和光
同尘　初平二年（191），董卓回到长安，按功封赏，封王允为温侯，食邑五千户。王允坚辞不受，士孙瑞劝王允说："保持谦逊俭约，是要看时机合适不合适。您与董太师职位相等，一同受封，但你独自崇尚高风亮节，这难道是和光同尘的办法吗？"王允听了他的话，接受了二千户的封赏。

初平三年（192）春，天气连续下雨六十多天，王允与士孙瑞、杨瓒借登台请霁的机会，再次商议了诛除董卓的事情。王允暗中联合吕布，让他作为内应。

四月，献帝病体痊愈，大会群臣于未央殿。董卓十分警惕，在道路两旁分别布置了骑兵和步兵，还让吕布等人在自己前后护卫。

诛杀董卓 王允见时机成熟，就与士孙瑞秘密表奏献帝，让士孙瑞亲自书写了诏书交给吕布，吕布命令骑都尉李肃和吕布招募的同心勇士秦谊、陈卫等十余人，都穿上用以伪装的卫士服装，在北掖门等待董卓。

董卓快要到来时，马匹突然惊慌了起来，董卓惊惧害怕，想折返回去，吕布见状，劝说董卓继续前行。刚进入掖门，李肃就用长戟刺向董卓，董卓却穿着护甲，只伤到了手臂，惊慌之下，董卓掉落到车下。他回头大声呼叫说："吕布在哪里？"吕布应声回答说："我也要奉诏讨伐贼臣！"董卓大骂吕布说："狗奴才也敢这样吗！"话音刚落，吕布手举长矛刺向董卓，众勇士一拥而上，将董卓斩杀。为了迅速稳定局面，吕布立即从怀中拿出诏书并展开，向周围的官员、将士传达诏令说："皇帝下诏讨伐董卓，其他人一概不予追究。"大家立刻安定了下来，"士卒皆称万岁，百姓歌舞于道"。

忠臣王允 王允性情刚正，嫉恶如仇。当初害怕董卓的豺狼本性，所以能够委曲求全。董卓死后，以王允录尚书事，以吕布为奋威将军、假节、仪比三司，封温侯，二人共秉朝政。王允自认为没有什么可怕的人了，于是，在与朝廷大臣交往的时候，往往缺乏温和的脸色，依仗着自己公正无私，又是朝廷重臣，做事每每不再曲意回旋，不再寻求权宜之计，所以群臣心中暗生不满，不甚依附于他。

不久，董卓部将李傕、郭汜合谋为乱，攻陷长安，[①] 吕布临走前，劝王允也离开长安。王允说：

> 若蒙社稷之灵，上安国家，吾之愿也。如其不获，则奉身以死之。朝廷幼少，恃我而已，临难苟免，吾不忍也。努力谢关东诸公，勤以国家为念。[②]

王允这几句话可谓是披肝沥胆，推心置腹，他希望上天眷顾，将风雨飘摇的国家安定下来，否则，甘愿为国而死。"皇帝年龄幼小，要依仗我才能活下去，现在危难来了，我却离他而去，我是不忍心这样做的。希望你给关东各路部队带句话，要时时想着国家的利益。"尽管是对吕布说的，但依然可以看得出他对汉王室的忠心耿耿。

当初，王允任命同郡人宋翼为左冯翊，王宏为右扶风太守。三辅地区人口众多，兵谷富实，李傕等人想杀死王允，但担心左冯翊、右扶风形成威胁，于是，他先以朝廷名义征召宋翼和王宏。王宏看出了李傕的目的，派人对宋翼说："我们今天去应朝廷征召，明天就会被族灭。我们该怎么办？"宋翼说："虽然祸福难以预料，但是朝廷征召，我们逃避不了。"王宏说："天下义兵气势汹汹，就是因为董卓制造了祸乱，更何况是董卓的党羽呢！如果我们发动义兵共同讨伐皇帝身边的恶人，崤山之东的部队定会响应我们，这是转祸为福的绝佳计策。"宋翼没有听从，王宏一个人也无力讨贼，于是两个人就都应召到了朝中，李傕看到他们上当，立刻将他们交付廷尉。很快，李傕将二人及王允一并处死。

王允死后，天子感恸，百姓丧气，"长安城中男女大小莫不流涕"。[③]

---

① 李傕、郭汜合谋叛乱的起因，后世有学者归咎于王允，认为董卓死后李、郭等人请求朝廷赦免其罪，而王允没有同意，所以才导致李傕、郭汜叛乱。钱大昭曰："李傕、郭汜、樊稠、张济之徒，皆董卓党羽，渠魁既伏其辜，余众方免死之不暇，敢有他志？自王允有一岁不可再赦之议，且欲尽诛凉州人，于是李傕等遂蚁聚蜂屯，至于败坏不可收拾。卒之允既诛死，汉遂以亡。故吾谓汉室之亡，不亡于贾诩，而亡于王允之一言也。允虽有诛卓之功，实为汉室之一大罪人矣。"（卢弼《三国志集解》，中华书局1982年版，第320页）
② 南朝·宋·范晔《后汉书》卷六十六《王允传》，中华书局1965年版，第2176页。
③ 晋·陈寿《三国志》卷六《董卓传》裴注引张璠汉纪，中华书局1959年版，第182页。

迫于李傕淫威，没有人敢给王允收葬，只有他的一个故吏、平陵令赵戬放弃官职，冒着危险，才将王允安葬。

王允被杀时是五十六岁。还株连到了王允的三个儿子以及宗族十余人被杀。

四年后（建安元年，196年），献帝迁都于许，思念王允的忠贞节操，下诏将王允改葬，派遣虎贲中郎将奉策吊祭，赐予他东园棺木葬具，赠送他原来职官的印绶，将他的棺木送回原籍安葬。

需要说明的是，许昌清潩河畔的王允墓并无史料记载迁葬问题，《后汉书》王允本传所载：

> 后迁都于许，帝思允忠节，使改殡葬之，遣虎贲中郎将奉策吊祭，赐东园秘器，赠以本官印绶，送还本郡。[1]

很明显是指迁葬本郡，即迁回了老家。而部分许昌文物资料误以为是迁葬许都，如"汉献帝都许后，念其忠烈，迁葬于许，诏修墓冢，遣虎贲中郎将奉节祭祀"。[2]

精彩演义 王允诛除奸贼董卓的故事，在《三国演义》中更为精彩。《三国演义》连续在第八回"王司徒巧使连环计董太师大闹凤仪亭"、第九回"除暴凶吕布助司徒犯长安李傕听贾诩"中，充分表现了王允为了朝廷稳定、为了天下百姓能够有一个安定的生活环境，费尽心机与董卓周旋，最终计成贼除的智慧。

王允看到董卓专横跋扈，草菅人命，内心十分恼怒，又十分不安，府中歌伎貂蝉年方二八，色伎俱佳，见王允夜半哀叹，自愿帮助王允。于是，王允便设计了"连环计"，利用董卓与"义子"吕布都是好色之徒的毛病，先将貂蝉许于吕布，又许给董卓，挑拨董卓与吕布的矛盾。最终吕布将董卓杀死。

---

[1] 南朝·宋·范晔《后汉书》卷六十六《王允传》，中华书局1965年版，第2178页。
[2] 禄青山《曹魏胜迹故事》，世界文明出版社2004年版，第73页。

"司徒妙算托红裙。不用干戈不用兵。三战虎牢徒费力，凯歌却奏凤仪亭。"①

董卓死后，李傕、郭汜等人攻进长安，吕布抵挡不住，劝王允出逃，王允坚决予以拒绝。李傕、郭汜逼迫献帝交出王允，要为董卓报仇。王允视死如归，主动面见李傕、郭汜，并大骂二人，二人手起刀落，将王允杀死。

名垂千古 王允性格耿直，处事刚正公允，在汉末乱世中，能够想尽办法维护汉朝的统治，平定祸乱，铲除权奸，较为有效地安定了社会秩序，称得上是难得的良臣。

王允得到了后世极高的评价，《后汉书》作者范晔评论说：

> 士虽以正立，亦以谋济。若王允之推董卓而引其权，伺其间而敝其罪，当此之时，天子悬解矣。而终不以猜忤为衅者，知者本于忠义之诚也。故推卓不为失正，分权不为苟冒，伺间不为狙诈。及其谋济意从，则归成于正也。②

意思是说，一个人虽然靠正直立身，但也要靠谋略成事。像王允推重董卓又分取他的权利，择机掩饰他的罪行，当时就解除了天子的危难。因此，他推重董卓不能说是有失公正，分取权利不能说是苟且冒险，择机掩罪不能说是凶险奸诈。等到他谋划成功了，目的达到了，就可以归结为因身正而成功。可见，范晔对王允无奈之时所采取的权宜之计也深为认可。

《三国演义》引用了一首诗赞颂王允说：

> 王允运机筹，贼臣董卓休。心怀家国恨，眉锁庙堂忧。英气连霄汉，忠诚贯斗牛。至今魂与魄，犹绕凤凰楼。③

嘉靖本的《三国志通俗演义》还引用了多首诗赞颂王允和貂蝉，如托名"宋贤"的诗歌颂王允道：

① 明·罗贯中《三国演义》第九回，人民文学出版社2005年版，第72页。
② 南朝·宋·范晔《后汉书》卷六十六《王允传》，中华书局1965年版，第2178页。
③ 明·罗贯中《三国演义》第九回，人民文学出版社2005年版，第79页。

屈膝家奴为汉君，宣平楼下毁奸臣；可怜定国安邦志，血污锋芒哭万民。①

后人还有一首哭王允诗：

历睹兴亡事，无如汉献时。虽居宫阙内，好似荆棘围。董卓持权日，生灵欲倒颓。貂蝉思报效，王允立朝仪。天意无私曲，奸邪如槿枝。何期贼李、郭，兵犯凤凰池。帝主临轩顾，忠良楼下支。片言分善恶，一死万民悲。英气光山岳，芳名播四夷。至今千载下，莫不纪余思。

另有赞王允、貂蝉诗：

四海瓜分汉世倾，天生董卓起嚣尘。罪盈恶贯迷声色，积玉堆金做富人。报主貂蝉真义烈，匡君王允实忠贞。贼徒李、郭恣横日，廊庙惭无死节臣。

貂蝉疑案 貂蝉是文学作品中塑造出来的一个非常成功的人物形象。在历史上，并未出现过貂蝉的名字。如果仔细寻找王允诛杀董卓事件，可以发现类似貂蝉的蛛丝马迹：

《三国志·吕布传》：

卓常使布守中阁，布与卓侍婢私通，恐事发觉，心不自安。②

《后汉书·吕布传》：

卓又使布守中阁，而私与傅婢情通，益不自安。③

《资治通鉴》载：

卓又使布守中阁，而私于傅婢，益不自安。④

三部史书的记载大体相同，只说吕布与董卓的婢女私通，并未说是貂

① 本诗及以下两首诗均见明·罗贯中《罗贯中全集》(一)《三国志通俗演义·卷之二》，三晋出版社2011年版，第48-49页。
② 晋·陈寿《三国志》卷七《吕布传》，中华书局1959年版，第219页。
③ 南朝·宋·范晔《后汉书》卷七十五《吕布传》，中华书局1965年版，第2445页。
④ 宋·司马光《资治通鉴》卷六十，中华书局1956年版，第1933页。

蝉。卢弼《三国志集解》引潘眉的观点说："侍婢与傅婢同，无误字。"卢弼又引汪继熊语云："李长吉《吕将军歌》：楸楸银龟摇白马，傅粉女郎大旗下。殆即世所传貂蝉也。"① 可见，貂蝉是后人附会出来的人物。

貂蝉不但在文学史上有很大影响，② 即使在普通民众当中也广为人知，如把她和西施、王昭君、杨玉环并列为古代四大美女。

貂蝉的故事最早见于元代的文人话本《三国志平话》(今存)，在宋元间戏文《貂蝉女》(今残)、元杂剧《董卓戏貂蝉》(今佚)、《夺戟》(今佚)、《锦云堂美女连环计》(今存)、《关云长单刀劈四寇》(今存)、元明间杂剧《关大王月夜斩貂蝉》(今佚)、明杂剧《女豪杰》(今佚) 以及明朱权《太和正音谱》载《王允连环说》(今残) 中，均出现了貂蝉的故事。③ 产生于明代的小说《三国志通俗演义》、弹词《三国志玉玺传》，以及《三国志大全》、明传奇《连环计》等作品中故事逐渐详细。我们从上述作品中的部分记载和完整故事来看，貂蝉故事有一个逐渐丰满的过程。

《三国志平话》载，貂蝉原是吕布之妻，"姓任，小字貂蝉，家长是吕布，自临兆府相失，至今不曾见面，因此烧香"。④ 貂蝉因战乱与吕布失散，流落王允家中，后来因晚间烧香希望夫妻团聚而被王允发现，貂蝉只好告诉王允实情，王允便利用貂蝉借吕布之手将董卓杀死。之后，吕布携貂蝉投奔徐州刘备，驻扎在小沛，终日与貂蝉饮酒作乐，不思军务。曹操攻打徐州，吕布被杀，貂蝉下落不明。到了《夺戟》中，又增加了一些内容。"元有《夺戟》剧，云貂蝉小字红昌，原为布配，以离乱入宫，掌貂蝉冠，故名。后仍做王司徒义女，而连环之计，红昌不知也。"(明祁彪佳《远山堂曲品》著录《连环计》)"《连环》词多佳句，事亦可喜。原有《夺戟》剧，亦妙。"(吕天成《曲品·旧传奇》)

---

① 卢弼《三国志集解》，中华书局1982年版，第232页。
② 本文以下所述貂蝉故事，参见马宝记等《问吧7——有关三国的101个趣味问题》，中华书局2008年版。
③ 参马宝记《三国戏曲源流研究》，河南人民出版社2022年版，第176页。
④《三国志平话》，上海古籍出版社1994年版，第34页。

在《锦云堂美女连环计》中，貂蝉自述身世更为详细：

> 您孩儿不是这里人，是忻州寒燕木耳村人氏，任昂之女，小字红昌。因汉灵帝刷宫女，将您孩儿选入宫中，掌貂蝉冠来就唤作貂蝉。灵帝将您孩儿赐予丁建阳。当日吕布与丁建阳为养子，丁建阳将您孩儿匹配与吕布为妻。因黄巾贼作乱，俺夫妻失散了，您孩儿流落在父亲宅中，将您孩儿如亲女一般看待，父亲之恩您孩儿未曾得报。昨日与母亲在看街楼上，见一行步从，摆着头搭过来，原来可是吕布。您孩儿因此上烧香说祷告。①

《关云长单刀劈四寇》内容也大体相同。②

貂蝉故事的结局也各有不同，大体说来有四种结局：

其一，下落不明。《三国志平话》《三国志通俗演义》中均在描写吕布被杀之后，貂蝉不知所终。

其二，被杀。《关大王月夜斩貂蝉》从题目上就可以看出貂蝉的结局。明嘉靖三十二年刊本《新刊耀目冠场摞奇风月锦囊正杂两科全集》(简称《风月锦囊》) 所收《三国志大全》内有"关羽斩貂蝉"情节。张飞擒获貂蝉后，将她送给关羽，貂蝉献媚于关羽，关羽不为所动，夜读《春秋》后，指责貂蝉陷害吕布，且无操守，便挥剑杀死貂蝉。弹词《三国志玉玺传》云关羽擒获貂蝉后，问貂蝉谁是天下豪杰，貂蝉赞扬了关羽和张飞而贬低了丈夫吕布，关羽说她是"忘义无情非好人"，便拔剑将其杀死。

其三，夫妻团圆。《锦云堂美女连环计》载，吕布刺死董卓，被封为王，貂蝉也因美人计而彪炳史册，享尽了荣华富贵。《连环计》则说，貂蝉听说董卓被杀后，又回到王允府中，吕布与貂蝉终于团圆。

其四，成仙。明杂剧《女豪杰》中诸葛味水"以俗演《斩貂蝉》近诞，故以此女修道登仙。而与蔡中郎妻、牛太师女相会，是认煞《琵琶》，正所

---

① 胡世厚主编《三国戏曲集成》，复旦大学出版社 2018 年版，第 179 页。
② 剧本见胡世厚主编《三国戏曲集成》，复旦大学出版社 2018 年版，第 248 页。

谓弄假成真矣。"①

由此可见，貂蝉故事经过了一个由无到有、由略到详的演化过程，这也是民间文学固有的演变之路。

从貂蝉故事从无到有、由略到详的演变，我们可以看到传统文化演变过程中所暴露出来的民族心理因素。

其一，反映了传统文人的"美女情结"。本来在《三国志》中，王允和吕布商议刺杀董卓的事件中没有女子的事，但因为一句"布与卓侍婢私通"便有了发挥的余地，作者不但把这个侍婢演化成貂蝉，而且将她作为连环计的重要核心来描写，这样，不但使故事内容丰富了，而且增强了文章的可读性和想象空间。

其二，反映了英雄崇拜思想，尤其对女英雄的崇拜。从貂蝉故事来看，貂蝉无疑就是一位女英雄，而且是为了国家大义而不惜献身的英雄。这也是后来为什么貂蝉故事越来越详细的原因，从最初的无名"侍婢"，到有了貂蝉这个名字，再到后来又有了籍贯、原名字，甚至有了父亲名，越来越给人以真实的感觉。

其三，反映了男权社会中对女性的复杂心理。在男权社会里，男子拥有绝对的权利，但女性又不可或缺。所以，社会上既要有为男性服务的女性存在，又不能让这些女性超过男性，否则便会想方设法予以压制。在连环计中，没有了貂蝉就会使故事大为逊色，但是，貂蝉立了大功，就不能让她继续留在故事中了，尤其她是用献身的方法来实现连环计的，这等于身上有了一个大大的、无法抹去的污点。所以，貂蝉故事就有了不同的结局，一部分人认为她应该有一个好的归宿，夫妻团圆也好、成仙也罢，都算是一个不错的结局。但持这种态度的人显然是太少了，所以更多的人认为貂蝉应该死去，人死了，污点也就没有了。所以，就有了关大王月夜斩貂蝉之说，借关羽之手将貂蝉杀死。

---

① 胡世厚主编《三国戏曲集成》，复旦大学出版社2018年版，第47页。

其四，反映了民众的神灵崇拜思想。貂蝉之死是关羽造成的，那么为什么关羽要杀掉貂蝉呢？貂蝉在连环计中使用自己的女人身体、情感等采取行动，等于说是利用了她的美色，而且是在两个男人间周旋。不管是出于什么目的，她自身已经变得不洁净了。而关羽呢，是人人共尊的神灵。可以说，两人有天地之别。那么，当貂蝉为保自身而来向关羽献媚时，关羽不但不可以接受她，而且必须把她杀死，这样才能成就英雄之名。

古墓情思 王允墓现高约 5 米，占地 176 平方米，冢顶原有柏树多棵，现已无存。

位于许昌清潩河畔的王允墓

与其他独处荒郊的古墓相比，王允墓随着许昌城市发展框架的扩大，墓冢已不再独处郊野，而是位于风景秀丽、游人如织的清潩河岸。这种历史变迁，仿佛表达了许昌百姓对王允的深情怀念，两千年来默默流淌的河水，似乎在诉说着对王允这位汉末特有的志士无穷无尽的情思。在当时的情况下，王允的所作所为可歌可泣，他不但在风雨飘摇的汉代朝廷中利用智慧铲除权奸，为此献出了自己宝贵的生命，更为可贵的是，王允所做的这一切，完全是自觉自愿，他放弃了本来可以保全性命的机会，心甘情愿冒险护卫年幼的皇帝，这是舍小家、顾大家的壮举。所以，他受到后人的永世纪念是顺理成章的。

　　真实的王允墓在王允故里山西祁县西北的修善村西，墓长二十五米，宽二十米以上，今已作为重点文物保护。

位于山西祁县的王允墓

六、伏完墓

伏完墓位于许昌市建安区张潘镇刘庄村东北。

伏完
其人 | 伏完（？—209），琅琊东武（今属山东）人①，汉大司徒伏湛七世孙，袭爵不其侯，举孝廉，后任五官中郎将、侍中。

伏完娶汉桓帝长女阳安长公主刘华为妻，生六子一女。一个女儿名叫伏寿。伏寿即为汉献帝伏皇后。

初平元年（190），伏完跟随献帝车驾西迁长安，女儿伏寿进入掖庭立为贵人。兴平二年（194），伏寿被立为皇后，伏完升迁执金吾。

献帝不久东归洛阳，李傕、郭汜等在曹阳打败了献帝的护卫部队，献帝只好连夜渡过黄河逃走，六宫女子都步行逃出军营。伏皇后手持数匹缣帛，董承让符节令孙徽手拿利刃抢夺，伏皇后身边的侍者被杀，鲜血洒溅在伏皇后的衣服上。到达安邑（今山西夏县），献帝一行极其狼狈，衣服破烂，食物短缺，只能以枣栗为粮。在献帝从长安逃亡洛阳的过程中，面对李傕、郭汜的追兵，面对路途艰险，伏完一路护卫献帝。

建安元年（196），伏完拜官辅国将军，仪比三司，与董承等十三人被封为列侯。但这个时候国家朝政都掌握在曹操手中，伏完自感身处高位，担心招灾惹祸，便交出印绶，改任中散大夫，不久又任屯骑校尉。

建安五年（200），董承等人合谋诛杀曹操的计划失败，董贵妃受到株连。曹操要杀董贵妃，献帝以董贵妃怀有身孕为由，数次请求曹操放过董贵妃，曹操没有同意。伏皇后看到董贵妃的下场凄惨，十分恐惧，就写信给父亲伏完，诉说曹操残忍逼死董贵妃的暴行，还让父亲找机会诛杀曹操。但是，伏完并未采取任何行动。

伏完于建安十四年（209）去世。

---

① 伏完事见《后汉书》卷九《献帝纪》、卷十《皇后纪》、卷七十二《董卓传》等。

因女
而名　伏完去世五年后的建安十九年（214），曹操发现了伏皇后写给伏完的书信，极其愤怒，将伏皇后和她的两个儿子杀死，株连宗族一百多人被杀，还将伏皇后母亲放逐到涿郡。

伏完是东汉献帝时期的大臣，在汉末纷乱无常的社会中，虽然位高身贵，面对积极进取、图谋称霸四海的历史巨人曹操，也只能采取远祸避害的策略。作为汉末君主，汉献帝注定是要被历史淘汰的，而围绕在献帝身边的这些大臣，也只能与汉献帝一样无所作为。

伏完的故事本没有什么惊人之处，但是，因为后来伏皇后的被杀，让人们把伏完父女以及令人同情的汉献帝联系到了一起，把他们说成是反抗曹操篡权的代表，尤其在"拥刘反曹"的背景下，伏皇后成了曹操残害无辜的典型人物。

《后汉书》在记录伏皇后被杀的经过时，已经站在了同情伏皇后、贬斥曹操的立场上，如写到献帝都许之后的作为说"自帝都许，守位而已"，写到曹操把持朝政说"宿卫兵侍，莫非曹氏党旧姻戚"，甚至说曹操见不得别人与献帝有任何瓜葛，"议郎赵彦尝为帝陈言时策，曹操恶而杀之。其余内外，多见诛戮"等。尤其在曹操诛杀董贵妃、伏皇后事件中，曹操的作为更是极其残忍，没有丝毫同情心。如伏皇后被"牵出"时"披发徒跣行泣"，向献帝哀求："不能复相活邪？"帝曰："我亦不知命在何时！"顾谓虑曰："郗公，天下宁有是邪？"[①]

封建社会至高无上的皇帝，此时竟然成了这般模样！这种描写，成为以后"拥刘反曹"思想的主要根源。

演义
悲歌　到了《三国演义》，曹操的各种奸诈、诡谲、残忍都成为"顺理成章"的事了，伏完和伏皇后自然也就站在了曹操的对立面。

---

① 此处所引资料均见《后汉书》卷十《皇后纪》。

《三国演义》第六十六回"关云长单刀赴会，伏皇后为国捐生"形象描写了伏完及伏皇后父女先后被杀的详细过程：

献帝看到曹操有不臣之心，伏皇后提议联手父亲诛杀曹操。因担心重蹈董贵妃覆辙，便让宦官穆顺带出伏皇后密书送给伏完。伏完回书，穆顺将伏完的书信藏在头髻之内，不料被曹操发现。曹操搜出伏完书信之后，连夜派兵包围伏完私宅，"将伏氏三族尽皆下狱"。次日，又派郗虑带兵捉拿伏皇后。当伏皇后从墙壁中被揪着头发拖出时，"披发跣足"，见到献帝后，二人"相抱而哭"，华歆将伏皇后交给曹操后，曹操"喝左右乱棒打死"，并"当晚将伏完、穆顺等宗族二百余口，皆斩于市"。[1]

在这里，作者让早已去世的伏完又多活了几年，以完成父女共同反曹的任务，最后，作者还写诗慨叹道：

> 曹瞒凶残世所无，伏完忠义欲何如。可怜帝后分离处，不及民间妇与夫！[2]

荒凉
古墓 伏完墓所处的建安区张潘镇刘庄村东北，距离当年的许都城不远，应是在伏完去世后，伏皇后与汉献帝就在许都附近将其埋葬。因伏完是伏皇后之父，葬礼规格也应该很高的，可惜没有资料记载。

不只是伏完葬礼无资料可查，就连伏完墓有关建造、保护、是否盗挖等情况也付诸阙如，所有史料只字未提，不知是否与后来伏皇后被杀有关。

如今的伏完墓呈椭圆形，高大约为二米，占地面积约二亩，处在

伏完墓（黄青喜摄）

---

① 见《三国演义》第六十六回，人民文学出版社2005年版，第552页。
②《三国演义》第六十六回，人民文学出版社2005年版，第552页。

荒郊野外的农田之中，坟墓上长满了灌木丛和杂草，仿佛在为人们诉说着一千八百年前的凄厉往事。只有墓前的"伏完墓"石牌，在告诉我们，这里埋葬着一位汉魏更替之际腥风血雨的见证者。

伏完墓1995年被许昌县（今建安区）人民政府公布为县级文物保护单位。

七、华佗墓

华佗墓位于许昌市建安区苏桥镇石寨村石梁河西岸，东南距许昌市15公里。

神医
华佗　华佗（约145—208），名旉，字元化，沛国谯（今安徽亳州）人，汉末杰出的医学家，被誉为神医，精通内、外、儿、妇、针灸等科，特别擅长外科，首创世界手术麻醉药"麻沸散"。曹操闻其名征召华佗来许，辟为侍医，著有医书《青囊经》等。

安徽亳州华祖庵

据《三国志·方技传》[①]载，华佗早年在徐州一带游学，学识广博，兼通数经，沛国国相陈珪推举他做孝廉，太尉黄琬征召他到官府任职，都被他拒绝了。

华佗通晓养生术，当时人都认为，华佗快要一百岁了，面貌却像一个年轻人。

华佗还精通医疗药方，他治病时，把几种药剂合在一起煎熬，心中熟知各种药剂的分量，不需要称量，熬好便让病人服用下去，告诉病人注意事项，药到病除，效果极好。如果需要药灸，也不过一两处，每处七八下，灸过病好。若是需要动手术，他就让患者饮用麻沸散，顷刻之间病人就如醉死一般失去知觉，他就趁机动刀治病。如果病在肠道，他就把肠子割开清洗，然后缝上腹部，涂上药膏，四五天病就好得差不多了，病人感觉不到疼痛，一个月左右，病就完全好了。

关于麻沸散，还有一个传。据传说，华佗行医治病时，看到手术时

---

① 华佗事迹见晋·陈寿《三国志》卷二十九《方技传》，中华书局1959年版，第799页。

的病人痛苦不堪，就苦苦寻思怎么能够减轻病人的疼痛。他听说泰山顶上有一种红色的野果，吃了后可以使人昏迷不醒，失去知觉。于是，华佗就带着儿子沸儿登上了泰山峰顶。找到这种野果之后，华佗就要放进口中尝试，沸儿一把抢过来说："让我吃吧，你可以好好观察观察，如果出了意外，你也可以给我医治。"说完之后，就迅速把果子吃了下去，他担心药力不够，还偷偷多吃了一些。随着野果下肚，沸儿很快就昏迷了。华佗看到果然有效果，非常高兴。哪知道沸儿吃得过多，竟然再也没有醒来。妻子知道后，虽然十分痛苦，但是非但没有埋怨华佗，甚至自告奋勇再吃一回。妻子吃下去昏迷之后，华佗就在妻子的腿上做起了试验。等到妻子醒来，华佗向她询问情况，妻子说，自己睡着了，什么也不知道。这时，华佗终于露出了笑脸，自己的试验成功了。后来，他用这种药物给许许多多的病人解除了病痛。为了纪念为此献出生命的儿子，他就给这种药命名为"沸心汤"，也就是后世所说的"麻沸散"。①

由于华佗医术高明，治好了很多疑难杂症病人，一时间，名声大噪。曹操听说后，就把华佗召到身边。曹操有头风病，每当病症发作时，内心烦躁，头晕眼花，华佗赶紧用针刺曹操的膈膜，疼痛顿时消失。

华佗治病的手法独特，效果奇好，无人能及。但是，在他的心目中，自己本来是个士人，却因为医术好而成就了事业，内心常有悔恨之意。

后来曹操治理朝政，得了重病，让华佗前来诊治，华佗诊断过后说："此病短时间内很难治疗，必须长期医治，才能延长寿命。"不久，华佗因为长时间远离故乡，归家之情日重，就对曹操说："我刚收到家书，要回去一趟。"到家之后，以妻子有病为借口，屡屡延迟不归。曹操多次写信催促，还下令郡县将他遣送回来。华佗却自恃医术高明，又厌烦官差，仍然不肯回去。曹操大怒，派人前往查验，要求说：如果华佗的妻子真的病了，

---

① 参吴功勋主编《三国胜迹神游》史友仁文《华佗墓前忆神医》，河南人民出版社1987年版，第89页。

赏赐小豆四十斛，可以宽限假期；如果华佗是弄虚作假，故意欺诈，就将他收送监狱。

就这样，华佗被押解到许都监狱，经过拷打审讯，华佗不得不认罪伏法。荀彧认为华佗的医术难得，就给他求情说："华佗医术精到，人命关天，应该原谅他。"曹操说："别担心，天下还缺少这等鼠辈小人吗！"华佗最终被拷打致死。临死前，他拿出了一卷书给看守狱吏说："这本书可以救活很多人。"狱吏担心受到牵连，没有接受，华佗见状，也不勉强，要来了一把火把书烧了。据说，这部书就是华佗常年行医的记录《青囊经》。

华佗死后，曹操的头风病依然没有好转，就说："华佗本来可以治愈此病，这个小人专门不给我治好，想以此抬高自己的价值，即便是我不杀他，他也最终不会给我除掉这个病根。"后来，曹操的儿子曹仓舒病危，曹操叹息说："我很后悔杀了华佗，让这个孩子死得冤枉。"

华佗有两个弟子，一个是广陵人吴普，一个是彭城人樊阿。华佗曾经对吴普说："人的身体需要运动，只是不要过度就行。运动利

亳州华祖庵内的五禽戏动作图

于消化五谷，血脉流通，百病不生，就像门轴不会腐朽的道理一样。我有一套五禽戏，叫虎、鹿、熊、猿、鸟，模仿其动作，可以祛除疾病，有利手足。"吴普按照华佗的吩咐锻炼，活到九十多岁的时候，还是耳聪目明，牙齿完整坚固。

樊阿善于针灸，手法高妙，给人治病，立竿见影。樊阿曾向华佗求得了益于人长寿的服食药方，华佗教会了他制作青黏散，说长久服用，可以杀死体内三虫，利于五脏，身体轻健，头发不白。樊阿听了他的话，一直活到一百余岁。

华佗墓园 华佗是一代名医，是历史上著名的医圣，他死后被埋葬在许都西北面的苏桥，得到了当地百姓世世代代的敬仰。

华佗为什么会被埋葬在这个地方，在当地民间也有一个神奇的传说。据说，华佗被曹操投进许都监狱后，百姓们都愤愤不平，有一个看守他的狱卒，冒着生命危险帮助华佗逃出了监狱。曹操发现后，立刻派兵追杀。华佗一直向西北方向逃亡，当他逃到距离许都城五十里的石梁河边时，看到曹兵紧追不舍，就躲藏到河边的芦苇丛中。曹兵迅速将这片芦苇丛包围。在这关键时刻，有一个牧童驱赶着一群羊走了过来，看到华佗无处可躲，牧童便将自己的羊皮袄脱下，让华佗穿上混入羊群。曹兵找不

华佗墓

规划中的华佗养生园

到华佗，就对羊群挥刀乱砍，不少羊被杀死，华佗也身受重伤。曹兵离开后，牧童伤心痛哭。华佗醒来，看到许多羊被杀死，就施展医术，把这些羊的头颅与身体对接，很快，这些羊死而复生，牧童高兴地驱赶着羊群回家了。可是，华佗却因伤势过重，躺在地上再也没有起来。① 当地百姓就在华佗死亡的地方埋葬了他，为了表达对这位神医的哀悼之情，现在华佗墓东南面紧邻清潩河的一个村子还叫潩沱村（由"哭佗村"转音而来），就是当年祭奠华佗的地方。也有传说，村子的得名是因为华佗的妻子千里寻

---

① 参《许都揽胜》王晓思文《华佗墓怀古》，许昌市志编纂委员会1984年编，第116页。

夫，在此号啕大哭。①

如今的墓冢高约四米，周围三十余米，占地三百六十平方米。墓呈椭圆形，墓前有清乾隆十七年（1752）所立"汉神医华公之墓"石碑，系当地从医者为颂华佗功德集资所立。碑楼经修复，高约两米，楼顶的构造为典型北方农村门楼式样。1985 年，中华全国中医学会河南分会在许昌召开华佗学术研讨会，另立"东汉杰出医学家华佗之墓"碑一通。2008 年被河南省人民政府公布为省级文物保护单位。

华佗在群众中享有极高的威望，他以奇方异术救治病人的故事广为流传，至今墓前香火不断。每年都有众多百姓，从全国各地来到墓前烧香祭奠，祈求健康。1985 年，中华全国中医学会河南分会在许昌召开"华佗学术研讨会"，镌立"东汉杰出医学家华佗之墓"石碑一通。

华佗墓现为河南省重点文物保护单位。

各地
纪念   除了苏桥的华佗墓之外，全国还有三座"华佗墓"。

一是徐州华佗墓。

徐州华佗墓位于江苏徐州南郊彭城路华祖庙旁，是华佗衣冠冢，据《三国志》记载，华佗早年经常到徐州一带行医，受到徐州百姓的拥戴，明代永乐初年（1403—1424），徐州知州杨仲节取土于华祖庙内所建。据说华佗死后身首分离，头颅被传回故乡谯郡示众。其弟子樊阿是离谯郡不远的彭城（今江苏徐州）人，就将华佗头颅葬于彭城南郊。直到魏国灭亡之后，彭城华佗墓才公之于众，并被当地百姓建庙、塑像、祭祀。后来，历经废而复建，明、清、民国时期又增扩墓园，至今香火不断。

二是华山华佗墓。

华山华佗墓在陕西华山脚下的玉泉院内，有一通清光绪年间（1871—1908）镌刻的"汉神医华佗之墓"石碑。传说华佗死后，有人抱着华佗的

———————————
① 参张兰花《曹魏胜迹》，中州古籍出版社 2006 年版，第 123 页。

头颅向西奔跑，跑到此处时再也跑不动了，就将华佗的头颅葬在了这里。

三是沈丘华佗墓。

沈丘华佗墓位于河南沈丘县槐店西南角，沙颍河南岸。传说华佗死后，被陈尸荒郊，人们把华佗的尸首运回故乡谯郡安葬，但是走到沈丘槐店时，尸体已经腐化，难以继续向前。于是，大家商议就把华佗暂放在一个山洞里。但是，知道华佗尸骨放在这里的百姓都来祭祀，都想给华佗墓添上几把土，慢慢地，原来的洞口就被淹没了，华佗墓成了一个大山包，等到华佗家人前来移走尸骨时，看到华佗墓就像大山，只好作罢。之后，人们又在这里建造了华佗寺，供人时时祭拜。再后来，烧香祭拜的人越来越多，有的人甚至从周边村子里迁来居住，一是看护寺庙，二来也为香客提供茶水服务，久而久之，迁来的人多了，这里就成了一个村庄，人们也称呼这个村庄为华佗寺。1979年1月，该墓被定为县级文物保护单位。

除了以上几座华佗墓之外，安徽的亳州、江苏的扬州、河南的洛阳、项城也都有华佗墓，这些衣冠冢，既体现了华佗所具有的崇高威望，也表达了各地百姓对济世救民神医的永远怀念。

八、马腾墓

马腾墓位于今河南省许昌市北 10 公里的建安区苏桥镇中许村。

马腾（？—212），字寿成，扶风茂陵（今陕西兴平）人，是汉代著名的伏波将军马援的后代。

马腾的父亲马平在桓帝时曾经做过天水郡兰干县的县尉，后来因故丢掉了官职，他就留居在陇西，与羌族人杂居在一起。因家贫而娶羌女为妻。马腾出生后，家中依然贫穷，没有产业，马腾经常到鄣县山中伐木，然后扛到城里卖掉，以此为生。

一代枭雄马腾身材健硕高大，面相雄猛异常，鼻梁突出，但性情却贤良厚道，人们都很敬重他。灵帝末年，凉州吏民反叛，马腾应募入军，并作为首领带领一部分部队。因讨贼有功，拜军司马。李傕、郭汜乱长安时，拜马腾为征西将军，驻扎在郿（今陕西眉县）。

初平中，拜征东将军。因粮草缺乏，马腾上表自求去粮谷较多的池阳（今陕西泾阳县西北），军队驻扎在池阳南面的长平陂岸头，结果与力求自保的将军王承发生冲突，王承突袭马腾，马腾毫无防备，遭遇大败。马腾无奈，再次西上，与镇西将军韩遂结为异性兄弟。两人一开始亲如兄弟，后来部下发生矛盾，成为仇敌。马腾攻袭韩遂，败下阵来的韩遂纠集力量反扑，将马腾的妻子杀死，双方互不相让，就这样僵持了下来。

建安初年，国家纲纪持续衰败，荀彧劝曹操派遣钟繇安抚马腾等边将。于是，朝廷派司隶校尉钟繇、凉州牧韦端调解双方矛盾，马腾归顺朝廷，遣子入侍，朝廷征召马腾屯驻槐里（今陕西兴平），转拜为前将军，假节，封槐里侯，让马腾防备北面的胡人和东面的"白虏"鲜卑。马腾善待士卒，招纳贤士，关心民瘼，三辅地区一度得到了充分的安定，百姓对马腾深怀爱戴之心。

　　袁绍于建安七年（202）病逝后，其子袁尚所置大将、河东太守郭援，与袁绍外甥高干、匈奴南单于联合，共同攻打河东，他们派遣使者试图说服马腾、韩遂一同参与。马腾暗中答应了他们，郭援顺利占领了所经过的城邑，一路取胜。

　　曹操立刻派司隶校尉钟繇率兵包围南单于于平阳，但敌军救兵很快到来。这时，钟繇想到了马腾，他派冯翊前去劝说马腾，冯翊给马腾讲明白了利害关系，希望马腾能够帮助曹操反击叛军。马腾陷入犹豫之中。在这关键时刻，马腾部将傅干也规劝马腾说："古人说，顺德者昌，逆德者亡。曹公奉天子诛暴乱，法治清明，政令畅通，上下一心，可谓是顺道。袁氏倚仗强势，犯上作乱，驱赶胡虏在中原肆虐，可谓是逆德。现今将军您尊奉有道者，却暗中怀有二心，只想着坐观成败，我担心成败既定之后，曹公奉命责罚罪人，将军就会率先被诛杀。"马腾听完之后，惊恐异常，冷汗直流。傅干趁机又说："聪明的人善于转祸为福，如今曹公与袁氏相持不下，而高干、郭援合攻河东，曹公虽有万全之计，也不能阻止河东陷于危难之中，将军如果能够领兵讨伐郭援，内外夹击，定能一举成功。将军的这一行动，斩断了袁氏之臂，解除了一方之急，曹公定会重重地感谢将军，将军取得的功劳与名声无人能比啊！"于是，马腾立刻派遣儿子马超带领万余兵力与钟繇联合会战，并最终大败敌军，郭援被斩首，南单于投降。

　　这次战役马腾立下了大功，由此也可以看出，关键时候，马腾能够采取正确的决策。

　　凄惨结局　建安十三年（208），马腾请求回到京城任职，朝廷征召马腾入朝为卫尉。同时，诏拜马腾的儿子马超为偏将军，让他代领原属于马腾的部队。朝廷又拜马超的弟弟马休为奉车都尉，另一个弟弟马铁为骑都尉。为了控制远在西北的马超，朝廷将马腾的家属全部安置在邺城。

　　但马超却依然我行我素，建安十六年（211），在西北与韩遂联合反叛曹操，他们率军进抵潼关，曹操利用反间计，将马超击溃，马超败逃诸戎地区，曹操追到安定（今甘肃镇原县南）而回。

建安十七年（212）五月，曹操夷灭马腾三族，杀死二百余口。马超临死前曾上疏刘备说："臣门宗二百余口，为孟德所诛略尽。"①

马超后依张鲁、降刘备，拜骠骑将军、凉州牧，是刘备得力的五虎上将之一，成为历史上声名煊赫的英雄。

史实
辨析 很明显，本来就作为人质的马腾一家被杀是受到马超的连累。

但《三国演义》却改变了马腾的"政治立场"，让他从"亲曹"变成了"反曹"。

《三国演义》让马腾参加了"衣带诏"的密谋，把马腾被杀变成为"正义之举"，责任全在曹操。

历史上的"衣带诏"事件发生在建安三、四年间，是由国丈董承、大臣王子服、种辑、吴子兰等参与，后来刘备也参与其中，针对曹操的刺杀行动。此时，马腾并不在京城。

《三国演义》将马腾拉进密谋之中，说建安五年（200），密谋泄露，董承等人被杀，刘备与马腾离开许都，曹操十分恼恨。后曹操接受荀攸计策，封马腾为镇南将军，欲相机除掉马腾。马腾与马超商议之后，马腾率儿子马铁、马休和侄子马岱前往京城，也欲伺机除掉曹操。马超率兵驻守西凉，牵制曹操。马腾到许昌后，驻扎在许昌城外二十里的地方。曹操派门下侍郎黄奎到马腾军中劳军，黄奎却反而与马腾定下杀曹之计。不料，黄奎妻弟苗泽向曹操告密，曹操派夏侯渊、徐晃立刻包围马腾父子，并将

---

① 曹操杀死马腾全族，是马超反复无常的结果，卢弼在《三国志集解》中分析道："据诸传及《典略》所云，是马腾家属已全徙邺，尚不足置信，而超求送任子，乃可信耶？况超置父不顾，（超谓韩约曰：'今超弃父，以将军为父。'见《张既传》注引《魏略》）而恤其子耶？以操之明，自不为所绐矣。"意思是说，马腾将全族人质押在邺城，也难以换取马超的忠信，所以在曹操征讨马超的时候，马超提出将儿子作为人质的条件，曹操怎么会轻易相信呢？马超置亲生父亲于不顾，又怎么会怜惜儿子呢！聪明如曹操，是不会被马超欺骗的。见《三国志集解》卷一，中华书局 1982 年版，第 42 页。

马腾、黄奎全家杀害。马岱侥幸逃回西凉，马超便与韩遂一起起兵报仇。双方在潼关展开血战。①

《三国演义》之所以倒因为果，是因为后来马超投靠了刘备，并成为五虎上将之一。作者是站在"拥刘反曹"的立场上，对曹操的奸诈、残忍进行批判的。这样，一个因叛乱而牵累全家的人，就变成了一个一腔正气、英勇无敌的大英雄。

大将军墓　马腾死在邺城，而且是因罪被处死，曹操不会允许他葬在许都，此处的墓冢应为依据《三国演义》而修建的衣冠冢。《三国演义》第五十七、五十八回详细描写了马腾在许昌城外被杀的经过。第五十八回"马孟起兴兵雪恨曹阿瞒割须弃袍"描写道："却说马超在西凉州，夜感一梦，梦见身卧雪地，群虎来咬。惊惧而觉，心中疑惑，聚帐下将佐，告说梦中之事。帐下一人应声曰：'此梦乃不祥之兆也。'众视其人，乃帐前心腹校尉，姓庞名德，字令明。超问：'令明所见若何？'德曰：'雪地遇虎，梦兆殊恶。莫非老将军在许昌有事否？'言未毕，一人踉跄而入，哭拜于地曰：'叔父与弟皆死矣！'超视之，乃马岱也。超惊问何为。岱曰：'叔父与侍郎黄奎同谋杀操，不幸事泄，皆被斩于市，二弟亦遇害。唯岱扮作客商，星夜走脱。'超闻言，哭倒于地，众将救起。超咬牙切齿，痛恨操贼。"②

如今的马腾墓占地一千多平方米，高七米多，当地人称之为"大将军墓"，冢上有数株茂盛高大的柏树，仿佛象征着马腾挺拔威武的身姿。据传说，原有许姓人家看护墓冢，并在此繁衍生息，久而久之，聚成村落，名为"冢许"（今改为中许）。

2011年马腾墓被许昌县人民政府公布为县级文物保护单位。

① 见明·罗贯中《三国演义》第二十四、五十七、五十八回等，人民文学出版社2005年版，第206、470、472页。
② 明·罗贯中《三国演义》第五十八回，人民文学出版社2005年版，第473页。

　　因为《三国演义》的影响，后人对马腾的评价很高，罗贯中在《三国演义》第五十七回"柴桑口卧龙吊丧耒阳县凤雏理事"中赞颂马腾说："父子齐芳烈，忠贞著一门。捐生图国难，誓死答君恩。嚼血盟言在，诛奸义状存。西凉推世胄，不愧伏波孙！"① 尽管罗贯中在这里是站在"拥刘反曹"的立场上赞扬马腾、马超父子的，但是，马腾因受到儿子的株连被处死，毕竟是值得同情的，更何况他对曹操既有忠心，又有功劳。

马腾墓

位于陕西汉中的马超墓

---

① 明·罗贯中《三国演义》，人民文学出版社2005年版，第470页。

九、司马徽墓

司马徽墓位于禹州市褚河乡余王村潘庄。

博雅
隐士　司马徽（？—208），字德操，人称水镜先生，颍川阳翟（今河南禹州）人。东汉末年著名隐士。

司马徽学识渊博，精通道学、奇门、兵法、经学等，才名被乡里称颂。又善于识人，向刘备推荐了诸葛亮、庞统等人才，被称为"司马伯乐"。

灵帝末年，司马徽避乱于荆州，与诸葛亮、庞统、徐庶等友善。

据《三国志》记载，司马徽在荆州时，"清雅有知人鉴"①，品行清高雅致，善于辨识人物。襄阳人庞统，十八岁时慕名前来求见，两人一见如故。司马徽在桑树上采桑，让庞统坐在树下，两人就这样交谈，从白天聊到夜晚。司马徽异常看好庞统，称赞庞统是南州首屈一指的人，庞统的名声也由此逐渐被人知晓。

司马徽与人交往真诚相待，不拘小节。庞德公是庞统的叔叔，比司马徽年长十岁，司马徽就把庞德公视为兄长，两人关系极其友好。有一次，司马徽去见庞德公，庞德公不在家，司马徽便径直来到庞德公的家，呼喊着庞德公的妻子，让她赶紧做黍子吃。庞德公的妻子儿女都并列拜见于堂下，让司马徽随意使唤。等到庞德公回来时，径直走进屋内与司马徽相见。两人的表现竟然让他人难以分出主客。

建安十二年（207），"刘备访世事于司马德操。德操曰：'儒生俗士，岂识时务？识时务者在乎俊杰。此间自有伏龙、凤雏。'备问为谁，曰：'诸葛孔明、庞士元也。'"②司马徽将诸葛亮、庞统荐举给了刘备，这两位旷世奇才，为以后刘备的宏伟大业奠定了重要基础，尤其诸葛亮，辅佐刘备、

① 卢弼《三国志集解》卷三十七《庞统传》，中华书局1982年版，第786页。
② 晋·陈寿《三国志》卷三十五《诸葛亮传》，中华书局1959年版，第913页。

刘禅建立蜀汉政权，遏制东吴、抗击曹魏，鞠躬尽瘁，其辉煌的一生，成为历史上最为宝贵的财富之一。

建安十三年(208)，曹操占领荆州后，想重用司马徽，但是被司马徽拒绝了。司马徽回到阳翟故里，与世无争，躬耕田野，讲学教书，不久病逝，走完了平平淡淡的人生旅程。也有传说，曹操知道司马徽才学甚高，不放司马徽回归故里，强行把司马徽留在了荆州，而司马徽无心世事，身在曹营心怀故土，不久后竟然无疾而终。曹操只好派人将司马徽的尸骨送回故乡安葬。

司马徽聪慧过人，天赋异禀，他的一言一行，都给后人留下了深刻印象，也成了后人效法的榜样。

古墓疑云 司马徽墓在褚河乡余王村潘庄东侧，墓前原有墓碑、祠堂等，20世纪初大多被毁。墓前石碑上刻有"汉司马徽先生之墓"，"文革"时一度丢失，找回后现存放在潘庄。现墓冢封土已被平掉。

20世纪60年代，考古学者对司马徽墓进行了初步考查，确认为汉末古墓，但是因墓葬未发现盗洞，所以并未进一步发掘。到了70年代，考古学家获悉司马徽墓似有盗挖缺口，就进行了试探性发掘。他们发现两米以下开始出现碎石层，墓室没有发现任何棺椁或尸骨，令考古学家大为震惊。

由此，有人推测，司马徽墓可能原本就没有尸骨。司马徽是被曹操强行留在了身边，司马徽很难逃出曹操控制，所以，所谓无疾而终可能是司马徽有意为之，司马徽精通奇门遁甲之术，无疾而终可能是一个障眼法，实际上，司马徽已经借机摆脱曹操，归隐山林了。当然，这都是后人的猜测。

水镜山庄 司马徽墓默默矗立在荆棘荒草丛中，就像当年司马徽的为人，不慕芳华，但求清静。

而远在当年司马徽隐居的湖北南漳县,有一个著名的旅游胜地——水镜庄,就是为纪念司马徽在此隐居而修建的。

水镜庄早在清代乾隆时期的《襄阳府志》就有南漳玉溪山为"汉水镜先生栖隐处"的记载。乾隆七年(1742),由南漳知县徐彦主持修建,后来又经多次复修。如今的水镜庄是著名旅游景区,湖北省重点文物保护单位。

位于湖北南漳县的水镜庄

十、徐母墓

徐母墓即汉末名士徐庶母亲之墓，位于许昌市建安区蒋李集镇刘庄村。

高士元直 徐庶字元直，颍川（今河南禹州市）人，刘备的重要谋士。

徐庶原名徐福，出身寒门，① 早年喜欢结交豪杰，任侠击剑，曾经为别人报仇时，用白垩土涂抹脸面，披头散发逃跑，被官吏抓获后，问他姓名，他却闭口不答。官吏便将他绑在车上，欲将他斩首示众，结果他的同党合力来解救他，才逃脱出来。有感于这次危险经历，他下决心放弃耍刀弄戟的生活，改穿粗巾单衣，放下架子，认真求学。刚开始到精舍读书的时候，大家听说他以前做过贼人，都不肯与他相处。徐庶就异常谦恭，不辞辛劳，每天早早起床，独自打扫卫生。这段时间，他也养成了良好的习惯，每当要做什么事情的时候，他总是先思前想后，再做决断。听老师讲课的时候，他认真思考，经过学习，他对所学的义理精透熟练。于是，与

① 据《三国志·诸葛亮传》裴注引《魏略》载："庶先名福，本单家子"，后世便将"单家"理解为姓单之家，《三国演义》也说他改名单福。这是对"单家"的错误理解，卢弼《三国志集解》辨析得非常明白："凡云单家者，犹言寒门，非郡之著姓耳。徐庶为单家子，与此一例。流俗读单为善，疑其本姓单，后改为徐，妄之甚矣。《后汉书·赵壹传》'恩泽不逮于单门'，亦单家之意也。"又引潘眉曰："单，音单复之单，犹言寒家。鱼豢'单家'字屡用。"另引林畅园曰："《魏志》注中言单家非一，犹言单寒之家，以别于大姓右族耳。《裴潜传》注引《魏略》列传以徐福、严干、李义等同卷，亦云干、义二人并单家。而明代小说乃以徐庶自隐姓名，别称单福，则似以单为姓，可笑也。"《魏略》中所用"单家"还有数例，如《王肃传》注引《魏略·儒宗传》："薛夏，天水人也。天水旧有姜、阎、任、赵四姓，常推于郡中，而夏为单家。隗禧，京兆人也，世单家。"《王粲传》注引《魏略·吴质传》："始质为单家，少游遨贵戚间。"《张既传》注引《魏略·张既传》："既，世单家。"（卢弼《三国志集解·诸葛亮传》，中华书局 1982 年版，第 757 页）

同郡的石韬关系很好。初平时，中原开始出现战乱，徐庶就与石韬躲避到南方，客居荆州，到了之后，又与诸葛亮结下了深厚情谊。

诸葛亮早年躬耕陇亩的时候，每自比于管仲、乐毅，别人都不理解，"唯博陵崔州平、颍川徐庶元直与亮友善，谓为信然"。①

建安五年（200），曹操打败刘备，刘备投奔荆州刘表，后刘表命刘备驻守新野。徐庶去面见刘备，给刘备推荐了"卧龙"诸葛亮。同时，同为颍川人的司马徽（字德操）也称诸葛亮为"伏龙"，《三国志》载：

　　《襄阳记》曰：刘备访世事于司马德操。德操曰："儒生俗士，岂识时务？识时务者在乎俊杰。此间有伏龙、凤雏。"备问为谁，曰："诸葛孔明、庞士元也。"②

两人的鼎力推荐，让刘备顿感诸葛亮对于自己事业的重要意义，于是便亲自请诸葛亮出山辅佐，"凡三往，乃见"，由此拉开了三国鼎立的重要一方——蜀汉政权的政治序幕。徐庶推荐诸葛亮的慧眼独具，以及之后不得不弃刘归曹的选择，也得到了后人的高度评价，卢弼《三国志集解》引胡三省的话说："备以枭雄之才，闻徐庶一言，三枉驾以见孔明，此必庶之才器有以取重于备，备遂信之也。庶自辞备归操之后，寂无所闻，今观其舍旧从新之言，质天地而无愧，则其人从可知矣。"③

徐庶像

刘表死后，刘琮面对曹操的强大攻势，不战而降，刘备无奈只好率众南逃，徐庶与诸葛亮紧跟其后。不幸的是，曹操追赶上了刘备的南逃部队，获得了徐庶的母亲。徐庶无奈，只好告辞刘备，与石韬一起转投曹操。临行前，他指着自己的心口对刘备说："本来我想利用我的方寸之心与

① 晋·陈寿《三国志》卷三十五《诸葛亮传》，中华书局1959年版，第911页。
② 晋·陈寿《三国志》卷三十五《诸葛亮传》，中华书局1959年版，第913页。
③ 卢弼《三国志集解》，中华书局1982年版，第756页。

将军共图王霸之业，但是现在母亲离散，方寸全乱了，没办法帮助你了，从此别过。"于是，徐庶就去投奔了曹操。

在北方，徐庶和好朋友石韬依然兢兢业业做事，到了文帝曹丕黄初时，石韬做官做到了郡守、典农校尉，徐庶做了右中郎将、御史中丞。明帝太和年间，诸葛亮率军到达陇右，听说徐庶和石韬官职不高，就感叹说："魏国士人如此之多吗，为什么这两个人不被重用呢!"

又过了几年，徐庶病故，时人还在彭城给他立了石碑以示纪念。

忠烈
母亲　历史上的徐庶，事迹较为简单，但是到了《三国演义》，增加了大量精彩故事，徐庶的智慧、徐母的忠烈得以充分展现。

《三国演义》第三十五回"玄德南漳逢隐沦单福新野遇英主"①描写徐庶首次见到刘备，自我介绍说："某乃颍上人也，姓单名福。"刘备任命徐庶为军师。接着就是刘备采纳徐庶的计策"杀二吕"，大败曹军。第三十六回"玄德用计袭樊城元直走马荐诸葛"又突出了徐庶的聪明才智，连续破"八门金锁阵"、计取樊城，曹军统帅曹仁屡屡惨败，曹仁无奈，返回许都向曹操请罪。这时，曹操问曹仁，为刘备划策者是谁，曹仁回答说是单福。而在一旁的程昱却接口道：这个人不叫单福，而是颍川人徐庶。程昱还说徐庶有一老母亲在家，"丞相可使人赚其母至许昌，令作书召其子，则徐庶必至矣"。曹操大喜，星夜派人将徐庶的母亲带到许都，并厚加相待。然后，曹操对徐母说："闻令嗣徐元直，乃天下奇才也。今在新野，助逆臣刘备，背叛朝廷，正犹美玉落于污泥之中，诚为可惜。今烦老母作书，唤回许都，吾于天子之前保奏，必有重赏。"徐

①　明·罗贯中《三国演义》，人民文学出版社 2005 年版，第 294 页。

母听后，厉声呵斥曹操说："汝何虚诳之甚也！"接着说刘备是"真当世之英雄也。吾儿辅之，得其主矣"。而曹操却是"托名汉相，实为汉贼"。说完，徐母"取石砚便打曹操"。曹操大怒，要杀徐母，被程昱劝阻了下来。之后，程昱细心照顾徐母，用计赚取了徐母手迹，又模仿手迹给徐庶写了一封家书，派人送给徐庶。徐庶见了母亲书信，泪如泉涌，当即就与刘备辞行，刘备也无可奈何，只好放徐庶离去。徐庶走后，很快转身而回，向刘备推荐了"卧龙"诸葛亮。

徐庶之母

徐庶来到许都，见到母亲，母亲却极为惊讶，问徐庶为何要来许都。当徐庶说明是收到了母亲的来信以后，徐母对儿子破口大骂："辱子！飘荡江湖数年，吾以为汝学业有进，何其反不如初也！汝既读书，须知忠孝不能两全。岂不识曹操欺君罔上之贼！刘玄德仁义布于四海，况又汉室之胄，汝既事之，得其主矣，今凭一纸伪书，更不详察，遂弃明投暗，自取恶名，真愚夫也！吾有何面目与汝相见？汝玷辱祖宗，空生于天地间耳！"骂完，徐母便转入屏风之后。不一会儿，家人向徐庶禀报，徐母在房内自缢身亡。

徐母为了不让儿子辅佐曹操，竟以死明志。后人有《徐母赞》诗云：

　　贤哉徐母，流芳千古。守节无亏，于家有补。教子多方，处身自苦。气若丘山，义出肺腑。赞美豫州，毁触魏武。不畏鼎镬，不惧刀斧。唯恐后嗣，玷辱先祖。伏剑同流，断机堪伍。生得其名，死得其所。贤哉徐母，流芳千古！

事件辨析 从以上故事可见，《三国演义》虚构了大量徐庶及其母亲的故事，用以体现曹操是个"奸相"，不得人心。徐母把刘备看作圣明的君主，是仁慈的化身，而曹操诡谲奸诈，欺君罔上。在徐母看来，儿子侍奉刘备，是得其所愿，而转投曹操，则是玷辱祖宗，她甚至不惜以生命为代价，劝阻儿子回心转意。

徐母的这种思想，是典型的"拥刘反曹"思想的体现，她代表的是明清时期整个社会对曹操的评价与认识。这种思想已经与历史真实大相径庭。

大贤墓冢 根据《三国演义》的叙述，徐母死后，"徐庶葬母柩于许昌之南原，居丧守墓"。这应该是有关徐母墓最早、最准确的记载。"许昌之南原"即今许昌市建安区蒋李集镇刘庄村。

《大清一统志》载："徐庶母墓，在州城东北七十五里，有庙。"① 此谓"州城东北"，概误。

徐母墓原高 8 米，占地 1000 平方米。1952 年秋，一村民在墓旁挖红薯窖，挖到了墓东门，打开墓室，可见墓内的建制：内为圆形拱顶，汉砖砌筑，空隙三米余，另有南北二门，均可容一人进出。

徐母墓

冢及墓室均于"文革"中被毁。

现存墓冢为 20 世纪 80 年代复修。墓前石碑楷书"汉大贤徐母之墓"，为清乾隆二十一年（1756）镌立。1987 年被许昌县（今建安区）人民政府公布为重点文物保护单位。

"徐母骂曹""身在曹营心在汉"等故事广为人知，所以徐母、徐庶也成为历来传颂的贤明母子。

在湖北南漳县，当年徐庶曾经隐居的地方，建有一座徐庶庙，来纪念这位大贤之士。

徐庶庙又称单公祠、徐公祠，坐落在南漳县城内。始建于清嘉庆元年

---

① 四部丛刊本《大清一统志》卷 218《许州直隶州一》，第 17 页。

（1796），嘉庆十七年（1812）立"汉徐庶故里"石碑一通，并塑徐庶像一尊。庙宇为砖木结构，坐北朝南，由门楼、前厅、后殿及过廊组成两进小院。门楼三开间硬山顶，明间升高置大门。两次间立面墙上分书"虎啸""龙吟"行体大字，格外醒目。

湖北南漳徐庶庙

十一、曹彰墓

曹彰墓位于鄢陵县城北 1.5 公里处，俗称三里冢。

著名的建安诗人曹植在《赠白马王彪》诗中写道：

> 奈何念同生，一往形不归。孤魂翔故域，灵柩寄京师。存者
> 忽复过，亡殁身自衰。人生处一世，去若朝露晞。[1]

诗意是说，同生的兄弟，一同来到洛阳，他却不能再回去。他的孤魂飘荡在故都，灵柩寄居在京城。活着的人眨眼之间就会死去，死去的人，躯体也会逐渐消亡。人生一世，就像早晨的露水，转瞬即逝。

这里提到的"同生"兄弟就是曹彰。

黄须
奇志　曹彰（？—223）[2]，字子文，曹操第三子，与曹丕、曹植都为同母兄弟，母亲卞氏。

曹操与袁绍征战时，为了争取已经占领江夏的孙策的支持，将自己的侄女许配给了孙策的小弟孙匡，又给曹彰娶了孙策堂兄孙贲的女儿。

曹彰绰号"黄须儿"。自幼善于射箭骑马，武艺精湛，膂力过人，曾经徒手与猛兽格斗，毫不畏惧凶险。屡屡跟着曹操征战，总是斗志昂扬，激情勃发。曹操曾经批评他说："你不去好好读书，学习圣人之道，而喜欢骑马击剑，这只能是一介武夫的价值，有什么值得宝贵的！"他教曹彰读《诗》《书》等儒家经典，曹彰却不以为然，对身边的人说："大丈夫就应该像卫青、霍去病那样，带领着十万骑兵驰骋沙漠，驱逐戎狄，立功建号，怎么能做一个博士呢！"

曹操曾经询问每个儿子的爱好，让他们各言其志。曹彰说："我喜欢做一个将军。"曹操说："怎么做将军？"曹彰回答说："披着坚固的铠甲，拿着锋利的刀剑，面对危难毫不畏惧，先于士卒冲锋陷阵；奖罚分明。"曹操听

---

[1] 黄节《曹子建诗注》，人民文学出版社 1957 年版，第 42 页。
[2] 曹彰传见《三国志·魏书》卷十九。

了，仰天大笑。

建安二十一年（216），曹彰被封为鄢陵侯。

勇立战功　建安二十三年（218），代郡乌桓发动叛乱，曹彰任北中郎将，行骁骑将军，率军平叛。临行前，曹操告诫他说："在家里我们是父子，接受任务我们就是君臣，你的一举一动都要以王法为准，你要谨慎行事。"

曹彰率军往北出发，到了涿郡地界，叛乱的胡兵有数千人突然出现在他们面前。而此时的曹彰大部分兵马尚未集中，只有步兵一千人，骑兵几百人。面对这种危险局面，曹彰采纳代相田豫的计策，坚守要道，根据地形特点，把车马布置成环形阵地，弓弩手在阵地内拉满弓箭，严阵以待，再派出疑兵充实到阵地的空隙中。结果，胡兵无法形成有效的进攻，便开始撤退。这时，曹彰率军趁势追击，亲自与敌军当面搏斗，用弓箭射杀敌军骑兵，敌军应弦而倒者前后相连。战斗持续了半天多，曹彰身上的铠甲多处被箭射中，而他的战斗精神却更加昂扬。

曹彰乘胜追逐败逃的敌军，一直追到桑乾县（今河北蔚县东北），离代地已经有二百余里。长史和诸将都认为部队刚刚经过长途跋涉，士马疲劳，再加上部队行军受到上级的限制，要求不得越过代地，所以不能再继续前进了。曹彰却坚持己见，说："带领部队行军打仗，目的就是取胜，管什么限制啊！胡军还没有跑远，我们继续追击，一定会打败他们。服从命令而放跑敌人，不是一个优秀的将领！"

于是，曹彰翻身上马，命令军队："行动迟缓者斩！"

追击了两天一夜之后，终于追上了敌军，曹彰迅速出击，大败敌军，杀死、俘虏敌人数以千计。曹彰加倍奖赏将士，将士无人不喜。

当双方交战的时候，鲜卑首领轲比能带着数万骑兵，观望双方战斗力量对比，发现曹彰竭尽全力作战，攻无不破，于是就向曹彰请求归降。至此，北方完全平定。

这时，曹操在长安召见曹彰，曹彰从代地经过邺城，太子曹丕对曹彰说："你刚刚立了新功，如今西上，一定注意，不要自夸，回答问题要总是表现出还有不足的地方。"曹彰见到曹操，按照太子的话去做，将功劳归于诸将。曹操非常高兴，手拉着曹彰的胡须说："黄须儿竟然让我刮目相看啊！"

其实，曹操还是非常欣赏曹彰的作战能力的。有一次，曹操在汉中与刘备对峙，刘备栖息在定军山头，命令刘封下山挑战，曹操看到刘备不敢下山，只让刘封来战，就大骂刘备说："卖履小儿，你要让你的义子来抵挡你老子吗！等着我把我的黄须儿叫过来，让他痛击你！"于是，曹操就急速召来曹彰，曹彰昼夜兼行，到达长安时曹操已经从汉中回来了。这件事说明，曹操还是很重视曹彰的能力的。

曹彰是曹操儿子中武力最强的一个，所以后世也多有他武艺神奇的传说。据晋代王嘉《拾遗记》记载，曹彰少年时期就刚毅果决，学会了阴阳纬候之术，诵《六经》《洪范》之书数千言。曹操征伐吴、蜀，还要询问曹彰如何行军打仗。曹彰善于左右开弓射箭，剑术也很高明，能在百步之内斩断人的胡须、头发。当时，乐浪郡献来了一只猛虎，花纹如锦绣，绮丽斑斓，这只老虎被装在一只铁笼子里，再凶狠彪悍的人，也不敢小瞧了它。而曹彰却不仅毫不畏惧，甚至拉起老虎尾巴缠绕在自己的手臂上，令人称奇的是，老虎不但没有任何不满，反而俯首帖耳，默然无声，接受了曹彰的玩弄。在场的人无不佩服曹彰的神勇。当时，南越国还贡献了一只白色大象，曹彰用手抖动着大象的鼻子，大象依然毫无反应，默默承受。文帝曹丕铸造了一件重达万斤的钟，放置在崇华殿，他想把钟挪动一下位置，找来了一百个大力士来搬，但是钟太重了，根本无法挪动。曹彰来了之后，一个人背起钟，轻松地一路小跑就挪走了。曹彰的神勇，传遍了天下，各国都不敢擅自行动，他们都停止了部队的任何活动，加固自身的防务。文帝曹丕说："凭借着任城王曹彰的雄武，吞并巴蜀，就像老鹰去衔一只死老鼠一样容易。"①

《拾遗记》也是一部小说，记载的曹彰故事，也没有任何依据，但是它反映了后世对勇武无比的曹彰的肯定。

曹操离开长安东行时，任曹彰兼越骑将军，留守长安。曹操走到洛阳时，身患重病，赶快派人召见曹彰，曹彰还没有走到洛阳，曹操就去世了。

根据资料记载，曹彰赶到洛阳后，做了一些不该做的事，说了一些不该说的话，这可能是他不久后暴亡的主要原因。

心存异志 《三国志·曹彰传》载，曹彰到洛阳后，问负责丧事的贾逵说先王曹操的玺绶在哪里，贾逵很严肃地对他说："太子在邺城，国家有副储，先王的玺绶，不是君侯您该问询的。"如果说这件事说明了曹彰还对魏王之位抱有想法的话，那么裴注引《魏略》记载的另一件事，透露出了曹彰的别有用心。《魏略》载：曹彰到达洛阳后，对曹植说："先王召见我，是想立你为王。"曹植马上阻止他说："不可，你没看见袁氏兄弟吗！"在这件事上，曹彰可能是有意挑拨，好在被曹植看了出来，及时予以阻止，才避免了更坏的事情出现。

另外，从曹丕继位魏王后曹彰的表现，也可以看出曹彰内心的不满。曹丕继任魏王后，各诸侯王都要回到封国去，曹彰当然也不例外，裴注引《魏略》又记载道：埋葬曹操后，曹彰被遣回封国，但他内心不服，一开始时，他自认为深受曹操信任，又立有大功，希望曹丕能够重用自己，但是当他看到曹丕按照惯例要求他们回到封国之后，内心极为不高兴，不等曹丕遣送就自行离开了。这是非常失礼的行为，曹丕当然也看得出。

其实，关于曹操立嗣之事，斗争更为激烈的是曹丕和曹植，曹操最终选择了曹丕，并给曹彰下有明令说："告诉子文：汝等悉为侯，而子桓独不封，止为五官中郎将。"意思已经说得非常明白，曹彰不可能不知道，所

---

① 故事见晋·王嘉《拾遗记》，齐治平校注，中华书局1982年版，第165页。

以有人怀疑这些史料的真实性。卢弼《三国志集解》引林国赞曰："操于植始怜终弃，迄无稍悔。且操未卒前一年，遣植救樊城围，植因丕逼醉失指，操方盛怒，寻衔杨修党植，又杀修。临殁召彰，度亦计与彰决，焉得复有欲立植事？彰为丕毒杀，植亦几不免。《魏略》欲甚彰、植罪，辄巧为诬构，见其非所宜言耳。"①

　　尽管这样，所谓无风不起浪，曹彰的所作所为也许并非空穴来风，所以才导致曹丕甚至放过竞争太子更为激烈的曹植，而对曹彰痛下杀手。这是后话。

　　惨遭暴亡 曹丕遣送曹彰返回封国时，专门给曹彰下了一道诏令，说："彰前受命北伐，清定朔土，厥功茂焉。增邑五千，并前万户。"此后连续封赠曹彰，黄初二年（221）曹彰晋爵魏公，黄初三年（222）立曹彰为任城王。黄初四年（223）五月，曹彰与曹植、曹彪兄弟三人一起，按照惯例赴京朝见曹丕，六月，曹彰暴病而亡。来时三人，走时两个，这才有了曹植倍感伤痛与危险的《赠白马王彪》。曹植在该诗《序》中说："黄初四年五月，白马王、任城王与余俱朝京师、会节气。到洛阳，任城王薨。至七月，与白马王还国。后有司以二王归藩，道路宜异宿止，意毒恨之。盖以大别在数日，是用自剖，与王辞焉，愤而成篇。"②这段序言简要说明了兄弟之间遭遇到的残忍与冷酷，不但任城王曹彰被害，连曹植与曹彪也不被允许在一起，要各走各的，互不联系。面对这种局面，曹植徒唤奈何，只好借诗文表达对手足相残的愤怒以及自己前途莫测的担忧。

　　生死迷雾 对于曹彰具体的死因，史家只以"疾薨"遮掩，裴注引《魏氏春秋》说："初，彰问玺绶，将有异志，故来朝不即得见。彰愤怒，暴薨。"

---

① 卢弼《三国志集解》卷十九，中华书局1982年版，第477页。
② 黄节《曹子建诗注》，人民文学出版社1957年版，第37页。

《世说新语》记载得较为详细："魏文帝忌弟任城王骁壮，因在卞太后阁共围棋，并啖枣。文帝以毒置诸枣蒂中，自选可食者而进。王弗悟，遂杂进之。既中毒，太后索水救之。帝预敕左右毁瓶罐。太后徒跣趋井，无以汲。须臾遂卒。复害东阿，太后曰：汝已杀我任城，不得复杀我东阿。"① 当然，这只是小说家言，不可据信。其中存在的问题有两点：其一，曹彰兄弟朝见曹丕的五月，枣子尚未成熟，"啖枣"之事当属虚构；其二，曹植被封为东阿王的时间是魏明帝太和三年（229），卞太后所云"东阿"显然与事实不合。卢弼在《三国志集解》中也引述了康发祥对这些事件的怀疑："黄须儿力猛志大，非无觊觎之心者。史称其来朝京师，疾薨于邸，得疾之由，或未可闻也。《世说》啖枣中毒所由来乎？"②

曹彰死后谥威，所以也称为任城威王。曹丕赐銮辂、龙旂，虎贲百人，按照诸侯王的礼仪规格，给曹彰举行了葬礼。据《拾遗记》记载，安葬曹彰时，空中突然传来了数百人的哭泣声。原来，过去打仗的时候，混乱的军队相互厮杀，这些惨死的士兵抛尸荒野，是仁慈的曹彰将他们腐朽的尸骨收葬了，这些人在地下非常高兴，他们的灵魂感受到了曹彰去世，用哭声赞美曹彰的恩德。③ 这个故事更是无稽之谈，但是它说明了尽管战争很残忍，但对死者的尊重也是十分必要的。威猛无比的曹彰，有一颗善良的同情之心，这在战争年代尤其难得。

千古英雄 曹彰在建安二十一年（216），被封鄢陵侯。建安二十五年（220），曹操去世，曹丕继位，埋葬曹操之后，曹丕下令曹彰回到自己的封国去。当初，曹彰自以为受到曹操重用，并立有战功，希望能够在朝中得到曹丕重用。但是，当他知道王侯都要按照惯例回到封国去的时候，内心特别不高兴，没有等到曹丕下令就离开京城了。这时，因为鄢陵土地瘠薄，曹

① 朱铸禹《世说新语汇校集注》，上海古籍出版社2002年版，第745页。
② 卢弼《三国志集解》卷十九，中华书局1982年版，第478页。
③ 故事见晋·王嘉《拾遗记》，齐治平校注，中华书局1982年版，第165页。

丕让他治理中牟。到曹丕受禅称帝后，封曹彰为中牟王。黄初二年（221），晋爵为公。三年，立为任城王。四年，以疾薨于洛阳。按照这种情况，曹彰封鄢陵侯时间最长，达六年，鄢陵又离洛阳最近，所以葬于鄢陵是完全有可能的。但目前尚未发现具有说服力的史料。

曹彰死后，曹丕以高规格的葬礼埋葬了他，"赐銮辂、龙旂，虎贲百人，如汉东平王故事。"东平王指东汉光武帝刘秀的儿子、东平王刘苍，能够按照东平王葬仪，也算是曹丕对这个手足兄弟的弥补。

据传说，曹彰死后，曹丕调集二十万大军，从南阳宛城的独山向鄢陵曹彰墓地运土。曹彰墓规模巨大，墓冢南面还建有宫殿，殿前有祭亭，亭前神道两旁列有石马、石羊、石狮，以及文官武将雕塑。[1]

如今的曹彰墓只是一个高三四米的土堆，面积约四千两百平方米。立有"曹操之子曹彰之灵"石碑，因其所处的位置有厚厚的文化层，并陆续出土有大量新石器时期文化、二里头文化和商周文化的石铲、石斧、石刀等残片，1963 年被列为河南省重点文物保护单位。

曹彰的勇猛给后人留下了深刻印象，唐代诗人王维在《老将行》诗中说："少年十五二十时，步行夺取胡马骑。射杀山中白额虎，肯数邺下黄须儿。一身转战三千里，一剑曾当百万师。汉兵奋迅如霹雳，虏骑崩腾畏蒺藜。"[2]

曹彰墓

---

[1] 参张兰花编《曹魏胜迹》，中州古籍出版社 2006 年版，第 146、150 页。
[2] 陈铁民《王维集校注》，中华书局 1997 年版，第 148 页。

十二、钟繇钟会墓

钟繇墓位于长葛市东郊增福镇田庄村。

钟繇有两个儿子：钟毓和钟会。兄弟两个从小就聪明过人。十三岁时，魏文帝曹丕听说他们很聪明，便让他们的父亲钟繇带上两个儿子前来面见。当见到文帝时，钟毓满脸是汗，文帝问他："你脸上为什么那么多汗水？"钟毓回答说："悚悚惶惶，汗出如浆。"意思是因面见皇帝内心惶惧才流汗的。文帝又问钟会："你为什么不出汗？"钟会回答说："战战栗栗，汗不敢出。"①意思是因面见皇帝害怕，所以不敢出汗。兄弟两个的回答都很聪明，虽然一个出汗、一个不出汗，但都表达了相同的原因：面见皇帝内心惶恐。

少年
轶事　据说，兄弟二人小时候曾经一起趁着父亲白天休息偷喝父亲的药酒，父亲假装睡着了偷偷观察他们，发现钟毓先拜父亲才喝，而钟会没有拜就喝。父亲问钟毓："你为何拜了才喝？"钟毓回答说："酒是用来成就礼仪的，我不敢不拜。"父亲又问钟会："你为何不拜就喝？"钟会回答说："偷酒喝本来就不符合礼仪，所以不需要拜。"②可见两人才思敏捷。

钟毓（？—263）③，字稚叔，十四岁就做了散骑侍郎，机敏辩捷，谈吐犀利，大有父亲风范。明帝太和初年（227—233），因上疏劝谏明帝西征而拜为黄门侍郎。《世说新语》记载了钟毓用言语反击别人嘲笑自己的故事。

故事说，钟毓任黄门侍郎时，言辞机敏。他曾参加景王（司马师，司马懿的长子，司马昭的哥哥，晋武帝司马炎的伯父，司马炎建立晋朝，追

---

① 故事出自南朝·宋·刘义庆《世说新语·言语》，见朱铸禹《世说新语汇校集注》，上海古籍出版社 2002 年版，第 59 页。该故事显系虚构，据钟会为其母写的传记《张夫人传》记载，钟会出生于黄初六年（225），十三岁为明帝景初元年（237），而非文帝时期，另外，其父钟繇已于七年前去世。
② 见朱铸禹《世说新语汇校集注》，上海古籍出版社 2002 年版，第 60 页。
③ 钟毓传载《三国志·魏书》卷十三《钟繇传》。

封他为景王）的宴会，当时陈群的儿子陈泰（字玄伯）、武周的儿子武陔（字元夏）一同在座，他们合起来嘲弄钟毓。景王说："皋繇是怎么样的一个人？"钟毓的父亲叫钟繇，所以问皋繇这个人，其意是用"繇"冒犯钟毓的父讳。钟毓针锋相对，回答说："古代的懿德之士。"用"懿"冒犯司马师的父讳司马懿，反击司马师。然后他又对陈泰、武陔说："君子应该周而不比，群而不党。"巧妙地用《论语》中所包含的"周""群"反击他们。①

事件辨析 这个故事出自小说，真伪莫辨。根据小说交代，故事发生在钟毓任黄门侍郎时，钟毓生年无考，任黄门侍郎是在明帝太和初年（227—233）初年，司马昭生于建安十六年（211），此时司马昭十七八岁。根据《世说新语·言语》"钟毓钟会少有令誉"条中"年十三"余嘉锡《笺疏》引程炎震云"此似谓毓、会年并十三"②之说，钟毓、钟会兄弟年龄相差无几，而钟会生于黄初六年（225），太和初年只有三四岁，显然与故事内容应具有的年龄不合。要而言之，以父讳为戏当非成年人所为，所以故事的真实性值得怀疑，但反映了钟毓敏捷的才思和锐利的机锋。

当时，大修洛阳宫殿，明帝车驾便幸临许昌，天下官员都到许昌朝见皇帝，但许昌城地域狭窄，于是，就在城南建造了毡殿，设置了鱼龙曼延游乐项目。鱼龙曼延是汉代宫廷娱乐项目，"曼延"是兽名。《后汉书·安帝纪》"罢鱼龙曼延百戏"章怀注引《汉官典职》曰："作九宾乐。舍利之兽从西方来，戏于庭，入前殿，激水化成比目鱼，嗽水作雾，化成黄龙，长八丈，出水遨戏于庭，炫耀日光。"③可见鱼龙曼延极为壮观，但是这些项目劳民伤财，钟毓认为"水旱不时，帑藏空虚，凡此之类，可须丰年"，意思是说，国家水旱灾害不断，国库空虚，这些游乐项目等到丰收之年再说吧。钟毓上书建议"宜复关内开荒地，使民肆力于农"，文帝认为这些建议很好，就予以推广实施。

① 故事见余嘉锡《世说新语笺疏》，中华书局1983年版，第917页。
② 余嘉锡《世说新语笺疏》，中华书局1983年版，第85页。
③ 南朝·宋·范晔《后汉书·安帝纪》，中华书局1965年版，第206页。

屡出
良策　正始（240—249）时，钟毓任散骑常侍，大将军曹爽于盛夏季节兴军伐蜀，蜀军顽强拒守，大军无法前进。曹爽想继续增兵，钟毓上书劝阻，要曹爽"知难而退"，曹爽无功而返。后因意见与曹爽不合，钟毓出任魏郡太守，在魏郡太守任上，钟毓曾经与管辂一起讨论《易》之妙义。

曹爽被诛杀以后，钟毓入朝任御史中丞、侍中、廷尉。针对当时的风俗，钟毓提出了一些改革措施，如听到君父死后，臣子应该为之辩护；士人取得侯爵之位后，其妻不得改嫁等。

高贵乡公正元（254—256）年间，毌丘俭、文钦反叛，钟毓持节到扬州、豫州颁布赦令，告谕士民，回来后被任为尚书。

甘露二年（257），诸葛诞在寿春（今安徽寿县）谋反，司马昭亲率大军赴寿春讨伐。这时，东吴将领孙壹率众来降，有人认为，吴国刚刚有将领叛变，不会再出兵。我们东面部署的兵力已经很多，可以等以后再说。钟毓却不这么看，他认为，诸葛诞把淮南之地都给了吴国，而孙壹带着来投降的不足千人，兵力不足三百。吴国的损失可以忽略不计。如果寿春之围不解，而吴国国内渐趋安定，他们就完全有可能出兵。司马昭认为钟毓说得有理，就带着钟毓前往寿春。

淮南平定之后，钟毓任青州刺史，加后将军，又迁任都督徐州诸军事，假节，不久再转都督荆州。

元帝景元四年（263），钟毓去世，被追赠为车骑将军。

重臣
钟会　钟会（225—264）[①]，字士季，钟毓的弟弟。钟繇的小儿子，出生时，钟繇已经七十五岁，钟会母亲张昌蒲，时年二十六岁。

钟会是曹魏政权后期的重要谋士，文武兼备，机智多谋，深得司马师、司马昭兄弟信任，是曹魏灭蜀战役的策划者和指挥者，在消灭蜀汉政

---

① 钟会事迹见《三国志·魏书》卷二十八《钟会传》。

权的过程中起到了重要作用。

聪慧
早年　与哥哥一样，钟会早年也很聪明。《世说新语》曾记载了钟会的一个故事，故事说，晋文帝①与陈骞、陈泰共乘一车，经过钟会门前时，招呼钟会也一同上车，说完没有停留就走了。等到钟会出来，车子已驶离了很远。等到钟会到了之后，几个人共同嘲笑钟会说："与人家约好同行，为何迟到？远远望着你却遥遥不到！"钟会的父亲钟繇，"遥遥"是冒犯了钟会的父讳。钟会听了之后，立刻回答说："我矫然出众，懿美充实，何必与你们同群！"这是对陈骞、陈泰的反击，陈骞的父亲叫陈矫，陈泰的父亲叫陈群，陈泰的祖父叫陈寔，晋文帝司马昭的父亲叫司马懿，钟会用一句话把三个人的父亲、祖父名讳都冒犯了。文帝又问钟会："皋繇是怎样的一个人？"皋繇也写作"皋陶""咎繇"，传说是舜的大臣，文帝用"繇"是再次冒犯钟会的父讳。于是钟会回答说："上不及尧舜，下赶不上周公、孔子，只是一个时期的懿德之士。"钟会也再次用"懿"回敬文帝。②

　　这个故事与钟毓早年的故事如出一辙，应该都是故事的作者为了突出钟会的聪明睿智，有意编出来的。

　　钟会早年就表现得十分聪慧与老成。五岁时，父亲让他去见蒋济，蒋济吃惊地说："这个孩子不是常人！"成年后的钟会博学多才，据《书断》记载说，钟会书法众体兼擅，擅"行草，尤工隶书，逸致飘然，有凌云之志"。③

　　少年钟会在士人中就享有极高声誉，"精练名理"，曾论"易无互体，才学同异"，著有《道论》二十篇。

---

① 即司马昭，司马懿之子，司马炎之父，封晋王，死后谥文王，晋武帝司马炎建立晋朝后，追封他为文皇帝。
② 故事见朱铸禹《世说新语汇校集注》，上海古籍出版社 2002 年版，第 651 页。
③ 卢弼《三国志集解》引，中华书局 1982 年版，第 647 页。

| 首立 |
| 大功 |

钟会出身名门，为名公之子，仕途上顺风顺水。正始（240—249）中，任秘书郎，迁尚书中书侍郎。高贵乡公即位（254），赐爵关内侯。

正始十年（249），司马懿发动高平陵政变诛杀曹爽之后，钟会逐渐向司马氏靠拢，高贵乡公正元二年（255）正月，忠于曹魏的镇东将军毌丘俭、扬州刺史文钦等人，因不满司马氏之专权，矫太后诏，在寿春率五六万人，发兵讨伐司马师。这时司马师因新割目瘤未愈，对于是否出兵犹豫不决，在这关键时刻，钟会与河南尹王肃、尚书傅嘏等人力劝司马师出征，司马师最终接受了他们的意见，钟会随军谋划。司马师很快平定了叛乱，毌丘俭被杀，文钦逃往东吴。这次平叛，钟会首立大功。

班师途中，司马师眼疾加重，不久死于许昌。死前，司马师令弟弟司马昭总统诸军，钟会参与了司马氏的秘密策划，深受信任。这时，朝廷下诏令司马昭驻守许昌，让傅嘏率军返回洛阳。钟会与傅嘏商议后，认为司马昭是否带兵返回洛阳，关乎司马氏生死存亡，毅然决定建议司马昭违命率军返洛，目的是以武力胁迫朝廷，他们将大军驻扎在洛水之南。二月，朝廷下诏命司马昭为大将军，录尚书事，辅政。司马昭大权在握，钟会再建奇功。这次事件，钟会、傅嘏把握住了关键的时机，为司马氏掌握曹魏政权奠定了重要基础，显示出了钟会卓越的政治能力，也得到了后世史学家的认可，卢弼评价说："傅嘏、钟会之策，诚忠于司马氏，兵权在握，居中扼要，篡夺之事成矣。"[①]事后，钟会迁黄门侍郎，封东武亭侯，邑三百户。

| 司马 |
| 心腹 |

甘露二年（257），司马昭采纳长史贾充计策，征调率军驻守淮南、忠于曹魏的大将诸葛诞为司空，意欲剥夺其兵权。这时钟会生母去世，钟会守丧在家。他听说这件事之后，认为此举不妥，诸葛诞一定不会

---

① 卢弼《三国志集解》引，中华书局 1982 年版，第 647 页。

服从调动，甚至会采取极端手段。他急忙面见司马昭阻止，但司马昭认为事情已经实施，就没有再收回诏令。果然，诸葛诞看透了司马昭的目的，立刻率十余万大军反叛。司马昭后悔不迭，率军二十万平叛，钟会随军出发。司马昭包围寿春达半年之久，最终，钟会实施反间计，攻破寿春。"寿春之破，会谋居多，亲待日隆，时人谓之子房。"

此后，钟会成为司马昭心腹，在大将军府管记室事，后又升迁司隶校尉，虽在外任职，朝廷要事他仍然无不参与，如司马氏反对者嵇康等人被杀，都是由钟会设谋，钟会成为司马氏集团核心人物。

与蜀汉交界的西南地区，屡屡遭受姜维部队的骚扰，司马昭想发动大军一举灭蜀。众多文武大臣认为时机不成熟，讨伐蜀汉出兵无由，只有钟会坚定站在司马昭一边，并分析形势，认为伐蜀可一战而胜，这让司马昭大感欣慰。

伐蜀功臣 景元三年（262）冬，以钟会为镇西将军，假节都督关中诸军事。为了制造假象，司马昭敕令青、徐、兖、豫、荆、扬诸州，建造战船，又令唐咨做浮海大船，做出攻击东吴的表象。景元四年（263）秋，司马昭派遣邓艾、诸葛绪各统诸军三万余人，邓艾出击甘松、沓中，牵制姜维；诸葛绪攻击武街、桥头，断绝姜维退路。钟会统十余万人，分别从斜谷、骆谷进入蜀地，对蜀汉实施大规模袭击。经过激烈交锋，邓艾最终占领成都，刘禅投降，并敕令姜维向钟会投降。至此，司马昭伐蜀取得重大胜利，蜀汉灭亡。

此役，钟会再立大功，十二月，魏帝下诏对钟会大加褒奖说："会……谋无遗策，举无废功。凡所降诛，动以万计，全胜独克，有征无战。拓平西夏，方隅清晏。其以会为司徒，进封县侯，增邑万户。封子二人亭侯，邑各千户。"

虽然钟会深受司马昭器重，但他内心并不满足于此，自认为功名盖世，不可复为人下。当初，姜维向他投降后，就发现了钟会心怀异图，于是，聪明的姜维便利用钟会的这种想法，表现出与钟会非同一般的亲密关系，希望钟会能够造成扰乱，他借机光复蜀汉。

占领成都后，邓艾也被任为太尉，与钟会共同治理蜀地。但邓艾独断专行，引起卫瓘、胡烈等诸多将帅不满。钟会为了独揽大权，实施反叛计划，与卫瓘、胡烈等人一起向司马昭秘密诬告邓艾谋反，司马昭听信了钟会的话，将邓艾父子收入槛车，准备押往京城。

威震
西土　邓艾被收押，钟会一人独大，统领着二十万大军，军权独揽，威震西土，越发肆无忌惮，随即发兵谋反。他计划让姜维等将领带着蜀兵直出斜谷，自己率大军紧随其后，认为只要到了长安，不出五天，就可以占领洛阳，夺得天下。

让钟会没有想到的是，司马昭对钟会也产生了怀疑，他派遣中护军贾充将步骑万人径入斜谷，又亲率十万大军屯驻长安，并把这个部署写信告诉了钟会，说这样部署是担心邓艾不服。钟会看出了司马昭的用意，知道他是防范自己，于是，他迅速做出决定即刻反叛，认为事情成功了可以得到天下，即使不成功，也可以像刘备那样割据蜀地。

矫诏
反叛　景元五年（264）正月十六日，钟会矫魏明帝郭太后遗诏，起兵废黜司马昭。但由于事先没有得到卫瓘、胡烈等将领的支持，再加上这些将领的家属都在北方，他们从内心来说并不想反叛。结果，混乱局面持续了两天之后，到十八日中午，胡烈的儿子胡渊率军反攻钟会，混战之中，钟会、姜维被杀，将士死者达数百人。这场叛乱仅仅持续了三天，便以钟会的死宣告结束。

悲剧
沉思　钟会具备文韬武略，位高权重，名噪一时，又是司马昭的心腹，最终却落个悲惨下场，个中原因令人深思。

首先，掌握朝中大权的司马昭多疑、凶险、残忍，功高震主的钟会即便不谋反，也很难说会有好的结局。[1]所以，当司马昭派遣钟会率军伐蜀时，钟毓秘密上书司马昭，说钟会"挟术难保，不可专任"，表面上似乎是诋毁钟会一旦大权在握，难免生变，实则是刻意对钟会的保护。司马昭当时就笑着回答钟毓："若如卿言，必不以及宗矣。"事实也证明了这一点，钟会叛乱，株连家人，钟毓的儿子钟邕跟随钟会死在战场，钟毓的另外三个儿子钟毅及钟峻、钟辿都由钟会抚养，他们都受钟会牵连下狱，按律当斩。司马昭却表奏天子，说钟繇"极位台司，佐命立勋"，钟毓"历职内外，干事有绩"，不能绝了其后嗣，所以赦免了钟峻、钟辿的罪行，而令钟邕、钟毅伏法。其实，司马昭一开始派遣钟会伐蜀就预料到了这一结局，当时，西曹属邵悌求见司马昭，认为钟会"单身无任"，担心一旦钟会伐蜀成功，会生变数。所谓"单身无任"，指的是曹魏制度：凡是将帅率军出征，朝廷都要扣留其家人作为人质。而钟会单身无子弟，容易生变。司马昭笑着回答邵悌："我难道不知道吗？但是只有钟会与我伐蜀的想法一致，也只有他能够取胜。至于说灭蜀之后，即便出现了你所说的情况，我也有办法处理。派去伐蜀的将士都想着早点回来，没有人会和他一心。如果他作恶（叛乱），只会自取灭族之罪。你不用担心。不过，也千万不要把这些话告诉别人。"这说明司马昭早已心中有数。当钟会上书司马昭邓艾谋反、司马昭要亲率大军讨伐时，邵悌又对司马昭说："钟会的兵力五六倍于邓艾，你只需下令让钟会去镇压就行了，不值得你亲自出征。"司马昭说："你忘了你曾经说过的话了？怎么又说我不需要去呢！我自当是以信义待人，但人也不能负我。我总不能先怀疑人家吧？近日贾充问我是否怀疑钟会，我告诉他，如果我派你去打仗，会怀疑你吗？贾充也无话可说。等到我率军到达长安的时候，事情自然就有结果了。"果然如司马昭所料，等到他到

---

① 有关钟会的结局，三国历史专家张大可先生认为："不管（钟会）谋反与否，在司马昭手下，均难免一死。"（见其《三国人物新论》，华文出版社2003年版，第486页。）

达长安的时候，钟会已经被杀。

从这些事情上可以看出，司马昭老谋深算，钟会的悲剧结局是必然的。还是参相国军事的刘寔说的直接：当钟会、邓艾出征前给刘寔告别后，有人问刘寔说："二将能攻破蜀吗？"刘寔说："破蜀必矣，而皆不还。"可谓一语道破天机。

其次，钟会虽然文韬武略，但是过于自负，为了权力不择手段。为了专权，他屡屡诬告他人，当他和诸葛绪的伐蜀大军攻打剑阁时，他为了独掌军权，秘密告发诸葛绪胆怯不前，导致诸葛绪被收押回京。占领成都后，他又如法炮制，密告邓艾谋反，又导致邓艾父子被收。这说明钟会有着极为强烈的权势欲，当这种权势欲膨胀到极点时，离覆亡的时间也就不远了。

最后，钟会极为聪明睿智，但是，这种聪明睿智有时运用得不太"光明正大"。钟会的书法写得很好，而且各种书体兼擅，因而，模仿别人的字迹也十分出色。诸葛诞反叛时，司马昭带兵包围了寿春，东吴大将全琮的儿子全怿、孙子全静、从子全端等，都带兵救援诸葛诞，全怿的侄子全辉、全仪留在建业，因与其家人争吵，就带着母亲投奔了司马昭。钟会施计，秘密模仿全辉、全仪的字迹写了一封书信，派全辉、全仪的亲信进入寿春城中，告诉全怿说，东吴朝廷对全怿等将领不能攻克寿春之围非常生气，要把各个将领的家人全部杀死，说他们就是因此才逃出来归顺司马昭的。全怿得到书信，极为恐惧，便打开城门投降了。

如果说这件事情还算是具有一定的军事意义的话，那么钟会伪造邓艾的书信，就是彻头彻尾的自私自利了。当他与邓艾攻打剑阁时，他模仿邓艾的笔迹，对邓艾上书给司马昭的奏章，进行了肆意的篡改，让奏章变得言语悖慢，自我夸耀战功，盛气十足；又将司马昭给邓艾的书信故意损毁字迹，再用手修复，以引起邓艾对司马昭的疑虑。通过这种伎俩，再配以自己的上书，成功将邓艾送进槛车。

钟会有一个外甥叫荀勖，荀勖有一把宝剑，价值百万，经常放在荀勖的母亲钟夫人身边。钟会想得到这把宝剑，就利用自己模仿他人字迹的本事，模仿了荀勖的手迹，给荀勖的母亲写了一封信，说要取走宝剑，取走后就不再归还了。荀勖后来知道这是钟会所为，但是又不好直接去索要，就想着怎么报复他。不久，钟会兄弟花费千万建造了一处宅院，极为精致华丽，刚刚建好，还没有入住。荀勖知道机会来了，他很善于画画，于是就偷偷摸进了这所宅院，在门堂画了一幅太傅钟繇的画像，衣冠相貌和钟繇活着的时候完全一样。钟会兄弟进门后，看见了父亲的画像，以为是父亲灵魂再现，内心极其伤感、悲痛，便再也不想着搬进去住了。就这样，这所豪华的宅院就空置了下来。

钟会的这种"聪明"，表明了他在为人处世上所存在的问题。历史学家卢弼针对《书断》说钟会"善书"，不无讽刺地评价说："(钟会) 伪为全辉、全仪作书，又伪作邓艾章表白事，皆由于善书。"

古墓
良臣　钟繇墓园所处的田庄，又是钟繇故里，据传，旁边还有钟繇学习书法的钟台、洗砚池，往西紧挨钟繇大道 (107 国道)，又建造了钟繇文化园，这样，故里、墓园、文化园就形成了以钟繇为核心的传统文化圈。

钟繇故里古称钟城，城内有钟繇学书的钟繇台。卢弼《三国志集解》引赵一清云："《寰宇记》卷一：故钟城在开封尉氏县西北三十五里。按《续述征记》云，钟城，魏太傅钟繇故里。城南三里有《钟繇碑》。又卷七：钟繇台在许州长葛县西十里，魏东武亭侯钟繇学书台在繇故宅中，今台址尚存。又有钟繇冢。"[1]民国十九年《长葛县志》记载道："钟繇台，在县治前，(钟繇) 乃钟皓之曾孙，魏太祖时，尝为廷尉。筑此 (台)。"[2]明嘉靖《许州

① 卢弼《三国志集解》，中华书局 1982 年版，372 页。
② 长葛县志编纂委员会《长葛县志》(民国十九年)，中州古籍出版社 1987 年版，第 43 页。

志》亦载："钟繇台，在县治前，繇尝读书于其上。"①

钟繇台曾经被称为"长葛八景"之一，台上原有凉亭、殿堂、曲廊，门前有碑碣，与池边垂柳交相辉映，景色旖旎。

钟城又称钟亭，清代杨守敬《水经注疏》"溟水又南径钟亭西""会贞按"云："《元和志》，故钟城在尉氏县西三十五里，魏太傅钟繇故里。《寰宇记》在尉氏县西北三十里。引《续述征记》，钟城，魏太傅钟繇故里。繇长社人，故里何得在尉氏？当是郭氏因传闻之异，叙述偶差，而李吉甫、乐史误沿之。考汉、魏之长社县，隋以后为长葛。证以《寰宇记》钟繇台在长葛县西十里繇故宅中，则钟城在长葛无疑。《注》往往城、亭互称，是钟城即此钟亭矣，在今长葛县西北。"②

钟繇墓

如今，钟城、钟繇台均已不见。

钟繇墓园内有钟繇墓和钟会墓。钟繇墓曾于晋代被盗，据王羲之《题卫夫人笔阵图后》载："（钟繇弟子宋）翼先来书恶，晋太康中有人于许下破钟繇墓，遂得《笔势论》，翼读之，依此法学书，名遂大振。"（《书苑菁华》）

钟繇墓高约4米，占地100余平方米，其西有钟会墓，墓冢较小。1991年夏，旅居台湾的钟氏后裔回长葛寻根谒祖，特立汉白玉碑两通。

① 明·嘉靖《许州志》卷八，上海古籍书店 1961 年据天一阁藏本影印。
② 清·杨守敬《水经注疏》，载《杨守敬文集》，湖北人民出版社 1997 年版，第 1358 页。

1994 年，被长葛市人民政府公布为县级文物保护单位。

钟会死于成都，此墓当系衣冠冢。

钟繇钟会墓

万代
敬仰 钟氏家族为颍川望族，从东汉章和之世的"颍川四长"之一钟皓（87—155）开始，到南北朝时期的钟嵘（？ 468—？ 518），历时四百余年，名人辈出，后世子孙遍及海内外。

因钟繇影响巨大，尤其书法成就辉煌，历代都有官宦儒士写诗作文表达颂扬、敬仰之情。据记载，明代永乐进士、输林院庶吉士孙子良，成化进士、浙江布政司左参议车明理，天顺举人、江苏盐城训

长葛市钟繇文化园内的钟繇像

导张纶，正德二年长葛教谕李义，清康熙十六年长葛知县郑维陇，康熙二十五年长葛知县何鼎，乾隆九年长葛知县阮景咸等，都有赞叹钟台的诗

篇传世。如张纶的诗："钟繇台筑是何年，三国时成在县前。四面巍峨形势胜，一家法帖古今传。银钩铁画书尤巧，染翰操觚墨更鲜。有日登高闲张望，恍然身在半空悬。"①

"颍川长社"作为钟姓的发源地，每年都有钟氏后裔从海内外返乡祭祖，加强了当地与海内外的文化交流，有效促进了当地的经济建设。

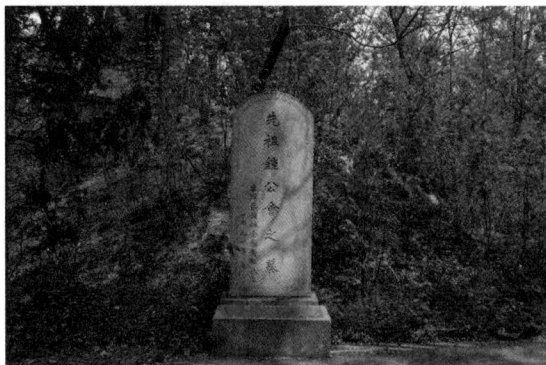

---

① 资料来源：孙长锋、张铁聚《钟繇台与洗砚池》，《档案管理》1993年第2期。

十三、夏侯渊、夏侯惇墓

夏侯渊墓位于许昌市建安区河街乡南贺庄村中石油许昌油库院内。

战功
赫赫 夏侯渊（？—219）[1]，字妙才，沛国谯（今安徽亳州）人，三国时期曹操大将，夏侯惇的族弟，与曹操本是同族，与曹操的关系也非同一般。

早年，曹操曾犯下重罪，夏侯渊代替曹操入狱，曹操又竭力将他营救出来。

自曹操陈留起兵时，夏侯渊就以别部司马、骑都尉之职，一直跟随曹操征战。后任陈留太守、颍川太守，以督军校尉参加官渡之战，打败袁绍之后，夏侯渊都督兖州、豫州、徐州军粮。当时军粮严重不足，夏侯渊向军队提供的军粮总是源源不断，军队因此得以迅速恢复战斗力。

建安十一年（206），与于禁一起合力平定昌豨叛乱，拜典军校尉。不久，又率军击破济南等地黄巾军徐和等人，收其粮谷供应部队。之后，又相继击破庐江雷绪叛乱、督徐晃击破太原商曜叛乱、跟随曹操出征渭南韩遂、南山刘雄叛乱等，屡立战功，封博昌亭侯。

从建安十九年（214）到建安二十二年（217），夏侯渊长期在西凉地区征战，为平定西凉地区的割据军阀起了重要作用。曹操曾高度评价夏侯渊的西凉之战，云："宋建造为乱逆三十余年，渊一举灭之，虎步关右，所向无前。仲尼有言：'吾于尔不如也。'"[2] 建安二十一年（216），夏侯渊增封三百户，并前八百户。

早在建安二十年（215）三月时，曹操西征张鲁，十二月，曹操从南郑返回，令夏侯渊驻守汉中，拜为征西将军。

---

[1] 夏侯渊传载《三国志·魏书》卷九。
[2] 晋·陈寿《三国志》，中华书局1959年12月版，第271页。

建安二十三年（218），刘备驻守汉中附近的阳平关，与夏侯渊对峙一年。七月，曹操西征刘备，九月，至长安。

魂归定军　建安二十四年（219）正月，夏侯渊与刘备在阳平关展开激战，刘备从阳平关以南渡过沔水，紧靠山脚往前推进，在定军山安营扎寨。夏侯渊见状，带兵与刘备争夺定军山。

刘备趁着夜色，在走马谷烧毁了夏侯渊军营周围的鹿角，夏侯渊派张郃护卫东边的围栅，自己带领轻兵护卫南面的围栅。刘备与张郃挑战，张郃难以抵挡刘备，夏侯渊将自己所带的兵士分出一半给张郃，而自己却在另一条路上遇到了杀气正猛的刘备，两人短兵相接，展开互搏，最终，夏侯渊命丧刘备刀下，一代勇将命归黄泉。

其实，就刘备来说，夏侯渊虽然是都督，刘备却害怕张郃而认为夏侯渊容易对付。杀了夏侯渊之后，刘备说："打仗应该得到魁首，杀个夏侯渊算什么！"在他看来，张郃才是行军打仗的首脑，更想杀死的是张郃。

夏侯渊勇猛有余而智慧不足，当初，夏侯渊虽然取得了多次胜利，曹操还是看到了他总是逞匹夫之勇的问题，经常告诫他说："作为将领，应该有胆怯、懦弱的时候，不可以仅仅凭借自己的勇猛打仗。将领应当以勇猛为本，但还要会使用智慧和计策；只知道凭借勇猛，就只不过是能打败一个敌人罢了。"可惜的是，夏侯渊并未用自己冷静的头脑和智慧打仗。

为了及时汲取夏侯渊的教训，在今后的战争中取得胜利，曹操特为此发布了《军策令》，令文说："夏侯渊在本月被敌军烧毁了鹿角，鹿角离军营十五里，夏侯渊带着四百兵士去查看，发现问题就让士兵去修补鹿角。敌军从山上望见了，从山谷中突然冲出，夏侯渊发兵应战，敌军绕到他的后方，士兵退回来时，夏侯渊却没有回来，非常令人哀伤。夏侯渊本来就不是善于用兵的人，部队中称呼他为'白地将军'，身为督帅亲自作战尚且不应该，更何况是修补鹿角呢！"这篇令文对夏侯渊战死的过程简要交代之后，对他作为将帅的大意、举止失当进行了批评，这是曹操军事理论的组成部分，由此可见曹操对军事指挥人员的基本要求。

夏侯渊于定军山战败被杀，同时被杀的还有益州刺史赵颙，张郃带着士兵回到阳平。

夏侯渊的死对于曹魏军队来说是一个巨大的损失。没有了元帅的魏军，军心不稳，不知该如何是好。都督汉中军事的督军杜袭与夏侯渊的司马郭淮，收集了被打散的士兵，给各部队颁布号令说："张郃将军是国家著名将领，是刘备所害怕的将领；今天事情紧急，只有张将军才能够安定局势。"于是就临时将张郃推为各军首领。张郃出来部署士兵，布列阵地，各位将领都接受了张郃调遣，大家的思想才安定了下来。

夏侯渊率军作战以急行军著称，军队中流传有谚语说："典军校尉夏侯渊，三日五百，六日一千。"

夏侯渊很重义气，据《三国志》本传裴注引《魏略》载："时兖、豫大乱，渊以饥乏，弃其幼子，而活亡弟孤女。"[1]

夏侯渊一生跟随曹操参加了官渡之战、赤壁之战、渭水之战、汉中之战、定军山之战等几乎所有重要战役，为曹操统一北方立下了赫赫战功。

曹夏至亲 夏侯渊的妻子是曹操的妻妹；夏侯渊长子夏侯衡，娶的是曹操的侄女，两家关系十分亲近。

那么，曹氏、夏侯氏两家为什么具有这么亲密的关系呢？

第一，是因为两家是同乡，都是沛国谯县（今安徽亳州）人。在古代，这种同乡关系深为人们所看重。同乡关系是信任的基础，更是相互支持、帮助的基石。除了夏侯氏，曹操的大将典韦和许褚也都是曹操同乡，在曹操军事生涯中作用非凡。另如孙坚起事时，其幼弟孙静召集乡曲及宗室五六百人给孙坚提供保障，有大量人员见状归附孙坚，为他以后拓土江东

---

① 晋·陈寿《三国志》，中华书局1959年版，第270页。

打下了良好的基础。

第二，曹操的父亲曹嵩原本是夏侯氏之子，作为曹腾养子才改姓曹。

《三国志》裴松之注引的《曹瞒传》及郭颁《世语》都记载说，曹嵩原来是夏侯氏的儿子，是夏侯惇的叔叔，所以曹操和夏侯惇是叔伯兄弟。这种关系使曹操对夏侯氏极其信任，也让夏侯氏对曹操极为忠心。

当然，这种说法受到质疑，有不少人认为曹嵩为夏侯氏之子之说证据不足。

第三，夏侯氏中夏侯惇、夏侯渊具有很强的能力，作战勇敢，战绩非凡。甚至曹操不得不委婉地告诫夏侯渊说："为将当有怯弱时，不可但恃勇也。将当以勇为本，行之以智计；但知任勇，一匹夫敌耳。"可见夏侯渊作战勇猛有余而智慧不足。

第四，夏侯、曹氏两家的姻亲关系，增加了双方的亲密程度。曹操的女儿清河公主嫁给了夏侯惇的第二个儿子夏侯楙。夏侯楙早年就和文帝曹丕关系不一般，后历任侍中尚书、安西镇东将军，可谓权力巨大。甚至在夏侯楙因"多蓄伎妾"而导致夫妻关系不合时，曹丕竟然还有意识地偏袒夏侯楙。夏侯渊一家和曹氏关系更为密切，夏侯渊的妻子是曹操的妻妹；夏侯渊长子夏侯衡，又娶了曹操的侄女。夏侯衡"恩宠特隆"。

荒郊忠魂　夏侯渊战死在汉中，死后，由张飞的妻子、夏侯渊的堂侄女收葬。

原来，张飞与夏侯渊还是亲戚。

早在曹操和袁绍进行官渡之战的时候，夏侯渊的堂侄女十三四岁，在老家外出捡柴草时，遇到了张飞，张飞知道她是良家妇女，就娶回来做了妻子，他们生了一个女儿，这个女儿长大后，成了后主刘禅的皇后。

所以，当夏侯渊的堂侄女知道自己的本家叔叔战死后，就"请而葬之"，算是尽到了夏侯氏族人的孝心。

夏侯渊的二儿子叫夏侯霸，字仲权。夏侯渊在定军山被杀后，夏侯霸异常恼怒，发誓要报杀父之仇。魏文帝曹丕黄初（220—226）中赐爵，被拜为偏将军。明帝太和四年（230），曹真率大军出子午道伐蜀，夏侯霸争为前锋，作战勇敢。后为右将军，屯驻陇西。在曹爽和司马懿的斗争中，曹爽失败被杀，夏侯霸因与曹爽关系亲密，担心受到牵连，便逃往蜀地。

夏侯渊墓

后主刘禅听说后，立刻召见夏侯霸，按照姻亲关系，夏侯霸是刘禅皇后的妻舅。见到夏侯霸，刘禅对夏侯霸解释说："卿父自遇害于行间耳，非我先人之手刃也。"把夏侯渊遇害归咎于战争，并解释说不是先父刘备亲手所杀，然后刘禅还指着自己的儿子说："这是夏侯家的外甥啊。"算是向夏侯霸抛出了化解仇怨的橄榄枝。此时的夏侯霸也只有接受了。

夏侯渊被堂侄女安葬，地点不明，当距战死地定军山不远。此后不久，曹操去世。所以，许昌西郊的夏侯渊墓当属衣冠冢，所谓曹操将夏侯渊迁葬回许都一说[1]，根据当时的形势及两地的距离，可能性不大。

夏侯渊墓

据民国二十二年《许昌县志》载："夏侯渊冢，在城西十二里。"墓冢高约十米，占地二千多平方米[2]，有一石阶可达墓顶。墓冢旁所植树木郁郁

---

[1] 见禄青山《曹魏胜迹故事》（世界文明出版社2004年版第15页）认为"这里的夏侯渊冢，是曹操派人从汉中移棺葬于许昌的"。张兰花《曹魏胜迹》（中州古籍出版社2006年版第159页）认为夏侯渊墓是"后来曹操派人从汉中移棺葬于许都"。

[2] 此组数字依据许昌市人民政府2001年6月公告、2012年3月所立夏侯渊墓保护牌资料。不少资料认为墓园面积3300平方米，如禄青山《曹魏胜迹故事》（世界文明出版社2004年版第14页）、张兰花编著《曹魏胜迹》（中州古籍出版社2006年版第160页）、陈卫社《许昌"三国文化"校本教材》（现代出版社2018年版，第61页），未知何据。

葱葱，四周被白色院墙所围，显得庄严、肃穆、清幽。

据说，早年还有一户张姓人家一直在守护夏侯渊墓，十几年前才搬走。

与夏侯渊墓距离不远，埋葬着夏侯渊的族兄夏侯惇。

盲将
夏侯　夏侯惇（？—220）① 字元让，夏侯渊的族兄。早年就勇猛异常，刚烈无比，十四岁时，有人侮辱了他的老师，夏侯惇挥刀将此人杀死。

夏侯惇与曹操形影不离。曹操刚刚起兵，就任命夏侯惇为裨将（副将），跟随曹操征战。曹操做奋武将军，命夏侯惇为其司马，迁折冲校尉，领东郡太守。

曹操东征陶谦，留夏侯惇镇守濮阳。兴平元年（194），张邈背叛曹操投靠吕布，曹操家在鄄城，夏侯惇轻车前往鄄城保护，遇到吕布，双方交战，夏侯惇败退，吕布占领濮阳，夺得夏侯惇辎重。吕布又派将领假装投降夏侯惇，夏侯惇上当被俘。曹军极为震恐。这时，夏侯惇大将韩浩急忙发兵镇守军营，秩序慢慢稳定了下来。然后，韩浩见到劫持夏侯惇的人，呵斥他们说："你们凶逆无道，竟然敢胁迫将军，还想活吗！何况，我接受的命令是讨伐逆贼，怎么会因为一个将军而放过你们！"随即，韩浩伤心流泪地对夏侯惇说："国法如此啊！"言外之意，我只能如此。说完，韩浩迅速召集兵士袭击劫持人质者。劫持人质者见状，惊慌失措叩头求饶说："我们只不过是想得到些钱财。"韩浩严厉斥责他们后，将他们全部斩首。夏侯惇获救后，曹操也听说了这件事，夸耀韩浩说："你的做法可以作为万世效法的榜样！"曹操因此还颁布了新法令："今后凡遇到劫持人质事件，都要全力袭击，不要顾及人质。"果然，以后再也没有出现劫持人质事件。夏侯惇无意间成了新法令的样板。

夏侯惇跟随曹操征讨吕布，还被流矢射伤了左眼，以至于军中称其为

---

① 夏侯惇传载《三国志·魏书》卷九。

"盲夏侯"。夏侯惇非常厌恶这个称号，每当他照镜时，就会惹出无名之火，愤怒地将镜子摔在地下。

文治武功 夏侯惇不光会打仗，在治理地方上也很得民心。在任职陈留太守、济阴太守时，遇到了大旱，蝗虫四起，夏侯惇带领大家修筑水渠，亲自背负泥土，不辞辛苦。还鼓励将士耕种水稻，给当地百姓带来了莫大的好处。夏侯惇做河南尹时，曹操让他"便宜从事，不拘科制"，意思是自己做主灵活处理事务，不要拘泥于条条框框。

建安十二年（207），夏侯惇前后功劳相加，获增封邑一千八百户，并前二千五百户。

建安二十四年（219），曹操驻军摩陂，部署攻击关羽的部队，夏侯惇被拜为前将军。夏侯惇常常与曹操同坐一车，特见亲重，甚至任意出入曹操卧室。这是任何将领都无法与之相比的。

文帝曹丕即位（220）几个月后，夏侯惇去世。

夏侯惇是当时部队中难得的将领，他虽然日夜忙于军务，却能够亲自拜师学习；虽然与曹操关系亲近，并受到重用，但是他天性喜爱清静简朴，有多余的财物都送给了别人，从不置办家产。所以，死后谥号为"忠侯"。从青龙元年（233）开始，他被供奉在太祖庙中接受祭祀。

福荫子孙 文帝考虑到夏侯惇功劳巨大，就想让夏侯惇子孙全部封侯，先把夏侯惇封邑千户分出来，赏赐给夏侯惇七子二孙关内侯爵。之前，夏侯惇的弟弟夏侯廉和次子夏侯楙已经被封为列侯。这样，夏侯氏一家全被封侯。夏侯惇子孙承袭爵位持续到西晋泰始二年（266），这一年，夏侯惇的孙子夏侯廙去世，曾孙夏侯劭被晋武帝司马炎特别下诏袭爵，可见夏侯惇给夏侯氏家族所带来的尊崇。

夏侯惇的儿子夏侯楙娶的是曹操的女儿清河公主。

古墓
今昔　夏侯惇墓与夏侯渊墓东西相望，20世纪60年代，当地兴建贺庄油库时，夏侯渊墓被围在油库建设范围之内，很好地保护了下来，而非常可惜的是，夏侯惇墓却被完全拆毁、平掉。这对乱世中的患难兄弟，默默相伴了1800年后，最终还是被迫分开了。

夏侯渊墓墓冢高约十米，占地两千余平方米。2001年被许昌市人民政府公布为市级文物保护单位。

十四、徐晃墓

徐晃墓在今许昌汉魏故城遗址东北面的城角徐村，被当地人称为"晃冢"。

徐晃（？—227）[1]，字公明，河东杨（今山西洪洞）人，原为车骑将军杨奉骑都尉。李傕、郭汜乱长安，徐晃劝杨奉让天子回洛阳，杨奉听从了徐晃的建议。天子历经艰难曲折，渡过黄河到达安邑后，封赏群臣，徐晃被封都亭侯。

归依曹操 君臣到达洛阳之后，韩暹和董承天天争斗，徐晃劝说杨奉归依曹操，杨奉一开始想听从徐晃的建议，但很快就反悔了。杨奉屯扎在梁县（故址在今河南汝州西20公里），建安元年（196）八月，曹操发兵讨伐杨奉，徐晃趁机离开杨奉，投奔曹操。

看到曹操是一个盖世英雄，徐晃紧紧跟随曹操，开始了东征西讨、南伐北战、纵横沙场的辉煌人生，战吕布、灭袁氏、征赤壁、平西北，讨汉中、镇西南，一生屡立战功，成为曹操创建旷世伟业的得力干将。

徐晃墓所在的城角徐村

徐晃来归后，曹操令徐晃带兵袭击卷（今河南原阳县旧原武西北）、原武（今河南原阳）地方武装，取胜后，拜徐晃裨将军。曹操攻打吕布，徐晃率军跟随，并击败吕布将领赵庶、李邹等人，另与史涣合力在河内（郡治怀县，今河南武陟县西南）斩杀眭固。

---

[1] 徐晃传载《三国志·魏书》卷十七，中华书局1959年版，第527页。

灭袁
立功　官渡之战中，徐晃跟随曹操，先后参与击败刘备、斩杀颜良、解白马之围的军事行动，进军至延津，击破文丑军。因功拜偏将军。与曹洪一起，击破濦强（今河南临颍县东）地方武装祝臂，又与史涣一起在故市（今河南荥阳县东北）袭击袁绍运粮车，因功劳最大被封都亭侯。[1]

　　曹操消灭袁氏兄弟时，包围邺城、攻破邯郸，易阳（今河北永年县西）令韩范假装全城投降而实际坚守城池抗拒曹操，曹操派遣徐晃进攻。徐晃接受任务后，决定劝降韩范，他用弓箭将劝降书射进城内，给韩范陈说成败后果，韩范感到徐晃说得有理，后悔自己的选择，表示愿意投降，徐晃未动一兵一卒，顺利完成了任务。接着，徐晃对曹操说："袁熙、袁尚兄弟尚未被打败，其他没有归降于我们的各城，都在倾耳而听，我们今天把易阳平定了，明天他们都又以死守城，这样河北到什么时间也平定不了。希望您将投降的易阳让其他各城看，他们就会望风而降。"曹操很欣赏这个建议。之后，徐晃又率兵讨伐毛城（城镇名，在今山西涉县西北），智破敌军，跟随曹操在南皮大破袁谭，平定袁谭在平原的地方武装，大破乌桓，屡立战功，拜横野将军。

南征
西战　赤壁之战前后，徐晃跟随曹操征讨荆州，屯驻樊城，率军征讨中庐（在湖北省襄樊西）、临沮、宜城等各地军阀势力。与满宠一起在汉津狙击关羽，与曹仁一起在江陵袭击周瑜。

　　建安十五年（210），太原商曜等在大陵（在今山西文水县东北）发动叛乱，徐晃率军攻取大陵，斩杀商曜。

　　马超、韩遂在西北叛乱，徐晃受命屯驻汾阴（今山西万荣县西南），安

---

[1] 徐晃前已封都亭侯，此时再封都亭侯，于理不合，故后世史学家多有探究，或云前次非曹操所封，故再封。或云当为某某亭侯，史家误记为都亭侯。卢弼《三国志集解》引姜宸英曰："前已书'封都亭侯'，此又封，殆以前封非出操邪？"又引沈家本曰："后文云'进封逯乡侯'，必由亭侯进封，而先未书'封某某亭侯'，则此文'封都亭侯'必有夺误，当云'封某某亭侯'，非与前文复也。《庞德传》先封都亭侯，又封关门亭侯，此其一证。"（《三国志集解》卷十七，中华书局1982年版，第459页。）

抚河东。曹操率大军到来，担心难以渡河，召见徐晃询问情况，徐晃说："您带着大军驻扎在这里，敌军就不再守卫蒲阪（黄河渡口，位于蒲坂县，在今山西永济西）了，说明他们没有谋略。现在请您借给我精兵从蒲阪西渡过黄河，作为先锋，以阻断敌军后路，就可以擒获敌人了。"于是，曹操让徐晃带着四千步兵、骑兵渡过蒲阪津。

当他们正在修筑堑壕、安营扎寨的时候，叛军首领梁兴趁着夜晚带着五千人马攻击徐晃，徐晃迅速将他们击溃，就在这时，曹操趁机渡过黄河，并最终击败了马超等将领。曹操返回邺城后，留下徐晃与夏侯渊驻守西北，徐晃与夏侯渊不负厚望，彻底荡平了当地的地方武装，斩杀了首领梁兴。

建安二十年（215），曹操西征张鲁，徐晃随军出征，率军迫降地方武装，升迁为平虏将军。七月，曹操到达阳平关，因久攻不克，曹操撤军返回，留下徐晃与夏侯渊在阳平关与刘备抗衡。

刘备派遣陈式等十余营人马阻断马鸣阁道（交通要道，在今四川广元），徐晃单独率领一支人马前往征战，敌军大败，慌乱中，大部分士兵跳入山谷摔死。曹操听说徐晃取得胜利，非常高兴，授予徐晃假节特权，颁布命令说："此阁道，是汉中的险要咽喉，刘备想借此道断绝我军的内外联系，以夺取汉中，将军一战，成功改变了敌军计划，是好事中的大好事！"

樊城大捷

建安二十四年（219），关羽率军北伐襄阳，曹操派徐晃协助曹仁讨伐关羽，驻扎在宛城。八月，汉水暴涨，关羽水淹于禁七军，于禁大败。关羽乘胜出击，又在樊城包围了曹仁，在襄阳包围了吕常。徐晃所率士兵大多是新招募来的，难以与关羽抗衡，徐晃便将部队前行至阳陵陂驻扎。曹操另派了将军徐商、吕建等前往支援徐晃，并下令说："必须等待兵马聚集齐了，再一同前进。"这时，敌军驻扎在樊城附近的郾城，徐晃到达后，采用明修栈道暗度陈仓的办法，故意修筑战壕，让敌军意识到是要截断他们的后路。敌军果然上当，把自己的营垒放火烧毁后逃走。徐晃顺利占领郾城，然后又两面的部队联合起来，共同向前逐渐推进，在离敌军包围圈三丈远的地方停了下来，但并未向敌军发起进攻。

此时，曹操又派遣殷署、朱盖等将领共十二营的兵力支援徐晃。

敌军主力驻扎在围头，在四冢也有驻军。针对这种情况，徐晃采用声东击西战术，公开声称要进攻围头敌军，实际上秘密进攻四冢敌营。关羽看到四冢即将被攻破，亲自带领五千人马出战，徐晃予以迎头痛击，关羽退却。徐晃紧追不舍，迅速出击，与关羽部队一起进入了敌军包围曹仁的包围圈，大破敌军。惊慌之下，不少敌军士兵自投沔水溺死。

徐晃一举击溃关羽，既解除了樊城、襄阳之围，又将关羽打得惨败，让关羽不得不向南溃逃。徐晃取得了重大胜利。

实际上，徐晃在此战中表现出了不可多得的将才，充分展示了他的文韬武略，智勇双全。关羽北伐襄阳，水淹七军，"威震华夏"，某种意义上，是靠了上天的帮助，而徐晃则是凭借自己的才华和智慧，是经过精心的策划、细致的筹谋，运用正确的战略战术，对关羽实施打击。相比之下，徐晃的军事能力更胜一筹。

此外，徐晃在军事行动中能够保持清醒的头脑，目的明确，目标清楚。据《三国志·关羽传》裴注引《蜀记》载，关羽和徐晃本来关系很好，是生活中的好朋友，但战场上相逢，各为其主，两人分别作为自己部队的首领，远远地打着招呼，不涉及半点眼前兵戎相见的事。突然，徐晃下马宣布命令："得到云长头颅者奖赏千金！"关羽震惊之余大为恐慌，对徐晃说："老兄这是什么话！"徐晃回答："这不过是国家的事罢了。"可见，徐晃虽然面对的是老朋友，但是国事当前，不顾私情，立场非常坚定。而关羽却弄不明白徐晃为什么这么做，说明他在好友面前，已经忘了这是在战场上，是国与国之间的事，而朋友之间的情谊是要服从国家利益的。

盖世
之功　徐晃利用战术反制敌军包围圈、一举大获全胜的壮举，曹操十分高兴，他下令说："敌军包围圈设置的战壕、鹿角有十重之多，徐晃将军一战全胜，英勇突破敌军包围圈，斩杀大量敌军。我用兵三十多年了，包括我知道的古代善于用兵的将领，都没有长驱直入敌军包围圈者。更何况，樊城、襄阳被敌军包围的情况，远远超过了当年莒、即墨被包围的程度，徐晃将军的功劳，超过了孙武、司马穰苴！"曹操的嘉奖令充分肯定了徐晃前所未有的战绩，并将他与历史上著名的军事家孙武、司马穰苴并提，这是不曾有过的。

当徐晃率军威武雄壮地返回到曹操驻跸的摩陂时，曹操竟然迎接徐晃七里之远，然后安置酒宴，大会群臣。曹操举起酒杯一边劝徐晃饮酒，一边慰劳徐晃说："樊城、襄阳能够保全，是你的功劳啊！"这时各个部队都集合起来，曹操逐个巡查，各军营的士兵看到曹操到来，都纷纷离开阵地观看，只有徐晃的军营整整齐齐地排列着，所有将士都守卫着阵地一动不动。曹操深有感触地说："徐将军可谓有周亚夫之风啊！"

曹丕继位魏王后，徐晃晋升为右将军，进封逯乡侯。①曹丕称帝建魏，徐晃进封杨侯。后在上庸与夏侯尚共同讨伐刘备别军，破敌立功。又因镇守阳平而徙封阳平侯。

明帝即位后，在襄阳抵抗吴将诸葛瑾有功，增邑二百，并前三千一百户。

不久，徐晃病危，遗令丧礼不得奢华，只以时服敛葬。

明帝太和元年（227），徐晃去世，谥壮侯。齐王曹芳正始元年（240），曹芳下诏将徐晃祀于太祖曹操庙。

徐晃与张辽、乐进、于禁、张郃并称为曹操"五子良将"，在曹魏政权的军事斗争中，起到了重要作用。

---

①《上尊号奏》云"使持节、右将军、建乡侯臣晃"，与《徐晃传》此处记载不同，大概"逯"与"建"形似而误。

如今的徐晃墓也仅剩高约二米、占地约七十平方米的一堆黄土，在荒凉的原野里任凭风吹雨打，似乎在默默地向人们讲述着昔日战场上的鼓角争鸣，提醒人们不要忘记了黄土下面曾经顶天立地的英雄。

令人欣慰的是，许昌汉魏故城东北角的这个村子叫"徐村"，又叫"城角徐"，就是源于徐晃而得名。据说，当年徐晃的府邸高大威严，远近闻名，后代子孙也都生活于此。徐晃一生立功无数，为人也堂

徐晃墓

堂正正，他曾说："古人患不遭明君，今幸遇之，当以功自效，何用私誉为！"只求功业，不取私誉，可谓后世之楷模了。

徐晃墓是曹操五子良将中唯一有确切位置记载的坟墓，1995年被许昌县（今建安区）人民政府公布为县级文物保护单位。

十五、张辽墓

张辽墓位于长葛市董村镇张湾村西，被称为"张湾汉墓"。

张辽 (169—222),[1] 字文远，雁门马邑 (今

张辽墓

山西朔州) 人。

曹操平定荆州之前，曾派张辽驻守长社。黄初三年 (222)，张辽带病参加了对东吴的战争，文帝曹丕让张辽乘坐大船指挥，张辽与曹休一起到达海陵 (今江苏泰州)，临江驻屯。孙权已经被张辽吓破了胆，给诸将下令："张辽虽然病了，也不可抵挡，大家要小心！"在打败了孙权大将吕范之后，张辽病情加剧，不久，在江都 (今江苏扬州市江都区) 病逝。

张辽墓因处在张湾村附近，被当地人称为"张湾墓"，墓前石牌上写着"张湾汉墓"。据《洧川县志》记载，此墓冢为张辽墓。作为曹魏大将，张辽当年曾经较长时间在长社县驻军，此处应该是张辽驻军地之一。

墓为一圆形土冢，处在农田之内，高大约六米，占地面积七百平方米左右。据当地村民说，墓冢周围原来散存着大量瓦当等汉代文物。

1987 年张辽墓被列为县级文物保护单位。

张辽曾经在合肥驻军，与东吴展开过多次战斗，所以合肥建有张辽衣冠冢。

位于安徽合肥古逍遥津的张辽衣冠冢

合肥张辽墓位于安徽省合肥市逍遥津公园内湖中岛上，除墓冢外，还有张辽塑像、张辽陈列馆等建筑。

---

① 张辽传记见陈寿《三国志》卷十七《张辽传》。

十六、郗虑墓

郗虑墓位于许昌市建安区张潘镇郗庄村 ① 西。

御史
大夫｜郗虑 (生卒年不详)，字鸿豫，山阳高平 (今山东邹城西南) 人。早年受业于东汉著名经学家郑玄。

郗虑曾经做过侍中、御史大夫。作为曹操建立政权的左膀右臂，郗虑发挥了较为重要的作用。

建安十三年 (208) 正月，曹操因司徒赵温 "辟臣子弟，选举故不以实"②，派遣郗虑持节奉策免除赵温官职。此时郗虑的官职是侍中守光禄勋。

献帝曾经特别召见郗虑和孔融，献帝问孔融："郗虑哪方面见长？"孔融回答："可与适道，未可与权。"郗虑立刻反驳说："孔融曾为北海郡守，政务散乱，百姓流失，权在哪里？"两人相互揭短，由此造成嫌隙。曹操还在两人中间说和。

建安十三年 (208) 八月，郗虑由光禄勋升迁为御史大夫。

不久，曹操命郗虑罗列孔融罪名，郗虑 "承望风旨，以微法奏免融官"，很明显，与孔融有矛盾的郗虑是看着曹操脸色行事的。路粹又枉奏孔融罪状，曹操终将孔融处死。曹操在斥责孔融的书信中还提到了劝和郗虑与孔融的矛盾，曹操说："昔国家东迁，文举盛叹鸿豫名实相符，综达经学，出于郑玄，又明司马法，鸿豫亦称文举奇逸博闻，诚怪今者与始相违。孤与文举既非旧好，又于鸿豫亦无恩纪，然愿人之相美，不乐人之相伤，是以区区思协欢好。又知二君群小所构，孤为人臣，进不能风化海内，退

① 郗虑之 "郗"，今建安区郗虑墓作 "郗虑墓"，村名亦作 "郗庄"。
② 晋·陈寿《三国志》卷二《文帝纪》，中华书局 1959 年版，第 57 页。此所谓 "选举不实"，系指赵温违背了汉朝有关规定，即 "诏书禁侍中、尚书、中臣子弟不得为吏、察孝廉"（《后汉书·李固传》），这时的曹操为武平侯，所以赵温不得任用其子曹丕为缘。但正如卢弼所言："若谓忠臣子弟不得为吏、察孝廉，然则操何以举孝廉乎？此盖操借故去温，温免之后，乃罢三公，大权操于一人矣。"（《三国志集解》卷二，中华书局 1982 年版，第 67 页）

不能建德和人，然抚养战士，杀身为国，破浮华交会之徒，计有余矣。"孔融回信辩解说："融与鸿豫州里比郡，知之最早。虽尝陈其功美，欲以厚于见私，信于为国，不求其覆过掩恶，有罪望不坐也。"①

建安十八年（213）五月，郗虑受献帝派遣，持节策命曹操为魏公。十一月，献帝伏皇后早年给父亲伏完写信除掉曹操的信件被发觉，曹操派遣郗虑持节策诏，要让伏皇后上缴皇后玺绶，打入冷宫。曹操让华歆作为郗虑的副手，带兵进入宫中。当华歆在墙壁夹壁中搜出伏皇后之时，郗虑就坐在献帝身边，伏皇后恳求献帝救自己一命，献帝十分无奈，伏皇后对郗虑说："郗公，天下难道有这样的道理吗！"

郗虑大约在建安二十年前后被免职。《三国志·刘邵传》载："御史大夫郗虑辟劭，会虑免，拜太子舍人。"②此处只提到被免职，而无具体时间。王先谦《三国志集解》曾分析道：

> 钱大昕曰：《魏志·华歆传》："魏国初建，为御史大夫"，是歆为魏国之御史大夫，非汉廷之御史大夫也。刘昭注《百官志》云："建安十三年罢司空，置御史大夫，御史大夫郗虑免，不得补。考建安十九年废皇后伏氏，虑尚在职，至二十一年，封魏王操，则宗正刘艾行御史大夫事。二十五年禅位，则太常张音行御史大夫事。然则郗虑以后汉廷无真授御史大夫。"其说信矣。《魏志·太祖纪》书华歆为御史大夫，而不书郗虑，虑为汉臣、歆为魏臣故也。歆之除授不当书于汉纪，且使歆而得书，则钟繇为相国何以转不书乎？蔚宗未达官制，因有此误。③

按照这种分析，郗虑是汉朝最后一位御史大夫，之后的御史大夫职权，就转移到曹魏集团手中。曹操被封魏王、曹丕受禅，分别是由"行御史大夫事"的"宗正"刘艾和"太常"张音来完成的。在郗虑身上，我们看

---

① 南朝·宋·范晔《后汉书》卷七十《孔融列传》，中华书局1965年版，第2275页。
② 晋·陈寿《三国志》卷二十一《刘邵传》，中华书局1959年版，第618页。
③ 清·王先谦《后汉书集解》卷九，中华书局1984年版，第117页。

到东汉政权到曹魏政权过度的明显痕迹。某种程度上，郗虑被免职，预示着大汉王朝真正走向终结。

郗虑墓今仅存墓冢，高约五米，占地面积约有九百平方米。

离郗虑墓不远，有个村子叫郄庄村，据村人讲，该村郄（郗）姓全为郗虑后人。

郗虑墓

【学术争鸣】"郗"与"郄"辨析

"郗"与"郄"形近而误为一字，实则二字完全不同。《三国志》《后汉书》《资治通鉴》，甚至是《三国演义》等，郗虑之郗均为"郗"，今之"郄虑墓""郄庄村"之"郄"字误。

郗虑为山阳高平人，《姓谱》云："郗为高平望姓。"卢弼《三国志集解》卷一《武帝纪》"天子使御史大夫郗虑"注曰："胡三省《通鉴释文辨误》曰：史炤《释文》：郗，绮戟切。余谓：丑之翻。若绮戟切，则'郄'字也。史炤于字画亦不审谛如此。"卷二《文帝纪》裴注引《魏书》"使侍中守光禄勋郗虑持节奉策免温官"卢弼注曰："官本'郗'作'郄'。卢文弨曰：郗，音绛。郄诜，晋大夫郤縠之后。郗鉴，汉郗虑之后。姓源既异，音读各殊，不可因俗书而遂相混也。"

由此可知，郗读音为 chī，郄读为 xì，同郤。《古汉语大词典》"郗：xī，旧读 chī，姓。"[1]"郄：xì，姓，汉代有郄虑。"[2]此处"郄虑"之"郄"误。《王力古汉语词典》：郗：1.chī"二、姓。《正字通·邑部》：'郗，姓。郗与郄别。黄长睿曰：郗姓为江左名族，读如绨绣之绨，俗伪作郄，呼为郄诜之郄，非也。郄诜晋大夫郤谷之后，郗鉴汉御史大夫郗虑之后，姓源既异，音读各殊。'2.xī……四、姓。源出'郤'姓，由'郤'的异体'郄'而伪作'郗'，

---

[1]《古汉语大词典》，上海辞书出版社2000年版，第533页。
[2]《古汉语大词典》，上海辞书出版社2000年版，第530页。

今读 xī。"①

今郄虑墓所在之村庄"郄庄"之"郄"，当地读音为 qiè，郄虑墓也写作 "郤虑墓"，盖因郄为著姓，郄与郤（却）原为一姓，郄为郤之俗字，二字均读 为 xì，后郄、郤分为二姓，郄读为 qiè，郤仍音 xì。

总之，郄虑之"郄"，原为 chī 音，后亦读为 xī 音。字写作"郄"，是由 "郗"误为"郤"，再演变为"郤"之异体字"郄"而成，音也由 xì 而改读为 xī。

① 王力《王力古汉语词典》，中华书局 2000 年版，第 1473 页。

十七、毛玠墓

毛玠墓位于许昌市东 16 公里的建安区五女店镇毛王村金龟岗上。

毛玠（？—216）[1]，字孝先，陈留平丘（今河南封丘县）人。毛玠早年做县吏时，就以清廉、公正著称。在汉末乱世，他本想去荆州避乱，还没走到，就听说刘表政令不明，于是转往鲁阳（今河南鲁山县）。

腹心之谋　初平三年（192）曹操领兖州牧，收降黄巾军三十万众，毛玠即投奔曹操，被辟为治中从事。这时，毛玠凭借自己敏锐的政治嗅觉，给曹操提出了"奉天子以令不臣"的建议，他说："今天下分崩，国主迁移，生民废业，饥馑流亡，公家无经岁之储，百姓无安固之志，难以持久。今袁绍、刘表，虽士民众强，皆无经远之虑，未有树基建本者也。夫兵义者胜，守位以财，宜奉天子以令不臣，修耕植，畜军资，如此则霸王之业可成也。"[2] 这些观点非常符合曹操的思想，所以曹操"敬纳其言"。曹操善于采纳他人建议，有许多人给曹操提出各种建议之后，曹操都能够"纳其言"，但是"敬纳其言"者很少，说明了曹操对毛玠的重视及礼敬。毛玠提出了"奉天子以令不臣"、开垦屯田对曹操的事业影响重大。宋元之际的史学家胡三省说："操之所以芟群雄者，在迎天子都许、屯田积谷而已；二事乃玠发其谋也。"[3] 卢弼也评价说："合荀彧、枣祗之策，为根本腹心之谋。"[4]

倡廉新风　曹操任司空、丞相后，毛玠任东曹掾，与崔琰共同掌管官员的选举、任用。毛玠用人有其严格标准：不管名声高低，只看本质。有些人声名在外，影响很大，但是行为举止言不由衷，浮华夸饰，急功近利，毛

---

① 毛玠事迹见《三国志》卷十二《毛玠传》，中华书局 1959 年版，第 374 页。
② 晋·陈寿《三国志》，中华书局 1959 年版，第 374 页。
③ 宋·司马光《资治通鉴》卷六十胡三省注，中华书局 1956 年版，第 1941 页。
④ 卢弼《三国志集解》卷十二，中华书局 1982 年版，第 355 页。

珌一概不用。他所选用的都是清正廉洁、务本求实的人。在当时战乱纷扰、民不聊生的条件下，毛玠把节俭作为首要标准，在这种思想主导下，天下士人没有不把廉洁奉公、自我约束作为基本要求的，即便是那些地位尊贵、深受宠幸的人，车马服饰的标准也不敢过度奢华。看到这种情况，曹操深有感触地说："用人如此，使天下人自治，吾复何为哉！"①这是对毛玠最好的评价。曹操还感叹说："孤之法不如毛尚书。今使吏部用心如毛玠，风俗之易盖不难矣。"②

毛玠的努力起到了良好的作用，"昔毛玠为吏部尚书，无敢好衣美食者"③。

<u>铁面 无私</u> 毛玠做事秉公执法，铁面无私，不管地位高低、身份贵贱都一样。曹丕做五官中郎将时，曾经亲自找到毛玠，告诉毛玠照顾自己的一个亲眷。毛玠当即驳了曹丕的面子，说："老臣因为能够恪尽职守，才有幸避免了失职的罪责。现在你说的这个人不符合升迁的等级，所以我不敢尊奉你的命令。"

曹操带领大军回到邺城之后，曹操让大家商议合并精简机构的事情。毛玠因为刚正公允，很多人求他办事都达不到目的，所以当时人都很害怕他，毛玠担任的是东曹掾，这些人便想把毛玠所在的东曹给裁减掉。他们共同告诉曹操说："按照过去的惯例，西曹为上，东曹为次，应该裁减东曹。"曹操非常清楚这些人的用意，知道他们是对毛玠不满，下令说："太阳从东方出来，月亮在东方的时候最圆，大凡人们说道方向的时候，也都是先说东方，为什么要裁减掉东曹呢！"于是，曹操就把西曹给裁撤掉了。

当初曹操平定柳城时，分发所获得的器物，特意把朴素的屏风、靠椅赏赐给毛玠，对他说："您有古人的风范，所以赏赐给你古人的用具。"可

---

① 晋·陈寿《三国志》卷十二《魏书·毛玠传》，中华书局1959年版，第375页。
② 卢弼《三国志集解》卷十二，中华书局1982年版，第355页。
③ 卢弼《三国志集解》卷十二引《太平御览》卷二百十四《傅咸集表》语，中华书局1982年版，第355页。

见曹操十分了解毛玠的性格，更十分赞赏毛玠的作为。

毛玠的地位很高，但常常布衣素食，抚育哥哥的孤儿情真意切，所得到的赏赐物品都分给了生活贫困的族人，家里没有任何多余的财物。

后来，毛玠升迁为右军师。

建安十八年（213）五月，曹操建立魏国社稷，政治上向前迈出了重要一步。这时，毛玠任尚书仆射，仍然主管官员选举。毛玠一如既往地坚持秉公办事，作风清廉。选拔官员的时候，选拔那些忠贞实干者，摒斥浮华虚伪者，提拔具有谦逊品行者，废黜结党营私者。对于那些治理官员和百姓功绩不突出却拥有大量私有财物的人，都一律罢免废黜，永久不再任用。

毛玠雷厉风行的工作作风，得到了天下官民的共同赞颂，没有哪一个官员不再严格要求自己，社会风气为之一变。甚至有些官员回家时，蓬头垢面，衣服破旧，经常乘坐柴车。军吏进入公府的时候，穿着端正的朝服步行前往。久而久之，人人都坚持节俭，家家都信奉操守。身份尊贵者没有了污秽贪欲的拖累，地位贫贱者断绝了偷奸耍滑的念头，官吏廉洁，民风纯正。直到今天，百姓还在交口称赞。①

毛玠的耿直表现在各个方面。当时，曹丕与曹植争夺太子的斗争异常激烈，曹操稍稍偏向曹植，毛玠就秘密向曹操进谏说："刚刚袁绍因为嫡庶不分，覆宗灭国。废立这样的大事，不应该有这样的传闻。"后来有一次群臣大会上，毛玠起身外出更衣，曹操用眼神指着毛玠说："这就是古人所谓的司直，是我的周昌啊。"周昌是汉初大臣，刘邦想废嫡立庶，周昌直言进谏，表示坚决不奉诏。曹操以周昌比毛玠，说明在他的心目中，毛玠的忠诚耿直足以与历史上的名臣并列。

---

① 本段毛玠事迹见《三国志》卷十二本传裴注引《先贤行状》。显然，作者对毛玠的政治治理效果不无夸大之词，所以《通鉴辑览》说："六计弊吏，以廉为本。舆服不过度似已，然亦不过从俭一端，尚不足语正本清源，至垢面羸衣，饰伪尤甚，其选举又曷足凭邪？"（卢弼《三国志集解》，中华书局1982年版，第356页）直言这种行为是"饰伪"。

被捕
入狱 崔琰是与毛玠一样耿直的人，因故被赐死，毛玠同病相怜，看到崔琰之死，内心很不高兴。有人把毛玠的表现秘密告诉曹操说："毛玠外出看到受黥刑的反叛者，这个人的妻子被收入官府做了奴婢，毛玠就说：'老天不下雨，大概就是这个原因。'"曹操大怒，立刻将毛玠收押入监。

担任大理职务的钟繇审问毛玠时，引经据典，说明犯罪而株连妻子者自古就有，然后，他质疑毛玠说："毛玠你讥谤朝廷之言，流传于底层百姓，心里不高兴的话，也被皇上听到。你说话的时候，一定不是你一个人，当时和你一起看到黥面罪犯的共有几个人？因黥面被没为奴婢的人你认识吗？为什么和他们相见，又对他们感叹而言？你当时的话是说给谁听的？听到了什么样的回答？事情在哪月哪日？在什么地方？事情已经暴露，不得隐瞒欺骗，把这些情况全部如实回答我！"毛玠回答也引经据典，然后说："我没有说过这些话，当时没有任何人。你说我说了这些话，要有证据。这就是我的回答！"

毛玠的耿直广为人知，这时桓阶、和洽出面救助毛玠，和洽对曹操说了一大段话为毛玠辩白："如果像告密者所说，毛玠罪过深重，天地难容。我不敢妄自为毛玠辩说而违背君臣之伦理，因

位于农田之中的毛玠墓

为毛玠在群臣之中出类拔萃，才特别得到提拔，做官做到了显要的职位，历年以来得到了君王的宠信。毛玠刚正直言，忠诚公允，被很多人忌惮，按说他不会做出这样的事。然而人心难测，重要的是要细加考核，认真查验双方的真实情况。如今圣恩体现了包含污垢的仁慈，不忍心将事情交给狱吏审理，更让是非曲直难以分辨，这才有了更多的怀疑。"曹操解释说：

"之所以没有细加追考,是想让毛玠和告密者两全。"和洽回答说:"毛玠如果真说了诽谤君主的话,就应当将其处死并曝尸于众;如果毛玠没有说过这些话,告密者诬告大臣,就会错误地影响圣上的判断。双方孰是孰非如果不详加勘验,我内心感到不安。"和洽如此恳切地劝谏曹操查验实情,但是曹操还是想保护告密者,说:"如今正在打仗,怎么能够听了别人的话就要查验呢!"

虽然曹操没有听从和洽的建议,但也没有进一步追究毛玠的罪责,最终罢免了毛玠的官职。

不久,毛玠在家中去世。曹操知道后,亲自赐予毛玠棺椁器皿和钱物,并把毛玠的儿子毛机拜为郎中,算是对毛玠的一点安慰。

毛氏
之村　毛玠长期在许都任职,所以住宅也安置到了当时许都城的北面,这个地方久聚成村,名为毛王村,位于今许昌汉魏故城的北端。

毛玠死后,墓冢也在毛王村南面的高岗上。毛玠的最高官职是魏王府的尚书仆射,职位相当于副丞相,所以民间又称毛玠为毛丞相,其墓冢也被称为毛丞相墓。《许昌县志》记载:"毛王村,西有金龟岗,柳波湖,南岗上有毛丞相冢。"[①]金龟岗南起汉魏故城,北到射鹿台,绵延起伏20余公里,气势浑然。再加上碧波荡漾的柳波湖(今已不存),山光水色,别具韵味。

毛玠墓原占地约七百平方米。20世纪60年代墓冢已被当地村民平为耕地。1987年,该墓被许昌县(今建安区)人民政府公布为县级文物保护单位。

---

① 《许昌县志》(1924年编)

十八、贾诩墓

贾诩墓位于许昌市建安区尚集镇岗朱村南。

贾诩（147—223），字文和①，武威姑臧（今甘肃武威）人。

乱世
毁誉
贾诩聪睿异常，早年就被人誉为有张良、陈平的奇异之才。②

贾诩曾经因病离职，回归故乡，走到右扶风汧县（今陕西陇县）时，遭遇叛乱的氐人，同行的十几个人都被叛军所抓获。贾诩告诉氐人："我是段公的外孙，你们不要杀我，我家里会用重金赎我。"他所说的段公，指段颍，过去长时期在边疆做将领，威震边关，贾诩与段颍并没有任何关系，但他急中生智，用段颍震慑了氐人，氐人果然害怕，把他送了回去，而与他同行的其他人都被处死了。

董卓率军进入京城洛阳后，贾诩以太尉掾的身份晋升为平津都尉，又升为讨虏校尉，在董卓的女婿中郎将牛辅军中。董卓失败后，牛辅也被杀，众人恐慌，他们先派遣使者到长安，请求赦免。王允认为一年之中不可大赦两次，就没有答应他们。他们不知该如何是好。校尉李傕、郭汜、张济等想解散部队，各归各乡。贾诩规劝他们说："我听说长安城中在议论要杀尽凉州人，你们解散部队单独行走，一个亭长就把你们绑了。不如率领部队向西行进，边走边招收士兵，进攻长安，为董公报仇。如果有幸事情成功了，我们再打着国家的旗号征讨天下；如果事情不成功，再解散部队也不迟。"大家认为这个建议很好。李傕立刻率军进攻长安，继续了董卓祸乱天下的恶行。

贾诩的这个建议直接导致李傕、郭汜的叛乱，遭到后人的痛骂，裴松

---

① 贾诩事迹见《三国志》卷十《魏书》本传。
② 《三国志》卷十《贾诩传》载："少时人莫知，唯汉阳阎忠异之，谓诩有良、平之奇。"裴注引《九州春秋》载，中平元年，车骑将军皇甫嵩既破黄巾，威震天下。阎忠劝皇甫嵩"南面以制，移神器于己家，推亡汉以定祚"，为后世所诟病。卢弼《三国志集解》引顾千里语云："（皇甫嵩）若从忠言，立见屠灭，逆乱之祸，先卓而见矣。忠之倾险凶悖，非比蒯通，贾诩心术不端，宜乎为忠所识赏也。"（卢弼《三国志集解》，中华书局1982年版，第319页）

之说："《传》称'仁人之言，其利溥哉'。然则不仁之言，理必反是。夫仁功难著，而乱源易成，是故有祸机一发而殃流百世者矣。当是时，元恶既枭，天地始开，致使厉阶重结，大梗殷流，邦国遘殄悴之哀，黎民婴周余之酷，岂不由贾诩片言乎？诩之罪也，一何大哉！自古兆乱，未有如此之甚。"[1]何焯、钱大昭都认为，不仅贾诩，还有王允，也都是李、郭叛乱的始作俑者。何焯说："诩，凉州人，为此救死，当咎王允，不得独恨诩也。"[2]钱大昭说："裴说诚是，然李傕、郭汜、樊稠、张济之徒，皆董卓党羽，渠魁既伏其辜，余众方免死之不暇，敢有他志？自王允有一岁不可再赦之议，且欲尽诛凉州人，于是李傕等遂蚁聚蜂屯，至于败坏不可收拾。卒之允既诛死，汉遂以亡。故吾谓汉室之亡，不亡于贾诩，而亡于王允之一言也。允虽有诛卓之功，实为汉室之一大罪人矣。"梁章钜也说："诩为贼计则忠矣，李、郭之乱，诩实造之。良、平之计，岂出此乎！后傕等欲以功侯之，诩曰'此救命之计，何功之有'，盖亦本心不昧矣。"顾千里从汉亡魏兴的角度评价说："董卓之死，举世称快，诩独何心而欲为报仇？且傕、汜之不足与成事，诩料之审矣。以诩之智计，何患无途进身，乃必佐若辈为乱。卒之乱贼之间，亦有何利？此殊不可解，殆天生此贼以亡汉而启魏也。"卢弼在引述各位学者的评论之后加了按语说："贾诩为李、郭划策西攻长安，其罪不容诛，人尽知之。然当徐州刺史陶谦连合豪杰，移檄牧伯，推朱隽讨贼，李傕用贾诩策，征隽入朝，义师方集，垂成而罢，此又诩之阴谋贻误国家者也。"由此可见，虽然贾诩后来成就了诸多英名，而董卓及李、郭之乱时，贾诩的所作所为为害不浅，与其后来的成就殊相背离。

与贼为伍　不久，贾诩任左冯翊之职，李傕要给他封侯，贾诩大概感觉到了自己是与贼为伍，所以坚辞不受，说："我这只不过是救命的办法，哪里

---

[1] 赵幼文《三国志校笺》，巴蜀书社 2001 年版，第 405 页。
[2] 卢弼《三国志集解》引，中华书局 1982 年版，第 320 页，下引钱大昭、梁章钜、顾千里、卢弼等人的评论，均见该页。

有什么功劳。"甚至要晋升他为尚书仆射，他也毫不犹豫地拒绝了，说："尚书仆射，官之师长，天下所望，诩名不素重，非所以服人也。纵诩昧于荣利，奈国朝何！"之后，贾诩在朝中一面与李、郭等人周旋，一面尽可能维护朝纲，得到了较好的评价，尤其在李、郭二人胁迫天子、胡作非为时，贾诩想尽办法袒护天子和一众大臣。如当他劝阻李傕置天子于军营中遭到拒绝后，张绣劝他离开朝廷这个是非之地，被他严词拒绝，他说："吾受国恩，义不可背。卿自行，我不能也。"可见他内心仍然存有汉室。李傕为了打败郭汜，联合羌、胡数千兵马，答应要把皇室御用之物、宫人妇女等送给他们，羌、胡人屡屡窥视宫门，试图择机进犯朝廷，说："天子在中邪！李将军许我宫人美女，今皆安在？"天子十分担忧，让贾诩想一个万全之计。贾诩受命，秘密召见羌、胡大将宴饮，许给他们封爵、赠送他们重宝，他们随即领兵而去，李傕的势力从此开始衰败。

在贾诩的努力下，天子与众多大臣得以逃出长安。李傕随后追来，要杀掉与自己有嫌隙的司徒赵温等大臣，被贾诩阻止。李傕掠得唐姬后，甚至欲占为妻子，贾诩知道后立刻告诉献帝，献帝下诏救出了唐姬。

天子逃出长安后，贾诩辞去朝廷官职，投靠屯驻在华阴的老乡、将军段煨，但段煨表面很客气，内心却担心贾诩鸠占鹊巢，贾诩感到不安，便暗中与驻守在南阳的张绣结交。

投奔张绣 张绣派人迎接贾诩，临行前，有人不解，贾诩说："段煨生性多疑，对我多有猜忌，礼数虽然周全，却不是长久之计，时间久了，定会加害于我。我走了，他肯定高兴，再加上他希望我给他结交外援，一定会很好地对待我的妻子儿女。张绣没有谋士，也希望得到我，这样的话，家人和我都会保全，可谓一举两得。"

见到刘表，贾诩认为刘表虽有三公之才，却不能预见事情的变化，多疑而无决断，做不出什么大事。

　　曹操南征刘表，率军撤退时，张绣自领精兵追击。贾诩对张绣说："不能追，追击必败。"张绣不听，双方交战，张绣果然大败而还。这时，贾诩对张绣说："现在迅速追击曹操，定会取胜。"张绣提出怀疑，贾诩说："战场上的形势不断变化，迅速追击曹军，一定会胜利。"张绣相信了贾诩，立刻组织被打散了的部队追击曹军，双方大战之后，张绣果然取胜。回来之后，张绣问贾诩："我以精兵追击败退的军队，而您却说必败；然后我又带领失败的军队追击胜利的军队，而您又说必胜。事情的结果正如您所预料的那样，为什么都能够正确呢？"贾诩回答说："这是很简单的道理。将军您虽然善于用兵，可是并不是曹公的对手。曹军虽然失败而退，定会亲自断后；您的追兵虽精，但是将领抵不过曹军，他们的士兵又很精锐，所以我知道您必败。曹公进攻时并没有失误，力量没有用尽就退军了，定是国内有大事；打败您之后，定会轻军速进，纵然留下各位将领断后，而诸将虽勇，并不是您的对手，所以您虽然用的是败兵，却能够取得胜利。"听了这些，张绣深感佩服。

　　归顺曹操　曹操与袁绍官渡之战时，袁绍派人联络张绣，要结为同盟。张绣正要答应，贾诩在张绣座位旁边大声对袁绍的使节说："回去谢谢袁绍，告诉他，兄弟还不能相容，能够容纳天下的国士吗！"张绣吃惊、担心地说："怎么这样说！"私下又对贾诩说："如果这样，我们怎么办？"贾诩说："不如归顺曹公。"张绣说："袁绍强大，曹操弱小，我们又是曹操的仇敌，顺从他能行吗？"贾诩说："这就是所谓的应该顺从。曹公奉天子以令天下，这是其一。袁绍强大，我们只有很少的人归顺他，一定不重视我们。曹公弱小，得到我们定会很高兴，这是其二。有称霸天下志向的人，本来就会放弃个人恩怨，以圣明的德行昭示四海，这是其三。希望将军您不要再有疑虑。"张绣听从了贾诩的建议，率领军队归顺了曹操。

　　见到张绣，曹操大喜，拉着贾诩的手说："让我的威信被天下看重的人，就是您啊。"曹操上表朝廷，任贾诩为执金吾，封都亭侯，迁冀州牧。

但此时冀州还在袁绍手中，所以贾诩任冀州牧只是"遥领"，也就是虚职，曹操把贾诩留在身边参司空军事。

屡出妙计 官渡之战，袁绍力量强大，曹操军粮即将用尽时，询问贾诩该怎么办，贾诩说："公圣明胜过袁绍，勇武胜过袁绍，用人胜过袁绍，临机决断胜过袁绍，有此四点而半年没有安定大局，只不过是从万全考虑。一旦抓住战机，战局须臾可定。"曹操说："很好。"于是，合军进攻，将袁绍三十余里的大营包围，大破袁军，河北平定。曹操领冀州牧，贾诩入朝任太中大夫。

建安十三年（208），曹操占领荆州，意欲顺江东下。贾诩进谏说："明公昔日击破袁氏，今日收复汉南，威名远震，军事实力不断增强，如果承借长江、楚地富饶之势，犒飨将士，安抚百姓，让士民安居乐业，就可以不通过兴师动众而臣服江东了。"曹操不听，结果军队在赤壁之战中惨败。①

后来，曹操与韩遂、马超战于渭南，马超要割地求和，并愿将儿子扣为人质。贾诩认为可以假装答应，曹操问贾诩怎么办，贾诩说："采用离间之计。"曹操十分认可。曹操能够最终击破韩遂、马超，采用的都是贾诩的计策。

---

① 关于贾诩建议曹操安抚荆土、威怀东吴之策，后世多有争议，裴松之认为此计不合时宜，他评论说："诩之谋，未合当时之宜。于时韩、马之徒尚狼顾关右，魏武不得安坐郢都以威怀吴会，亦已明矣。彼荆州者，孙、刘之所必争也。荆人服刘主之雄姿，惮孙权之武略，为日既久，诚非曹诩诸将所能抗御。故曹仁守江陵，败不旋踵，何抚安之得行，稽服之可期？将此既新平江、汉，威慑扬、越，资刘表水战之具，借荆、楚楫棹之手，实震荡之良会，廓定之大机。不乘此取吴，将安俟哉？至于赤壁之败，盖有运数。实由疾疫大兴，以损凌厉之锋，凯风自南，用成焚如之势。天实为之，岂人事哉？然则魏武之东下，非失算也。诩之此规，为无当矣。魏武后克平张鲁，蜀中一日数十惊，刘备虽斩之而不能止，由不用刘晔之计，以失席卷之会，斤石既差，悔无所及，即亦此事之类也。世咸谓刘计为是，即愈见贾言之非也。"（赵幼文《三国志校笺》，巴蜀书社2001年版，第407页）而顾千里不同意裴松之的观点，他说："用军之道，先胜后战，量敌论将。赤壁之役，亦有人事，岂尽天为之哉？紫髯、大耳皆命世之雄，非操所遽能吞并者。诩盖审之当时，未便直言，故姑为是宽缓之词耳。观诩后所以对文帝者，可见裴谓'此谋未合当时之宜'，过矣。"（卢弼《三国志集解》引，中华书局1982年版，第322页）

在曹丕做五官中郎将时，临淄侯曹植正当盛名，两人为争夺世子之位各有党羽。曹丕派人询问贾诩如何巩固自己的地位，贾诩说："希望将军发扬光大德行气度，亲自做一些一般士人所做的事情，朝夕勤勉，不违背做儿子的规矩。如此而已。"曹丕听从了贾诩的建议，深刻地磨砺自己。曹操曾经避开众人问贾诩的看法，贾诩默然不答。曹操问他为什么不说话，贾诩说："刚才恰在思考，所以没有立即回答。"曹操问他想了什么，贾诩说："在想袁本初、刘景升父子的事情。"曹操大笑。就这样，太子的人选最终确定了下来。

贾诩自认为不是曹操的旧臣，而策划高瞻远瞩，担心被猜疑，就闭门自守，没有私交，男女嫁娶，也不与高门大户交结，所以天下谈论智慧、计策时，都高度认可贾诩。

曹丕继位后，有感于当年贾诩与曹操的对话，以贾诩为太尉，晋爵魏寿①乡侯。文帝曹丕问贾诩说："我要讨伐不服从命令者以一统天下，吴、蜀哪个放在前面？"贾诩回答说："攻取土地者先要靠兵力，建立根本大业者要崇尚以德化人。陛下顺应天命接受禅让，安抚天下，如果依靠文治德化等待时局变化，就不难平定各方。吴、蜀虽为蕞尔小国，依靠山河之险，刘备有雄才大略，诸葛亮善于治理国家，孙权通晓敌我虚实，陆逊能够预见军事形势，他们或占据险要位置，或凭水军泛舟江河湖海，都难以即刻取胜。用兵之道，是先有取胜的把握，然后再行作战，只有充分估量敌军实力，评判将领，才能够一举取胜。我私下估量群臣，没有刘备、孙权的对手，虽然可以凭借陛下的威力亲征，也看不出万无一失的态势。我认为我们应该先文后武。"尽管这个建议很好②，文帝并没有听从贾诩的意见。不久，文帝发动江陵之战，士兵大量战死。

① 魏寿，即武陵郡汉寿县，曹魏改为魏寿（蜀汉因此将葭萌改为汉寿），东吴改为吴寿。献帝封关羽为汉寿亭侯即此。一地而屡易其名，实为罕见。
② 顾千里评论贾诩此议说："前魏武破荆州，欲顺江东下，诩以宽缓之语沮之，与此对大意略同。此时三分之势已成，而魏文之才更非乃父比，故遂直言之耳。诩之识略，实盖一时，独其劝催、汜为可痛恨，不知尔时其识安在。"

黄初四年（223）六月，贾诩去世，享年七十七岁。谥肃侯。

贾诩深晓兵法，著有《钞孙子兵法》一卷、《孙子兵书》一卷、《吴起兵法注》一卷。今皆佚。

萧条古墓｜位于建安区尚集镇岗朱村南高岗上的贾诩墓，原有亭阁回廊，墓地周围约三千平方米，冢高十米，"文化大革命"期间被盗，挖出有陶鼎、罐、壶、铜镜、子母砖、五铢等，为铺首衔环石墓门、门楣石刻二虎相斗。20世纪60年代墓冢地上封土被平。现墓区周围随处可见有陶瓦、陶壶、汉砖等残片。

1987年，被许昌县（今建安区）人民政府公布为文物保护单位。

十九、徐姑墓

徐姑墓，当地老百姓称为徐姑坟，因位于许昌市建安区尚集镇小徐庄村南，又被称为小徐庄墓地，相传为三国名士徐庶姑姑的墓冢。

徐姑原名徐秀姑，被当地人尊称为徐姑娘娘，汉末颍川颍阴（今河南许昌市建安区）人，相传为徐庶的远房姑母。

徐姑自幼天资聪颖，过目不忘。早年随父亲研习《黄帝内经》，十六岁开始为人治病。针对当时中原地区战乱不断、疾疫肆虐、百姓贫病交加、哀鸿遍野的状况，徐姑与丈夫李居正一道，凭借精湛的医术、高尚的医德，不辞辛苦，为百姓祛除病魔，造福乡里。

他们的足迹遍布方圆百里的颍川大地。在疾疫较为严重的颍阴城北一带，徐姑精心施治，考虑到百姓艰难的日子，她在这里治病不收取任何费用。因善行惠及千家万户，她被当地百姓尊奉为救苦救难的活菩萨，大家都敬称她为"徐姑娘娘"。

徐姑晚年与丈夫回到老家，定居在城北一个村子里，因膝下无子，当地人都愿意做他们的儿女，为他们养老送终。当徐姑古稀之年谢世时，全村人悲痛欲绝，为她披麻戴孝，在村东南选择了一块风水宝地将她安葬。村里百姓为了纪念她，就称她所居住的村子为徐庄。

建安年间，曹操迎帝都许后，对徐姑的嘉行懿德予以旌表，又特为划拨二十亩土地、派兵万人修建了徐姑墓，墓前建庙立碑，庙内塑像。千百年来，焚香祭拜者络绎不绝，"徐姑娘娘"的美名也代代相传，永世流芳。

徐姑墓

徐姑墓原为一圆形大土丘，占地约四百平方米，冢高约四米，墓冢封土基本完好，冢顶长满杂草小树，冢南侧有一水泥台阶通道直达冢顶，冢顶上有新建的徐姑庙。因其位置正处于许昌市中央公园水系景观带之内，2017年将其改建为水泥墓冢，扩建为徐姑文化广场，成为许昌三国文化新的组成部分。

二十、五女冢

在今许昌市建安区有一镇名"五女店"，五女店因有"五女冢"而得名。

关于"五女冢"说法不一，一说是献帝伏皇后及其姐妹四人的坟墓。宋代乐史所著《太平寰宇记》记载道："五女冢，在县南二十里。曹操杀皇后伏氏并姊妹四人，葬于此。"①清初顾祖禹《读史方舆纪要》卷四十七亦载："五女店：在（鄢陵）县西三十里，又西南三十里即许州也。相传汉献帝后伏氏，与姊妹四人为操所害，葬于此。"②此说明言为"相传"，可见未必实有其事。该说的目的非常明显，是为了显示曹操的凶狠毒辣。

另一说为五个良家女子遭遇乱兵，不愿受辱而死。明嘉靖《许州志》卷八："五女冢，在州东三十里，相传，古有五女，遇乱兵，不受辱而死，因葬焉，得其名。《墓考》：旧志有诗：城隈有群冢，屹立罗崇丘。传云齐梁时，仓促多戈矛。一室鞠五女，清淑含靰羞。父兄贾勇死，家业仍漂流。时间度不存，免污思贞修。香魂同日逝，精魄凌高秋。钿花既委地，狼藉谁复收？嗟哉乡曲人，积此土数杯。忠贞世共惜，千载声光留。"③这种说法虽然也说是"相传"，但将事件说成是齐、梁时期，显然经不起推敲，齐、梁是南北朝时期南朝的两个朝代，管辖范围在长江一带。而当时的许昌属于北朝的北魏、北齐管辖。此说明显与史不合。此外，故事主题是颂扬五女遭遇乱兵，为不受侮辱而死，所谓"声光留"，既是说她们的贞节名声存留于世，也是宣扬封建贞节观的思想。

"五女冢"在许昌汉魏故城北6公里。

① 宋·乐史《太平寰宇记》，中华书局1999年版，第38页。另见卢弼《三国志集解·武帝纪》裴注引该书。
② 顾祖禹《读史方舆纪要》，中华书局2005年版，第2161页。
③ 嘉靖《许州志》卷八，第9页，上海古籍书店1961年据天一阁藏本影印。

二十一、张潘二妃墓

张潘二妃墓在建安区张潘镇张三村西。

东汉末年董卓之乱后，天下扰攘，民不聊生，就连皇帝也难以有一个安定的生活。汉献帝从长安到达洛阳后，洛阳也是一片萧条，汉献帝几乎无处安身。君臣居无定所，衣食无着。

传说有一天，饥肠辘辘的汉献帝走出郊外，看到了一棵桑树上结满了桑葚，但自己却无力采摘。正在这时，遇到了两个十六七岁挖野菜的小姑娘，她们见状，就帮助汉献帝采摘了很多桑葚。献帝非常感动，就询问两个小姑娘的姓名，她们告诉献帝，一个姓张，一个姓潘。

后来，曹操迎接献帝，将都城迁到许昌，献帝也结束了到处流浪的生活，就把张、潘二位小姑娘接到了许昌皇宫，并封她们为贵妃。

张、潘二妃深受献帝宠爱，勤劳的她们在皇城内种植了大片桑树，用于养蚕织布，于是，影响到周围，许都周边的百姓也都开始植桑养蚕。

在一个烟雨蒙蒙的日子，张、潘二妃到许都城西查看桑园，途径潩水时，突然遇到一个孩子掉进了河里，二妃急忙跳入水中将孩子救了上来，但是二妃却被河水冲得不见踪影，张、潘二妃就这样离开了人世。

张、潘二妃死后被安葬在许都城的西面，献帝还亲手在墓旁种植了桑树以示纪念。后来，人们非常感念二妃的恩德，就在潩水两岸架起了大桥，名为张潘桥。在桥的南北岸边，各修筑了一座寨墙，北岸的寨被称作张后寨，南面的寨被称作潘后寨。久而久之，人们就将此地称为张潘。

张、潘二妃墓在张潘镇张三村西门外，呈东西向排列，相距约五十米，西边的为张妃冢，东边的为潘妃冢。墓冢的周围还种植了大量的桑树。

张潘镇因张、潘二妃而得名。1970年墓冢地上封土被平为农田。

第五章　其他类

一、三绝碑

"三绝碑"[1]指《受禅表》碑和《公卿将军上尊号奏》碑两通石碑。

汉献帝延康元年（220）冬十月，曹丕在繁阳亭（今繁城镇）代汉自立，在受禅台举行了隆重的受禅大典，结束了汉朝四百年的统治，开始了我国历史上重要的三国纷争时代。《受禅表》碑和《公卿将军上尊号奏》碑即详细地记录了这段历史。

（一）有关"三绝碑"的基本情况

珍贵
三绝　明嘉靖《许州志》载：

> 受禅碑：在繁城，魏篡汉作，一载受禅，又一载群臣上尊号，皆钟繇隶书，书家宝之，俗呼繁城碑。[2]

宋代欧阳棐《集古录目》卷三云：

> 《受禅表》：文帝黄初元年为坛于繁昌，以受汉禅，碑不著所立年月，在许州文帝庙中。《公卿上尊号奏》：汉既禅位，文帝未受，相国安乐乡侯华歆等上表劝进。在许州。[3]

闻人牟准《魏敬侯卫觊碑阴文》亦谓：

---

[1] 有关三绝碑的考证，另参马宝记《曹丕受禅台、三绝碑考论》，《许昌学院学报》2019年第3期。

[2] 明嘉靖《许州志》，上海古籍书店1961年12月据天一阁藏本影印。

[3]《历代碑志丛书·集古录目》，江苏古籍出版社1998年版，第1—130页。

《群臣上尊号奏》及《受禅石表》文，并在许繁昌。①

"三绝碑"曾经的保护方式：

1.《公卿将军上尊号奏》碑

《公卿将军上尊号奏》碑又名《百官劝进表》碑、《劝进》碑、《上尊号奏》碑等，为五彩石质，即俗称之"鱼籽石"，玉圭型制。碑高3.37米，宽1.1米，厚0.34米②，碑额题篆书阳文"公卿将军上尊号奏"，碑头正下方有一直径约0.2米的圆形碑穿。

被保护起来的"三绝碑"

碑文隶书阴镌，共32行（阳面22行，阴面10行），每行49字，共1359字。书法风格为汉隶八分书。碑不书立石年月，顾南原《隶辨》定为东汉献帝延康元年（220）③。顾炎武《金石文字记》则以为："此文当在延康元年，而刻于黄初之后"④。

清顾南原《隶辨·魏公卿上尊号奏》载：

魏公卿上尊号奏，延康元年。《集古录目》云："在许州。"

题额云：魏公卿将军上尊号奏，九篆字为二行，字作阴文凸起，碑式云文二十二行，行四十九字，先王及高陵两武王三陛下皆平阙，有弈局之纹自陛下即位。后十行刻于碑阴，二陛下亦平阙……当时内外前后劝进之辞不一，此盖刻其最后一章，碑自

① 严可均《全三国文》卷二十八，中华书局1958年12月版，第1212页。据严氏谓：闻人牟准，牟准爵里未详。不见于传记。据碑阴言"故吏门主"，则去卫觊未远也。又言"所著述注解故训及文笔等甚多，皆以失坠"。考卫觊仕汉入魏，卒于明帝时，子卫瓘仕魏入晋，至惠帝永平初，家世煊赫，何至失坠？此必贾后矫诏杀害后之言也。牟准非魏人，亦非晋武时人，姑附此俟考。
② 据临颍县繁城镇"三绝碑"宣传资料。
③ 清·顾南原《隶辨》，北京市中国书店1982年3月据康熙五十七年玉渊堂刻板影印版，第1190页。
④ 清·顾炎武《金石文字记》，见四库全书·史部。

造于华裔之后，石理皴剥，字迹晻昧，今世所传者，多是前一段尔。"《金石文字记》云："此文当在延康元年而刻于黄初之后，旧刻残缺，予见拓本于北海孙氏仅存数十字，今在许州者，重摹本也。"①

群臣
劝进 碑文是"相国安乐乡侯臣歆、太尉都亭侯臣诩、御史大夫安亭侯臣朗"等46位公卿将军上给曹丕的奏章，文字与《三国志·魏志·文帝纪》裴松之注所引稍异。

全文记述了汉末风起云涌、曹操迎帝都许建立丰功伟业的过程，也记录了曹丕受禅之前众臣劝进及受禅称帝的历史事实，将汉魏禅代视为天意，认为"汉帝奉天命以固禅，群臣因天命以固请"，而曹丕却"违天命以固辞"。当年武王曹操在"四海荡覆，天下分崩"之时，"亲衣甲而冠胄，沐雨而栉风，为民请命，则活万国；为世拨乱，则致升平"。开曹氏基业，而今曹丕则是"光昭文德""光被四表""民命之悬于魏邦，民心之系于魏政，卅有余年矣。此乃千世时至之会，万载壹遇之秋"。因此，曹丕应该顺天意，应民心，筑坛受禅。文章征引天地，博论古今，突出了曹丕受禅的合理性与合法性。碑文前后均列有46人的名字。

2.《受禅表》碑

《受禅表》碑的型制大小与《上尊号奏》碑相同。即高3.37米，宽1.1米，厚0.34米②，圭形碑额，碑头题篆书阳文"受禅表"三字，碑头下方也有碑穿，直径0.19米。碑文22行，每行49字，隶书阴镌。阴面无碑文。

---

① 清·顾南原《隶辨·魏公卿上尊号奏》，北京市中国书店1982年3月据康熙五十七年玉渊堂刻板影印版，第1190页。
② 见"三绝碑"保护单位的宣传资料。关于碑身的高、宽、厚，各资料说法不同：中国临颍网2009年5月13日资料为：3.33米、1.1米、0.32米；中国网2006年12月20日，署国家文物局资料为：3.70米、1.19米、0.33米；李留根主编《临颍县志》（中州古籍出版社1996年版，第574页）载："两碑均高2.8米，宽1.53米，厚0.32米。"张兰花《曹魏胜迹》（中州古籍出版社2006年版，第100、101页）为：《上尊号奏》碑：3.32米、1.02米、0.32米；《受禅碑》：3.32米、1.02米、0.28米。而"三绝碑"保护单位的宣传资料认为型制大小相同。

碑额于民国初年被人凿下，运至北京，售予周进。新中国建立后，周进将碑额捐献给国家，现藏故宫博物院。

历史时刻 历史时刻《受禅表》碑的内容，主要是记载曹丕受禅的经过，包括受禅时间、地点、原因、过程，以及对曹丕的赞美等。言汉室气数已尽，魏王理当代汉。碑文以"维黄初元年冬十月辛未，皇帝受禅于汉氏"开始，接着赞扬了尧舜禅让之举彰显了"义"和"美"，"义莫显于禅德，美莫盛于授终"。碑文对曹丕大加颂扬，言其"体乾刚之懿姿，绍有虞之黄裔。九德既该，钦明文塞。齐光日月，材兼三极"。认为曹丕具有"伯禹之劳""殷汤之略，周发之明"，"广大配天地，茂德苞众圣。鸿恩洽于区夏，仁声播于八荒"。所以，他该取代汉献帝为皇帝，再接着写曹丕在公卿将军的多次请求之下，经"回思千虑，至于再，至于三"才接受禅让的经过。碑文采用辞赋体写作方法，极尽铺排之能事，文辞华丽，气势充沛，逻辑严密，语言流畅，论证有力，反映了这一时期辞赋文学的创作特点。

珍贵拓本 此碑因价值极高，再加上后世损毁严重，以至于其早期拓本也显得极其珍贵，如明初碑原石拓本，剪条装，共44页，每页3行，每行6字，纵28厘米，横15厘米。书法结体庄茂敦厚，笔法遒劲挺拔，如铸铁削成，素以峻美方整著称，与《上尊号碑》同出一手，为汉末三国时期隶书的代表作品。首行"维黄初元年冬"及二行"皇帝受禅于"等字未损。因该碑与《上尊号碑》于明代中期重剜过，剜后书体面貌全失，而此拓本是重剜前的拓本，传世稀少，可见原碑书法面目。此拓本旧为赵世骏、周进、吴乃琛、周叔弢、陈叔通等递藏，有周嘉冑、赵世骏、张效彬、邵锐等收藏鉴赏名家题跋，并"季木所得精本""叔弢眼福""石门吴乃琛赜忱珍藏"等印37方。由陈叔通家属捐献给国家，现藏故宫博物院。

清代顾南原在《隶辨·魏受禅表》中所记已是摹本：

魏受禅表，黄初元年。《集古录目》云："在许州魏文帝庙中。"额题云"魏受禅表"四篆字为一行，作阴文凸起碑式云文二十二行，行四十八字，先皇及陛下五皇帝皆平阙，亦有弈局纹。《刘宾客嘉话》云："王朗文、梁鹄书、钟繇镌字，谓之三绝。"《集古录》云："颜真卿又以为钟繇书，莫知孰是。"此碑旧刻亦已残缺，今所传者重摹也。《集古录》作"魏受禅坛记"。①

六字生金　关于《受禅碑》，还有一个"六字生金"的传说，即碑文的后六字，在受禅过后逐渐变成了金字，预示着曹魏六世后将禅于司马氏。《太平寰宇记》载：

繁昌城，……坛前有二碑：一是百官劝进碑，一是受禅碑，并锺繇书。于后，其碑六字生金，论者以为司马金行，故曹氏六世也。②

宋洪适《隶释》云：

《水经》云：繁昌城内有三台，人谓之繁昌台，坛前有二碑，其后六字生金，论者以为司马金行，故曹氏六世而迁魏而事晋，此盖附会符命之谈也。③

清代钱仪吉《三国会要》载：

繁昌有受禅坛，其碑六字生金，论者以为司马金行，故曹氏六世迁魏而事晋也。④

杨守敬《水经注疏》谓：

于后其碑六字生金，论者以为司马金行，故曹氏六世，迁魏而事晋也。⑤

---

① 清顾南原《隶辨·魏受禅表》，中国书店1982年3月据康熙五十七年玉渊堂刻板影印版，第1191页
② 宋·乐史《太平寰宇记》，中华书局1999年版，第37页。
③ 宋·洪适《隶释》，中华书局1985年版，第190页。
④ 清·钱仪吉《三国会要》，上海古籍出版社1991年5月，第200页。
⑤ 杨守敬《水经注疏》，上海古籍出版社1989年，第1814页。

(二)"三绝碑"碑文的作者

碑文作者 关于二碑碑文的作者，历来没有定论，主要有卫觊作或王朗作二说：

闻人牟准《魏敬侯卫觊碑阴文》认为是卫觊作：

> (敬侯所著)《群臣上尊号奏》及《受禅石表》文，并在许繁昌。

近人严可均据此认为是卫觊作，并在《全三国文》中将两碑的作者署名为"卫觊"：

> 牟准不见于传记。据碑阴言"故吏门主"，则去卫觊未远也。又言"所著述注解故训及文笔等甚多，皆以失坠"。考卫觊仕汉入魏，卒于明帝时，子卫瓘仕魏入晋，至惠帝永平初，家世煊赫，何至失坠？此必贾后矫诏杀害后之言也。牟准非魏人，亦非晋武时人，姑附此俟考。[①]

卫觊（155—229），字伯儒。据《三国志·魏书》卷二十一本传载，卫觊历仕武帝、文帝、明帝三朝，少凤成，以才学称。曹操辟为司空掾属，除茂陵令、尚书郎。魏国建立，拜侍中，与王粲并典制度。不久，为汉侍郎，劝赞禅代之义，为文诰之诏。文帝践祚，复为尚书，封阳吉亭侯。明帝即位，进封闉乡侯，受诏典著作，又为魏官仪，凡所撰述数十篇。好古文、鸟篆、隶草，无所不善。死后谥敬侯。由卫觊曾"劝赞禅代之义，为文诰之诏"[②]等文字可知，《受禅表》和《上尊号奏》由卫觊来完成是有可能的。子卫瓘、孙卫恒亦擅书法，并有盛名[③]。

---

① 严可均《全三国文》卷二十八，中华书局1958年版，第1212页。《魏敬侯卫觊碑阴文》云："卫觊所著述注解、故训及文笔等甚多，皆已失坠；所著……《群臣上尊号奏》及《受禅石表》文，并在许繁昌。"

② 晋·陈寿《三国志》，中华书局1959年版，第611页。

③ 参《晋书·卫瓘传》及附卫恒传。

唐人韦绚《刘宾客嘉话录》则认为是王朗作：

> 魏《受禅碑》，王朗文，梁鹄书，钟繇镌字，谓之三绝。古
> 镌字皆须妙于篆籀，故繇方得镌刻。①

王朗（？—228），字景兴。据《三国志·魏书》卷十三本传载，王朗
以通经，拜郎中，举孝廉，辟公府，不应。关东兵起，献帝拜朗会稽太守。
后归曹操，拜谏议大夫，参司空军事。魏国初建，以军祭酒领魏郡太守，
迁少府、奉常、大理。文帝即王位，迁御史大夫，封安陵亭侯。及文帝践
阼，改为司空，进封乐平乡侯。明帝即位，进封兰陵侯，增邑五百，并前
千二百户。转为司徒。太和二年（228）卒，谥曰成侯。与钟繇、华歆并为
三公。陈寿评曰："钟繇开达理干，华歆清纯德素，王朗文博富赡，诚皆一
时之俊伟也。"②曹丕受禅前，王朗为御史大夫，从王朗的经历、其在曹魏
政权中的重要位置，以及陈寿的评价来看，《受禅表》与《上尊号奏》由王
朗来作也合情合理。

（三）"三绝碑"书法作者、镌刻者

书法作者　关于"三绝碑"的书法作者，也没有定论，主要也有二说：钟
繇作或梁鹄作。宋代欧阳棐《集古录目》卷三云：

> 《受禅表》：隶书，不著书撰人名氏，世传以为钟繇书，或以
> 为梁鹄书。③

宋欧阳修《集古录跋尾》说：

> 右《魏受禅碑》，世传为梁鹄书，而颜真卿又以为钟繇书，

---

① 《唐五代笔记小说大观·刘宾客嘉话录》，上海古籍出版社2000年版，第800页。按，
陶敏、陶红雨《刘禹锡全集编年校注》认为："此条见李绰《尚书故实》，《太平广记》卷
二〇九亦引作《尚书故实》，非《嘉话录》之文。"（岳麓书社2003年版，第1399页）按，该
段文字见《尚书故实》，台湾商务印书馆1986年影印文渊阁四库全书版，第862-475页。
② 晋·陈寿《三国志》，中华书局1959年版，第422页。
③ 《历代碑志丛书·集古录目》，江苏古籍出版社1998年版，第1-130页。

莫知孰是。右《魏公卿上尊号表》，唐贤多传为梁鹄书，今人或谓非鹄也，乃钟繇书尔，未知孰是也。①

宋洪适《隶释》卷十九云：

右《公卿将军上尊号奏》篆额在颍昌，相传为钟繇书，其中有大理东武亭侯臣繇者，乃其人也……当时内外前后劝进之辞不一，此盖刻其最后一章，《魏志》注中亦载此文，有数字不同，非史臣笔削之辞也，皆当以碑为正。碑自造于华裔之后，石理皴剥，字迹晦昧，今世所传者，多是前一段尔。②

右魏《受禅表》篆额在颍昌，亦曰钟繇书。③

宋人娄机《汉隶字源》：

《魏公卿上尊号奏》，延康元年立，在颍昌府。《集古》云：唐贤多传为梁鹄书，今人为钟繇书，未知孰是。《魏受禅表》，黄初元年立，在颍昌府临颍县魏文帝庙内，《集古》云：世传为梁鹄书，而颜真卿以为钟繇书，《刘禹锡嘉话》云王朗文，梁鹄书，钟繇镌字，谓之三绝。④

清代顾南原《隶辨·魏公卿上尊号奏》也说：

《集古录》云：唐贤多传为梁鹄书，今人或谓非鹄也，乃钟繇书尔，未知孰是。《隶释》云：其中有大理东武亭侯臣繇者，乃其人也。⑤

明人郭宗昌《金石史》曰：

《魏劝进碑》:《劝进表》或谓是钟繇书，又谓

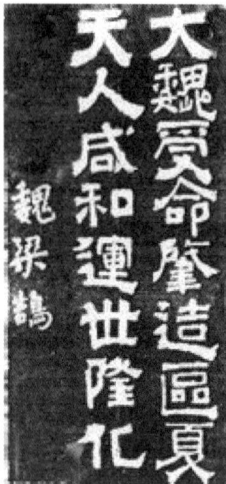

---

① 宋·欧阳修《集古录跋尾》卷四，四库全书版。
② 宋·洪适《隶释》，中华书局 1985 年版，第 188 页。
③ 宋·洪适《隶释》，中华书局 1985 年版，第 190 页。
④ 宋·娄机《汉隶字源》(一百七十八、一百七十九)。
⑤ 清·顾南原《隶辨·魏公卿上尊号奏》，北京市中国书店 1982 年 3 月据康熙五十七年玉渊堂刻板影印版，第 1190 页

梁鹄书，皆未有据……颜鲁公又谓繇书，皆不知何据，岂亦张稚圭梦语耶！书法同《劝进》，虽小远汉人，雍雍雅度，衫履自饰，亦复矫矫。①

明代赵崡《石墨镌华》云：

《百官劝进碑》：此碑或曰梁鹄书，或曰钟繇书，未有的据。

（《受禅碑》）又云即钟繇书，亦未有的据，然谓为钟书者，出颜鲁公言，或不妄。②

更多的，则是从书法角度判断作者，明代赵崡《石墨镌华》云：

魏《百官劝进碑》：隶法遒古，非二公不能，自是钟鼎间物也。③

韦绚《刘宾客嘉话录》甚至认为钟繇"妙于篆籀"，所以应该是钟繇镌字：

魏《受禅碑》，王朗文，梁鹄书，钟繇镌字，谓之三绝。古镌字皆须妙于篆籀，故繇方得镌刻。④

由此可见，书法的作者是梁鹄还是钟繇，已经无法确考。⑤

镌刻
作者　"三绝碑"的镌刻者被认为是钟繇没有争议，但同样也没有确证。

梁鹄字孟皇，东汉末年著名书法家，以书至选部尚书，后投刘表。曹操破荆州，求得梁鹄。梁鹄早年酷爱书法，并窃得当时大家师宜官真迹，效而法之，终成名家。曹操曾将梁鹄手迹"悬著帐中，及以钉壁玩之，以

---

① 明·郭宗昌《金石史》《魏劝进碑》《魏受禅碑》，四库全书版。
② 明·赵崡《石墨镌华》，《历代碑志丛书》第 2 册第 417 页。
③ 明·赵崡《石墨镌华》，《历代碑志丛书》第 2 册第 417 页。
④《唐五代笔记小说大观·刘宾客嘉话录》，上海古籍出版社 2000 年版，第 800 页。按，陶敏、陶红雨《刘禹锡全集编年校注》认为："此条见李绰《尚书故实》，《太平广记》卷二〇九亦引作《尚书故实》，非《嘉话录》之文。"（岳麓书社 2003 年版，第 1399 页）按，该段文字见《尚书故实》，台湾商务印书馆 1986 年影印文渊阁四库全书版，第 862-475 页。
⑤ 有论者认为，二碑认定为梁鹄作品"有一定的合理性"，参杨开飞《梁鹄书法作品及其影响》，见《宁夏社会科学》2012 年第 6 期。

为胜宜官"。①唐代张怀瓘《书断》云：

> （梁鹄）少好书，受法于师宜官，以善八分知名。举孝廉为郎，灵帝重之，亦在鸿都门下。迁幽州刺史。魏武甚爱其书，常悬帐中，又以钉壁，以为胜宜官也。时邯郸淳亦得次仲法，淳宜为小字，鹄宜为大字，不如鹄之用笔尽势也。②

钟繇（151—230），字元常，三国时期著名政治家、书法家，官至太傅，历武帝、文帝、明帝三朝，政治上颇有作为，深受重用。书法成就甚高，篆、隶、真、行、草多种书体兼备，尤擅楷书，据传是楷书创始人。南朝书法家、文学家庾肩吾在《书品》中将其置于"上之上"，评曰：

> （钟繇）天然第一，功夫次之。妙尽许昌之碑，穷极邺下之牍。③

一般地，《受禅表碑》和《公卿将军上尊号碑》被认为是梁鹄书、钟繇刻石，加上王朗文，谓之"三绝"。明代赵崡《石墨镌华》云：

> 魏文帝《受禅碑》：此传是司徒王朗文、梁鹄书、太傅钟繇刻石，谓之三绝。④

唐代张怀瓘《书断》曰：

> （钟繇）真书绝世，刚柔备焉。点画之间，多有异趣，可谓幽深无际，古雅有余，秦汉以来，一人而已。⑤

明郭宗昌《金石史》曰：

> 《魏受禅碑》：昔人称《受禅碑》王朗文、梁鹄书、钟繇刻石，为三绝碑。⑥

---

① 唐·房玄龄等《晋书》卷三十六《卫瓘传》，中华书局1974年版，第1064页。
② 唐·张怀瓘《书断》卷中《妙品》，台湾商务印书馆1986年影印文渊阁四库全书版，第812-58页。按，该书孟皇作孟星。
③ 梁·庾肩吾《书品》，台湾商务印书馆1986年影印文渊阁四库全书版，第812-8页。
④ 明·赵崡《石墨镌华》，《历代碑志丛书》第2册第417页。
⑤ 唐·张怀瓘《书断》卷中《神品》，台湾商务印书馆1986年影印文渊阁四库全书版，第812-855页。
⑥ 明·郭宗昌《金石史》《魏劝进碑》《魏受禅碑》，四库全书版。

就以上撰文、书写、镌刻作者来说，虽然难以确证具体属于何人，但是不管是哪一位，就这些作者的成就和影响来看，"三绝碑"的文献价值和艺术价值都是极高的。此外，曹操曾于建安十五年（210）下令禁碑，因此此时的碑刻保存下来者极少，这就使此碑更显珍贵。

附表：文献资料所述及"三绝碑"之作者一览表

文献	受禅表碑			公卿将军上尊号碑		
	文	书	刻	文	书	刻
闻人牟准《魏敬侯卫觊碑阴文》	卫觊			卫觊		
唐人韦绚《刘宾客嘉话录》	王朗	梁鹄	钟繇			
唐颜真卿	卫觊	钟繇				
宋欧阳棐《集古录目》卷三		钟繇或梁鹄				
宋欧阳修《集古录跋尾》卷四		梁鹄或钟繇			梁鹄或钟繇	
宋洪适《隶释》卷十九		亦曰钟繇			传为钟繇	
宋娄机《汉隶字源》		梁鹄或钟繇			梁鹄或钟繇	
明郭宗昌《金石史》					梁鹄或钟繇	
明赵崡《石墨镌华》		又曰钟繇			梁鹄或钟繇	
清顾南原《隶辨》	王朗	梁鹄	钟繇		梁鹄或钟繇	
清严可均《全三国文》	卫觊			卫觊		

（四）"三绝碑"的艺术价值

艺术瑰宝《受禅表碑》和《公卿将军上尊号碑》是我国书法艺术中的瑰宝。唐刘禹锡在《玉堂嘉话》中说："魏受禅碑，王朗文，梁鹄书，钟繇刻字，谓之三绝。"之后便被称为"三绝碑"。①

"三绝碑"具有极高的艺术价值，明赵崡在《石墨镌华》中评曰：

《魏百官劝进碑》：隶法道古，非二公不能，自是钟鼎间物也。《魏文帝受禅碑》：隶法大都与《劝进碑》同……王元美曰："余

---

① 关于"三绝碑"之称，另参明嘉靖《许州志》。

始喜明皇《泰山铭》，见此而恍然自失也。汉法方而瘦，劲而整，寡情而多骨；唐法广而肥，媚而缓，少骨而多态。汉如建安，唐三谢，时代所压，故自不得超也。"此语得评书三昧。①

清孙矿评《受禅表碑》和《上尊号碑》说："二碑余皆有之，虽磨刓甚，然字犹半可识，真斩钉截铁手也。……率更正书险折法，多从此变出。"

清冯云鹏谓："叙刻安整，书法工妙，自是魏碑巨制。"（《金石索》）

近人杨守敬《学书迩言》谓：

> 已至汉纪，古意稍漓。然三国之《孔羡》《范式》《上尊号》《受禅表》，下笔如折刀头，风骨凌厉，遂为六朝真书之祖。学分书者，从之入手，绝少流弊。②

从书法艺术角度来看，二碑的成就主要表现为三点：其一是行文高妙，语言简洁，文辞雅致，气势恢宏；其二是书法优美，飘逸豪放，遒劲有力；其三是石刻奇绝，方正规矩，不枝不蔓。两碑字体均为隶书，上承前代篆书的规则，下启魏、晋、南北朝、隋、唐楷书的风范，实为我国书法艺术中难得的艺术珍品。杨守敬《学书迩言》称《上尊号》《受禅表》"下笔如折刀头，风骨凌厉，遂为六朝真书之祖"。

受禅表碑（局部）　公卿将军上尊号碑　公卿将军上尊号碑（局部）

① 明·赵崡《石墨镌华》，《历代碑志丛书·石墨镌华》，第2册第417页。
② 杨守敬《学书迩言》，《杨守敬集》第八册，湖北人民出版社1988年版，第481页。

二、关公辞曹碑

关公辞曹的故事在许昌广为传颂，也留下了几通极其珍贵的碑刻。[1]

1.《汉关帝挑袍处》碑

位于灞陵桥上，为明末将领左良玉崇祯十三年(1640)所书。

碑高2.65米，宽0.83米，厚0.23米。碑刻正面阴刻行书"汉关帝挑袍处"。

清代康熙、雍正、乾隆年间，又立了四通碑，碑文记载关羽封金挑袍的过程，颂其"依曹已久仍归汉，留得英风在颍州"，赞其"情深义重垂千秋，士民争拜汉云长"。

"汉关帝挑袍处"碑

2.《关王辞曹操之图》碑

位于灞陵桥上，明嘉靖年间(1522—1566)刻。

碑高1.93米，宽0.85米，厚0.21米。

该碑共分为三个部分：上部篆书"关王辞曹操之图"，其下楷书竖刻"关王辞曹操书"，表达对曹操的谢意和对刘备的忠心：

> 窃以：日在天之上，心在人之内，日在天之上普照万方，心在人之内以表丹诚。丹诚者，信义也。某昔受降之日有言曰：主亡则辅，主存则归。新受曹公之宠顾，久蒙刘主之恩光。丞相新恩，刘公旧义，恩有所报，义无所断。今主之耗某已知，望形立，相觅迹，求功刺颜良

"关王辞曹操之图"碑

---

[1]　本篇所用碑刻数据来源于许昌市文化(文物)局2007年编《许昌文物集萃》。

于白马，诛文丑于南坡。丞相厚恩满有所报，每留所赐之资，尽在府库封缄。伏望台慈，俯垂照鉴。

关某顿首再拜丞相府下

下部阴线镌刻关羽灞陵挑袍图。

3.《关王辞曹归刘图记》碑

位于春秋楼前。明景泰六年（1455）刻石。碑高1.54米，宽0.65米，厚0.16米。

该碑正面分为上下两部分，上部碑额竖刻两列篆书"关王辞曹归刘图记"，下部楷书镌刻关羽生平传略。

背面碑首篆书横写"关王辞曹操之图"，上部竖刻"关王辞曹操书"全文，下部阴刻"关羽挑袍"图。

关王辞曹归刘图记碑

4. 关公勒马挺风图碑

位于春秋楼景区内。

明万历二十七年（1509）刻石。相传原图为吴道子所绘，明代秣陵（今南京）人刘宗周翻刻。

该碑有残损，高1.59米，宽0.62米，厚0.13米。

碑额篆书"乾坤正气，日月精忠，满腔义勇，万代英雄。"下部阴线镌刻关公勒马挺风画像，并署"唐吴道子画，明秣陵弟子李宗周立"。

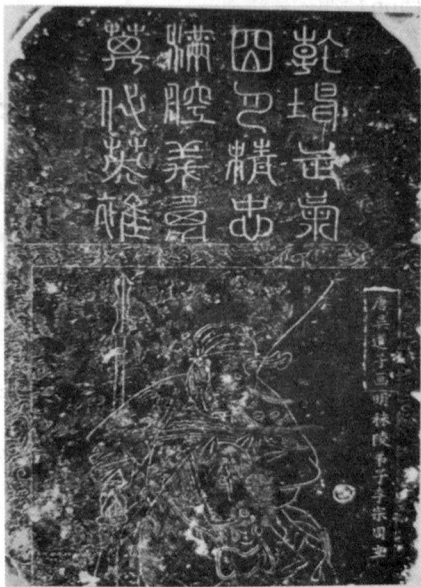

5.《汉关圣辞曹丞相书》碑

位于春秋楼景区内。清嘉庆二十四年（1819）刻。

碑高 2.6 米，宽 0.75 米，厚 0.15 米。

碑额篆书"汉关圣辞曹丞相书"，其下为"辞曹书"隶书正文。

"汉关圣辞曹丞相书"碑

三、曹魏运粮河

1. 城西运粮河 ①

北起清潩河口的王月桥，经过市中心医院、卷烟厂，南经樊沟、碾上村东、长村张乡等地，注入清泥河。

曹魏时期开挖的运粮河，大部分已经废弃，许昌市区保留运粮河一段，全长 7400 米，北起运粮河王月桥与清泥河交汇处，向东经市中心医院门前，通过卷烟厂院内向南流去，至经济开发区与清泥河交汇处。

许昌市区的这一段运粮河一直有水流淌，然而其原来的功能已基本丧失，河水曾一度被污染。2005 年，许昌市政府在实施"碧水蓝天工程"时，投资三千六百多万元对河道进行了治

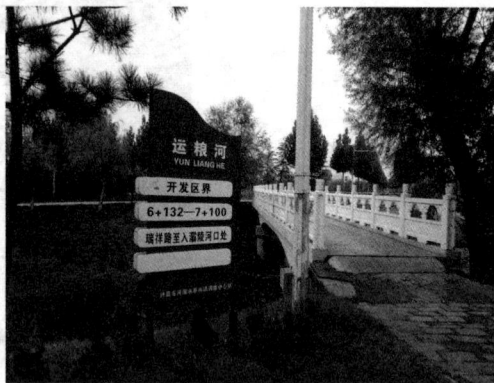

曹魏运粮河新景

理，整治工程包括清理污泥、砌筑片石护堤、安装沿河护栏、修筑两侧道路以及绿化带等。2003 年，被魏都区人民政府公布为县级文物保护单位。

2. 枣祗河

起于许昌县将官池镇新集村，东经临颍县北王岗乡入潩水而达颍河。明嘉靖《许州志》载："枣祗河，在（临颍）县北二十五里，颍河之支流也。曹魏时，枣祗募民屯田许下，引流以溉，得谷数百万斛，后人因以名河。"另据《临颍县志》谓："枣祗河属"新沟河支流，位于县境东北部，据《重修临颍县志》卷一载：'三国时曹操以枣祗为屯田都尉，募民屯田许下，引流以溉，得谷百万斛，后人因以名河。'枣祗河源于许昌周庄、西坡，自

---

① 资料来源：李逢春《许昌史话》，中州古籍出版社 1998 年版。

王孟乡坟台入境，长23.3公里，流域面积63.5平方公里。该河原上下游相连，中华人民共和国成立后经治理，分上枣祗、下枣祗。上枣祗沿坟台、大范、巢庄、后杨、前杨、仝沟，至陈留东入新沟河；下枣祗沿王孟乡伍汲杜、陈留、王岗乡承差桥、野鸡郭、谢庄，至袁庄东入新沟河。"①

清顾祖禹《读史方舆纪要》卷四十七："在(临颍)县北二十五里，颍河之支流也。曹魏初枣祗募民屯田许下，引流以溉，得谷数百万斛，后人因以名河。或谓之枣村河。"②

3. 玛瑙河

玛瑙河又称"铜底铁帮运粮河"，西起襄城县屯田坡，东经繁城镇入颍河，系当年典农中郎将任峻屯田时率军民开挖。有排灌之利，舟运之便。直到清末，豫东南的商船还能经周口，顺颍河到论事台下码头。嘉靖《许州志》载："玛瑙河俗名泥河，在(临颍)县西南四十里，出襄城东北二十五里，流经本县郾城入于河。"

清顾祖禹《读史方舆纪要》卷四十七："玛瑙河，在县北二十里，东北流达临颍县而入颍水。"③

4. 高底河

高底河原名艾城河，又名新沟河，清潩河支流。

《大清一统志》载："艾城河，即潩水，自州东秋湖分流，经临颍县东北，又东南入陈州府西华县界。曹魏屯田时邓艾所引河也。又，新河在艾城河南，亦自秋湖分流，入临颍县境，万历中，因野水四涨，下

新沟河今景

---

① 李留根主编《临颍县志》，中州古籍出版社1996年版，第147页。
② 清·顾祖禹《读史方舆纪要》卷四十七，中华书局2005年版，第2187页。
③ 清·顾祖禹《读史方舆纪要》卷四十七，中华书局2005年版，第2189页。

流无所泄，开新河四十余里，入艾城河，以达石梁河。"①

明嘉靖《许州志》云："艾城河，在（临颍）县东北三十里，《临颍县志》载：'位于县境东北部'。""据《重修临颍县志》卷一载：'河底高于平地，俗名高底河。'又载：'艾城河是曹魏时期邓艾屯田所引。'该河发源于长葛庙台东，在许昌县秋湖东流入临颍，经王孟、窝城、王岗三乡于稻地村东流入清潩河。境内长21公里，流域面积48.8平方公里。该河下游流经地区均在岗地上，河道弯曲浅窄，每当汛期，泄洪不及，河两岸常造成水灾。"②经1954年裁弯取直治理后，更名新沟河。1964至1965年、1977年、1980至1984年又进行了三次治理，水势已得到控制。现河底宽10到26米，过水深4.1米，堤距80到100米。

另据《许昌史话》：源于许昌县尚集镇，流经魏都区三里桥、徐湾村，至许昌县将官池镇北注入老潩河。

5. 灌沟

灌沟在许昌县南、临颍县西，北接颍河，南通玛瑙河。明嘉靖《许州志》云："在（临颍）县西二十五里，北接颍河，南接玛瑙河，南北口有陡门二，至今称为陡门口，盖曹魏时尝因是穿渠引水溉田，故名。今淤塞。"清代顾祖禹《读史方舆纪要·临颍县》载："灌沟在县西二十里，北接颍水，南接泥河，南北二口俱有陡门，亦曹魏时引水灌田处。"③

受许下广开运粮河做法的影响，曹魏时期还在中原地区和淮河流域开挖或整修了利漕渠、白马渠、鲁口渠、睢阳渠、贾侯渠、讨虏渠等，北击乌桓时在天津西开凿了白沟、平虏渠、泉州渠和新河等。

6. 襄城运粮河

襄城运粮河又名金水河，相传三国时期，曹操派遣邓艾在襄城屯田，邓艾为运送粮草而开挖，故名运粮河。现为季节性排涝河道，发源于粉尘

---

① 《大清一统志》卷二百一十八《许州直隶州》，第11页。
② 李留根主编《临颍县志》，中州古籍出版社1996年版，第147页。
③ 清·顾祖禹《读史方舆纪要》卷四十七，中华书局2005年版，第2189页。

乡冯庄村，大部为汇集岗丘流水，呈西北东南走向，流经颍桥回族镇、颍阳乡、双庙乡，在范湖乡汉河阎村东南注入文化河。长40公里，流域面积156平方公里。[1]

① 资料来源：襄城县史志编纂委员会编《襄城县志》1993年版，第75页。

四、建安民谣 [①]

民间歌谣是文化的活化石，在民间口耳相传，千百年相沿不辍，可以反映出地方百姓的好恶爱憎、喜怒哀乐。建安时代距离今天一千八百余年，这些民谣却一直流传着，可见其永恒的生命力。笔者生活在许昌建安区，自幼时即听闻先父教过一首儿歌式谜语云："一字九口，天下少有，当朝一品，做过许州。"当时只是作为一个字谜游戏，并不了解其中深刻含义，后来对三国文化了解、研究渐多，回头再看这则谜语，才感觉到其中对曹操的由衷赞颂。

这种文化活化石各地都应该保存不少，但随着现代化社会生活的发展，保存越来越困难，也必将会越来越少，因此也显得越来越珍贵。此处所录建安时代民谣为许昌文化学者沈建华先生长期搜集而成，共17首，其中前10首流传于许昌，后7首流传于许昌之外的洛阳、安阳、邯郸、临漳等地。这些资料是研究三国文化十分宝贵的文献。

1. 荷锄涉田（流传许昌）

荷锄涉田，杭育！杭育！锄稗留禾，杭育！杭育！收回黍子，杭育！杭育！熬日度年，杭育！杭育！

〔流传地区：许昌市建安区　诵述人：许昌县陈曹乡王西恩，农民，现年五十五岁，初中文化程度〕

2. 囷空又空（流传许昌）

囷廪空又空，赢鼠亡厨中。庶人争相食，白骨遍关东。何以得活命，杀戮贼董卓。

〔流传地区：许昌市建安区　诵述人：同上〕

3. 桑椹（流传许昌）

桑椹桑椹，紫包晶晶。乌鸦啄之，植者何痛。窈女采之，送于将士。将士示敌，窈女有功。

---

① 录自沈建华《新近搜集到的建安时代民谣》，《许昌师专学报》1991年第1期。

〔流传地区：许昌市建安区　诵述者：许昌市建安区张潘乡汪国义，乡干部，现年四十三岁，高中文化程度〕

4. 颂曹公（流传许昌）

曹公恩德高如山，兴兵讨贼赴潼关。疆场征战英亦勇，杀敌斩将动上天。董贼残暴早成性，百姓尸骨堆成山。进京活捉董卓贼，汉家百姓享平安。设宴十日贺曹公，鼓瑟吹笙舞整年。

〔流传地区：许昌市建安区　诵述人：同上〕

5. 娥娘（流传许昌）

娥娘梁家女，乡里唤嫦娥。嫦娥着绮罗，青兰燕窝窝。遥见金闪闪，近看迷我魂。少年见嫦娥，辍读不思学。老年见嫦娥，岁月亡半数。商贾见嫦娥，无银亦付货。士子见嫦娥，高官不忍坐。嫦娥嫁何君，王母难知晓。

〔流传地区：许昌市建安区　诵述人：同上〕

6. 上趋毓秀（流传许昌）

上趋毓秀，香火萦萦。似仙似虹，似神似云。抚慰黄土，黍沐上恩。

〔流传地区：许昌市建安区　诵述人：同上〕

7. 宫廷走出一少男（流传许昌）

宫廷走出一少男，峨冠锦带高亦宽。有客问及何家候①，原是宫廷一内官。内官摇摆官道上，庶人掩面藏路边。怕天怕地怕王侯，见官哪敢不躲藏。

〔流传地区：许昌市建安区　诵述人：许昌市建安区张潘乡古城盆李村放牛老汉李根良，八十多岁〕

8. 好子当从军（流传许昌）

好子当从军，壮士当西征。西征讨汉贼，忘死不惜生。老母

---

① "候"似当作"侯"，原文如此。

送好子，望子救民生。乡人送好子，望子建奇功。

〔流传地区：许昌市建安区　诵述人：许昌市建安区陈曹乡沈根全，农民，现年七十岁，小学文化程度〕

9. 神仙(流传许昌)

天有神仙，地有神仙。你有神仙，我有神仙。天地为伴，不求神仙。你我为伴，不求神仙。神仙神仙，你我地天。

〔流传地区：许昌市建安区　诵述人：同上〕

10. 射鹿(流传许昌)

曹操射鹿，射台高筑。射鹿是假，篡位是真。哪个心里不清楚！

11. 京都遭劫难(流传洛阳)

京都遭劫难，被逼徙长安。合家齐号啕，哭声遍洛川。回头望乡邑，洛阳早不见。可恨祸国贼，生来狼心肝。

〔流传地区：洛阳市郊区　诵述人：郑州铁路局洛阳东火车站机务段屈四恩，工人，现年六十岁，初中文化程度〕

12. 爹愁娘愁愁白头(传流洛阳)

爹也愁，娘也愁，爹愁娘愁愁白头。儿子从军讨贼臣，一去十载不回头。不回头，不回头，爹娘怎不挂心头。是死是活无音讯，泪往心里流。

〔流传地区：洛阳市郊区　诵述人：马德义，洛阳市郊区农民，八十二岁，小学文化程度〕

13. 涓涓河之头(流传邯郸)

涓涓河之头，美人涮绢头。头上珠光闪，脚下蝴蝶飞。上身紫绮罗，下身绣云钩。借问谁家女，拽我魂魄走。

〔流传地区：河北省临漳县、磁县　诵述人：河北省磁县岳城乡关兴水农民，现年七十八岁，小学文化程度〕

14. 结罾 (流传邯郸)

　　结罾结罾，下河捕鱼。罾破鱼亡，莫要丧气。再结罾网，捕着鲤鱼。

　　〔流传地区：河北省临漳县、磁县　诵述人：同上〕

15. 路不平 (流传安阳)

　　路不平，路不平，虎狼当道，恶者横行。我盼为汉家献性命，无门庭。你不识我，他不识我，上不识我，下不识我，我枉有一身好本领，荒了一生。

　　〔流传地区：安阳县　诵述人：郭进安，八十岁，安阳辛店乡农民，初中文化程度〕

16. 邺下有三袁 (流传安阳)

　　邺下有三袁，虏女又抹男。男子去征战，女子侍三袁，三袁三只王八蛋。

　　〔流传地区：安阳县　诵述人：同上〕

17. 铜雀苑里酒香飘 (流传河北临漳)

　　铜雀苑里酒香飘，铜铜台下歌声高。曹家文人常结伴，一日几回赛诗文。

参考文献

《三国志》，晋·陈寿，中华书局 1959.

《三国志集解》，卢弼，中华书局 1982.

《三国志平话》，上海古籍出版社 1990.

《三国演义》，罗贯中，人民文学出版社 1973.

《后汉书》，南朝·宋·范晔，中华书局.

《水经注》，北魏·郦道元.

《资治通鉴》，北宋·司马光，中华书局.

《宋本太平寰宇记》，宋·乐史撰，中华书局 1999.

《许昌县志》，民国二十三年编.

《许州志》，明·嘉靖版，上海古籍书店 1961 年 12 月据天一阁藏本影印.

《鄢陵县志》.

《襄城县志》.

《临颍县志》，李留根主编，中州古籍出版社 1996.

《许都揽胜》，许昌市志编纂委员会 1984.

《三国文化概览》，赵西尧等，河南大学出版社 1993.

《三国胜迹神游》，吴功勋主编，河南人民出版社 1987.

《曹魏胜迹》，张兰花编著，中州古籍出版社 2006.

《许昌史话》，李逢春主编，中州古籍出版社 1998.

《许昌三国文化校本教材》，陈卫社编著，现代出版社 2018.

《智慧三国》，甄庆丰主编，中州古籍出版社 2013.

《关羽图传》，马宝记，北方文艺出版社2017.

《历代文人咏许昌》，马炎心主编，中州古籍出版社2017.

《三曹诗文选集》，张兰花主编，中州古籍出版社2017.

《魏晋文化编年》，马宝记主编，郑州大学出版社2021.

《河南三国文化遗存摄影集》(许昌卷)，黄青喜主编，湖北美术出版社2022.

后记

　　许昌三国文化名胜（遗存）众多，大体包括历史名胜、故事传说名胜等。本书选取了具有代表性的近 50 处进行整理、研究。这些名胜大部分存有实物，个别虽无遗存但影响较大者，也酌情收录。本书所指"许昌三国文化遗存"包括部分与许昌三国文化有密切关系的临颖辖区内的遗存。

　　许昌三国文化名胜主要依靠史书、方志等资料，但由于时间久远，有不少名胜已经查不到任何历史依据，尤其故事传说类名胜，只能靠田野调查、采访地方贤达等了解，也有部分资料、图片来源于网络。无论是历史、方志、田野调查、官网、个人网络等，本书均有明确标注，以示对先圣今贤的敬仰与感谢。

　　本书是作者长期以来从事许昌三国文化研究的成果，历时数年之久，今得以付梓，十分感谢中原科技学院的大力支持。

　　本书图片除署名者外均为马宝记拍摄。

　　本书内容分工如下：马宝记撰写第一、第二部分；杜永青撰写第三、第四、第五部分。

　　限于撰写者学识、能力、时间等，本书定会有不少不足之处，热诚欢迎各位专家、学者、文化工作者、三国文化爱好者等多提宝贵意见，在此谨致谢忱！

作者

2023 年 2 月 28 日